KB062690

우리가
큰 바위 얼굴이다

우리가
큰 바위 얼굴이다

초판 1쇄 인쇄 2014년 8월 22일
초판 1쇄 발행 2014년 8월 30일

저 자 | 김귀옥
발행인 | 윤관백
발행처 | 도서출판 선인

영 업 | 이주하

등 록 | 제5-77호(1998.11.4)
주 소 | 서울시 마포구 마포동 324-1 곳마루 B/D 1층
전 화 | 02)718-6252/6257
팩 스 | 02)718-6253
E-mail | sunin72@chol.com

정가 16,000원
ISBN 978-89-5933-755-2 03300

※ 본 연구는 한성대학교 교내학술연구비 지원과제임.

· 잘못된 책은 바꿔 드립니다.

우리가
큰 바위 얼굴이다

김귀옥 지음

 도서출판 선인

꿈을 엮는 책

종종 글감이 머리에 떠오르면, 새벽 내내 꿈 속에서도 글과 대화를 하곤 한다. 그러다가 아침에 깨면 지난 새벽의 열정은 냉정해져, 지난 새벽 왜 그리 열이 났던가 생각하며 웃곤 한다.

그렇듯 꿈을 품고 있으면 불을 품은 듯 왠지 모르게 열이 나고, 지갑이 가벼워도 힘이 불끈 솟는다. 그러나 꿈은 늘 저 만치 있다. 꿈이 떨어져 있다고 하여 다가가려고 노력하지 않는다면 꿈은 영원히 꿈일 뿐이다. 허황된 꿈일지라도 이 땅의 사람들의 눈물을 닦기 위해 노력하고, 아픔을 나누기 위해 노력하는 것은 의미가 있지 않을까. 이 책은 역사에 담긴 꿈, 우리 시대가 겪는 고통과 우리 시대가 꾸는 꿈과 함께 내가 꾸는 꿈을 담아내고 나누기 위해 기획되었다.

이 책은 수년간 이 매체, 저 매체에서 청탁받거나 간혹은 자원해서 쓴 글 들 중에서, 현재 시점에서도 함께 읽을 만한 글, 44편을 모은 것이다. 부족한 글임에도 불구하고 그 글은 대개 당시의 소박한 열정이 담긴 나의 아바타와 같다. 그 가운데 발표 당시에 많은 독자들과 교감을 나눈 글도 있고, 별로 주목을 받지 못했던 글들도 있다. 그러나 대체로 그 글들에는 몇 가지 특징이 있다.

우선 눈에 띠는 특징은 많은 글들이 현장을 갖고 있다는 점이다. 어떤 글들은 내가 현지조사(fieldwork)를 하면서 느낀 점을 살려 쓴 글이고, 다른 어떤 글들은 시민사회단체 활동이나 우연한 계기에 어떤 공간에 있게 되면서 착안하게 된 글감으로 쓴 것들이다. 일부는 사회문화평론적 성격을 띠고 있다. 몇 편의 글은 단행권으로 실리는 행운을 얻기도 했고, 또 어떤 글들은 종이신문 매체에 실렸던 글이 인터넷신문에 실리는 큰 행운을 얻기도 했다. 가장 큰 감동은 독자들의 반응일 것이다. 악플러들이 넘쳐나는 인터넷 공간에 부족한 글을 읽고 이메일을 보내 주거나 내가 운영하는 홈페이지에 인사를 나누며, 공감과 비판의 목소리를 내어줬던 독자들을 잊을 수 없다. 그들 중의 한 사람이 남긴 글을 소개하고 싶다.

    교수님이 기고하신 '지금 읽는 책이 당신의 계급을 말한다'(본문 3장의 "인문학 위기의 시대, 지금 읽는 책이 당신의 계급을 말한다"를 가리킴)라는 글을 얻고 크게 공감하여 이렇게 글을 남기게 되었습니다. 현실에 대한 날카로운 지적과 분석에- 특히, 과거에 비해 절대적으로 향상된 접근성에도 불구하고 인문학은 사회적으로 유한 계층의 전유물로 되돌아간다는 교수님의 분석에 크게 공감하였습니다. 아, 자기소개가 늦었네요! 지는 고려대학교 경영대학에 재학중인 학생이고, 지금은 휴학 후 고향인 마산에서 공익근무요원으로 활동을 하고 있습니다. 현재 CPA를 공부중이라 요즘엔 좀 시들하지만 인문학, 특히 철학, 문학, 예술, 그리고 사상쪽에 많은 관심을 가지고 있습니다. 저의 꿈은 대중 문화 속에 인문학을, 그 본질을 녹이지 않은채로 전달하는 것입니다. 생각하는 분위기를, 또 그 생각들이 조롱의 대상이 되지 않고 즐겁고도 진지한 토론의 대상이 되도록 만들어 가는것이 저의 꿈입니다. 오랫만에 정말 좋은 글을 읽었습니다. 기회가 닿으면 언제 한번 꼭 만나뵙고 싶습니다. 다시한번 좋은 글에 머리숙여 감사드립니다. ^^ 행복하세요 교수님 *^^*!!

                    (작성자: Camus, 등록일 2009.11.2)

    이 청년은 어디선가 자신의 몫을 단단히 하고 있으리라고 기대한다. 왜냐면 성찰성을 가지고 있는 사람은 현실에 안주하지만 않고, 계속 새로운 시도를 하고 자기 삶과 선택에 책임을 다하려 하기 때문이다.

여기에 실린 44편의 글을 궁리 끝에 다섯 부로 나눠 분류했다. 제대로 분류했는가는 독자들의 판단해 주길 바란다.

제1부 "과거를 잊으면, 미래도 없다"에서는 '민중이 큰 바위 얼굴이다' 로부터 '신종플루, 원인은 초국적기업?'이라는 글 등을 배치하여, 과거에서 교훈을 이끌어내지 않으면, 개인도 사회도 퇴행함을 말하고 싶었다. 교훈적인 사례로서 내가 평소 존경해온 몇 명의 인물을 둘러싼 짧은 평을 내기도 했다.

제2부 "자유와 평등을 누리는 법"에서는 자유와 평등이 공존하지 않는 불평등 사회의 다양한 모습과 문제를 싣고 나름대로 해법을 제시하고 했다.

제3부 "사람을 살리는 교육 · 미래를 만드는 지식"은 대학 현장에서 밥을 먹고 살면서 월급장이가 되지 않고자 하는 마음으로 쓴 글들이다. 또한 사람을 살리는 교육을 해야 한다는 반성과 결의를 담기도 한 글이다.

제4부 "평화와 통일은 꿈이 아닌 절실한 욕망"에서는 평화와 통일을 둘러싼 사회학자로서의 인식과 해법을 담은 글들을 좀 모아봤다. 한반도 평화 실현을 위해서는 정치적 노력만으로는 턱없이 부족하다. 정치가는데 경제가고 사람도 가는 듯하지만, 사실 사람 가야 정치가고 경제도 움직인다는 사실을 잊으면 안됨을 정치하는 사람들에게 말하고 싶었다. 민중 또는 시민은 정치인들의 부속품이 아니다. 평화와 통일 역시 민중이 떠받쳐줘야 가능하다.

제5부 "이산가족과 해외동포는 우리의 과거와 미래"는 내 연구 인생의 중심이 되는 주제들을 모은 글이다. 2000년 8월 15일 남북 정부에 의해 시작된 이산가족상봉행사로부터 시작하여 축구선수 정대세 속에서

우리 민족의 미래를 발견하고 있다.

부족하나마 이러한 글들을 쓸 수 있도록 물적·심적으로 지지해 준 사람들은 바로 한성대학교 학생들이다. 선생이 지치지 않고 연구하고 교육할 수 있도록 격려하고 비판해주어 세상과 소통할 수 있는 글을 조금이나마 쓸 수 있었기에 이번 책은 한성대학교 학생들과 평소 지도해온 학내 동아리인 '학술동아리 셈들' 학생들과 졸업생들과 나누고 싶다. 척박한 출판 현실 속에서도 산재되어 한 권으로 묶일 수 있을까 우려가 많았던 글들을 한 권의 단행권으로 탄생시켜준 도서출판 선인의 윤관백 대표와 편집을 맡아 진행해준 박애리 선생에게 감사의 인사를 전한다. 마지막으로 분단과 전쟁, 냉전의 상처를 안고 살고 있는 이 땅의 모든 사람들과 평화와 통일의 세상을 꿈꾸는 청년들에게 이 책을 바치고자 한다. 우리의 민중과 청년이 바로 큰 바위 얼굴이다.

2014년 8월에
낙산 서재에서
저자 쓰다

| 차례 |

4부 평화와 통일은 꿈이 아닌 절실한 욕망

5부 이산가족과 해외동포는 우리의 과거와 미래

에필로그

1부

과거를 잊으면, 미래도 없다

민중이 '큰 바위 얼굴'이다 | 과거청산, 한반도 트라우마의 치유를 꿈꾸며 | 대한민국은 섬, 그러나 바다를 잃어버린 섬 | 제심(制心), 세상을 다스리는 마음 | 일본의 한국학을 일구는 사람, 서승 | 제주4·3과 화해의 길 | 야스쿠니의 어둠이 일본을 지배하다 | 식품전쟁: '신종플루' 원인은 초국적기업?

민중이
'큰 바위 얼굴'이다

영웅을
열망하는 민중

　　미국문학의 고전인 호손^{Nathaniel Hawthorne}의 『큰 바위 얼굴』

은 민중의 마음 같다. 늘 민중들은 영웅, '큰 바위 얼굴'을 한 사람이 새

세상을 열어주길 갈망
해 왔다. 한시도 고단
하지 않은 적이 없었던
민중들은 하늘을 열고
영웅이 내려온다고 믿
었다. 그러나 기다리던
큰 바위 얼굴은 나타나
지 않았다.

미국의 '큰 바위 얼굴'

　　전통 왕조시대에는 왕이나 권문세도가들의 끔찍한 폭정을 직면할 때면

민중들은 운명 탓을 하며 한숨을 쉬었다. 뒤에서는 분노로 욕설을 퍼붓거

나 '동대문서 뺨 맞고 서대문서 화풀이'하듯 자신보다 약한 사람들에게 피

해를 주기도 했다. 간혹은 광대놀음을 보며 대리 만족을 해야 했다. 정말 참을 수 없는 지경에 이르면, 카리스마적 지도자를 열망했다. 민중의 생활은 늘 고단하기 마련이고, 새 세상의 꿈이 없다면 현실의 고통을 버티기 어려웠다. 민중은 죽도록 일해도 양반 귀족만 살찔 뿐 늘 가난했다. 가난은 나라님도 구제할 수 없다는 말에 따라 가난을 숙명으로 받아들였다.

조선 중기 이래로 권력이 문란한 틈을 타고 나타난 크고 작은 민란을 통해 낡은 세상을 갈아엎으며 새 세상을 꿈꾸는 사람들이 나타났다. 민란 속에는 이런 저런 영웅이 있기 마련이다. 민중이 기다린 영웅은 임꺽정이나 홍길동의 꿈으로 나타났다. 조선조 말기 갑오농민전쟁은 이미 생명이 다한 왕조에 대해 민중들이 종지부를 찍은 사건이라고 할 수 있다. 갑오농민전쟁도 동학의 종교적 지도자들이 없었다면 가능하지 않았을 것이다.

조선조 당대에 새 세상의 꿈을 이루려고 했던 층들은 왕족들과 성리학 선비들이었다. 그들은 늘 권력에 가까이 있었지만 강력한 왕권에 휘둘리는 것을 용납하기 어려웠다. 부패한 왕권, 성리학적 세계관에 위배되는 왕이 등장하면, 소위 역성혁명(易姓革命)을 통하여 자신들의 꿈을 이루었다. 조선조 되풀이되는 난(亂)이나 반정(反正)은 신하들의 치열한 논쟁과 정당성 속에서 왕을 바꾸는 것이었다.

그러나 유교적 이상형 사회는 열지 못했다. 근본적으로는 자신의 당파 정신에 부합하는 왕을 세우는 것이 목적이지, 유교적 이상사회인 '여민동락(與民同樂)'의 세상, '대동세상', 즉 '민중과 함께'하는 세상이라는 인식은 수사에 불과했다. 국가가 왕과 양반, 선비들만의 것이었던 세상에서 민중은 그저 그들을 빛내게 하는 존재에 불과했다. 전통시대 민중들이 바라던 '큰 바위 얼굴'은 어디에도 없었다.

'안철수 현상'에는 없는
'큰 바위 얼굴'

　　　　　　　세월을 건너뛰어 민중이 영웅을 기다리는 것은
현시대도 마찬가지이다. 2012년 '안철수 현상'이나 2007년의 문국현 현
상이나 이명박 신화는 각각 다르지만 비슷한 결이 있었다. 성공한 사람에
대한 열망이다. 그러나 차이가 커 보인다. 최근 안철수 현상에는 이명박
신화의 절망에 대한 또 다른 기대감이 배어져 있다. 정보화시대 성공 신
화에 새 정치(자본주의 제도 내의 공정성과 상식이 통하는 정치, 노블레
스 오블리주 실천 등) 신드롬이 안철수 현상의 키워드라고 할 수 있다.

　사실 20, 30대 청년층에게 안철수는 50, 60대의 이명박 신화 이상의
것이라고 할 수 있다. 한국의 청년층에게 '안철수'는 '무의식'에 가까운 존
재인 지도 모르겠다. 청년층이 유년기 때 부모 외에 가장 가깝게 만났던
이름이 안철수연구소안랩의 바이러스 백신 프로그램들이었다. 또한 안철
수는 초, 중등, 고등학교의 6과목에 걸친 교과서 16종에 등재된 인물이
다. 과목을 살펴보면 초등학교 1종, 중학교 9종, 고교 6종의 교과서에
언급됐다. 교과별로는 도덕, 국어, 사회, 진로와 직업, 기술가정, 컴퓨터
일반 등이다. 심지어 초등학교 3년2학기 도덕 교과서는 국정이므로 한국
의 10대들 중 안철수를 모르는 청소년은 없다고 할 수 있다. 그런 세대들
을 안철수 세대라고 할 수 있을지도 모르겠다.

　그러한 가운데 몇 년 전부터 시작된 안철수의 새 정치 행보에는 안철수
세대라고 할 수 있는 청년들이나 낡은 정치에 염증이 난 중장년층까지 열
광하도록 되어 있었다. 안철수의 성공신화에서 보여지듯이 그는 중산층
이면서도 상식이 통하는 양심적인 자본가이고, 최고의 엘리트이다. 또한
그는 기성의 정치판 출신이 아니라는 점에서도 반공주의나 지역주의 등에

물들지 않은 채, 새 정치를 실현시켜 주리라는 기대를 받을 만한 조건을 구비하고 있다고 평가되었다. 2011년 서울시장 보궐선거 후보직을 박원순 현 시장에게 양보했던 것은 안철수에 대한 기대감을 더욱 공고화시켜 주는 근거가 되었다.

안철수 전 대선 후보가 대선 출사표를 던졌을 때 많은 민중들이 갈채를 던졌다. 그러나 지난 11월 23일 전격적인 사퇴와 12월 3일 대선캠프 해단식 때 국민들은 또 다른 회의감에 사로잡혔다. 그가 출사표를 던졌던 이유인 진심의 정치를 위한 공약과 정권교체의 의지는 별로 엿보이지 않았다. 오히려 그는 "오늘 해단하지만 오늘의 헤어짐은 끝이 아니라 새로운 시작"이라는 여운으로 해단식 발언을 마무리함으로써 '애매모호'함을 무기로 하는 노회한 정치인이나 외교관과 닮아 있었다. 해단식에 나타난 안철수 발언 속에는 새 정치를 다짐했던 진심의 안철수 현상은 없었다. 그런 안철수 속에는 민중들이 바라는 '큰 바위 얼굴'은 없었다.

민주주의시대,
민중이 영웅이자 '큰 바위 얼굴'

우리는 민주주의 세상에 살고 있다. 주지하듯 민주주의란 국민이 주인 되는 정치이다. 민주국가에서 국가 주권이 국민으로부터 나온다는 것은 초등학생도 다 아는 헌법적 상식이다. 민주주의의 기초는 자유와 평등이다. 일개 시민이나 정치적 지도자 모두 '한 표'라는 평등한 권리를 가지고 자신의 의사를 자유롭게 표명하고 사안을 결정할 수 있는 자유를 행사할 수 있다.

그런데 근대 이래로 민주주의를 만들어 나가는 것은 민주적 영웅들이다. 구체적으로 보면, 최고의사결정권을 갖는 대통령, 수상, 정치적 지도자들이다. 민중들의 역할이란 그런 영웅들을 민주적 절차에 따라 뽑는 것이라고 한다. 그래서 선거는 민주주의의 꽃이라고 말해지곤 한다. 정치가들에게 민주주의는 선거 때에만 필요한 장치이다. 평소에는 엘리트 정치, 제왕적 대통령에 의한 정치이다. 그야말로 민주주의 시대에도 민중은 민주주의를 위한 수사였다.

미국이 독립되기 전 영국의 식민지였던 시절, 펜실베이니아의 총독이었던 영국인 펜W. Penn 1644~1718은 "국민들로 하여금 그들이 통치한다고 생각하게 하라. 그러면 그들이 통치당할 것이다"라고 말한 바 있다. 근대국민국가 형성 당시 귀족들이나 엘리트들이 민주주의를 인식하는 방식을 전형적으로 표현한 말이라 할 수 있다. 엘리트의 입장에서는 우매한 백성들이 정치권력자를 선출하도록 하는 불쾌감을 감춘 표현이라고 할까? 선거 절차의 불쾌한 순간을 잠시 감수하면 엘리트는 권력을 계속 유지할 수 있다는 지적이다.

문제는 엘리트가 아니라, 민중이다. 어느 틈엔가 민중은 민주주의의 역사를 잊어버리고, 엘리트가 권력을 양보해준 것에 감지덕지하고 있는 지도 모르겠다. 1960년대 이래로 1980년대까지 처절한 독재정권과의 투쟁 속에서 직선제 대통령 선거를 하게 되었고, 민주주의가 가능했음을 망각하고 있다.

민중은 신자유주의 양극화 시대, 정경유착, 부패구조, 학벌주의 사회를 원망하며 정치적 혐오감을 드러내고 있다. 그 표현 방법이 정치적 무관심이고, 낮은 투표율이다. 그러나 지배 엘리트들의 입장에서는 선거의 정당성만 허물어지지 않는다면 일반 국민들이 정치적으로 무관심하고 투표율이 낮을수록 좋은 일이다. 사실 2007년도 제17대 대통령선거에서는 대통령 선거 사상 최저의 투표율(63.0%)을 기록했고 총 선거인수에 대한 득표율이 30.5%에 불과했다. 그러나 이명박정부는 1위와 2위간의 표차가 5,317,708표로서 역대 최대라는 것만을 강조했다. 사실상의 정치적 무관심의 덕으로 집권을 했던 것이다.

정치적 무관심 속에 지난 5년간의 반민중적 정치 행보는 국가재정파탄으로 끝나가고 있다. 성장은 했다고 하는데, 밥그릇은 비어있는, 소위 '고용 없는 성장jobless growth'시대이다. 그 책임이 현 정부라는 점에는 이견이 없다. 그러나 민중은 책임이 없는 것인가. 2007년 당시 대통령후보자는 4대강 공약(대운하공약의 변형)을 내걸었고, 친기업성향의 정책 공약, 강력한 한미동맹 복귀 공약, 반북적인 비핵개방3000 공약 등을 내걸었던 이명박 후보를 대통령으로 뽑은 것은 국민의 결정이었다. 심지어 안철수 현상을 만든 것이 안철수 자신이 아니고, 새 정치를 기다리는 민중 자신인지도 모르겠다.

부언컨대 민주주의는 자유와 평등이고, 권리와 의무의 정치이다. 국민이 권리를 누리기 위해서는 의무를 제대로 행사해야 권리가 제대로 주어진다. 독재자와 독재자의 후계를 뽑아놓고 민주주의를 기대하는 일은 어리석지 않은가. 폭력에 길들여지고 학습된 사람이 폭력적 방법을 내려놓는 일이 대단히 어려운 일이듯이, 독재라는 정치에 길들여지고 학습된 사람이 민주주의 정치를 행할 것으로 상상할 수 있겠는가. 진정한 민주주의의 꽃은 영국 정치학자 존 스튜어트 밀John S. Mill이 말하듯이 시민의 자발적 '참여'이다. 시민이 자발적으로 선거에 참여할 수 있고, 국가적 의사결정 과정에 참여할 수 있을 때 시민도 제대로 책임을 질 수 있다.

민중이 참여를 통한 민주주의의 실질적인 권력을 향유하기 위해서는 국민이 원하는 정부를 만들기 위해 국민은 혼신의 힘을 기울여야 한다. 권력의 독단을 행하고자 하는 정치엘리트들을 바로잡기 위해서는 민중이 깨어있지 않으면 민주주의는 수식어에 불과하다. 정치엘리트가 선정을 펴게 만드는 것도 민중이고, 악덕을 펴게 하는 것도 민중이다.

민중이 진정으로 민주주의 사회에서 민주주의 정치가 구현되는 것을 희망한다면, 구국의 영웅을 기다리는 것은 망상에 불과하다. 민주주의 시대의 진정한 영웅이자 세상을 만드는 사람은 국민 또는 민중 자신임을 잊어서는 안 된다. 민중 자신이 '큰 바위 얼굴'임을 깨달아야 한다.

〈프레시안 2012.12.13〉

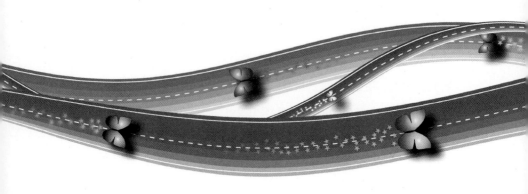

과거청산,
한반도 트라우마의
치유를 꿈꾸며

1.

2006년, 해방 60년, 분단 60년을 돌아 새로운 굽이로 접어든다. 지난 60년 세월은 내가 살아본 세월과 살아보지 못한 세월로 나뉘어져 있다. 흔히 사람들은 자신이 겪어보지 못한 경험에 대해서는 상상하지 못한다고 하지만, 나의 꿈 속에는 한국전쟁 때 아이들을 안고 업은 채 피난하던 내 할머니의 모습이 보이기도 했고, 1980년대 공수부대에 점령당한 대학의 모습이 보이기도 했다. 이런 악몽 같은 꿈들은 나만의 것이 아니라, 그 시절을 살았던 한민족 모두에게 반복되어 온 것은 아닐까? 칼 구스타프 융^{Carl Gustav Jung}이 말하는 '집단 무의식'과 같은 게 아닐까 싶다.

융은 마음을 의식意識과 무의식으로 나누고, 무의식은 개인적 무의식, 집단적 무의식으로 나누어 생각했는데 집단적 무의식은 전혀 의식되는 일이 없는 것이지만 인격 전체를 지배하고 집단적으로 유전된 것이며 개인적 경험을 초월한 것을 말한다.

즉 "어떤 개인이 어릴 때부터 쌓아온 의식적인 경험이 무의식 속에 억압됨으로써 그 사람의 생각, 감정, 행동에 영향을 주는 것"을 의미하는 개인 무의식과 달리 집단 무의식은 "옛 조상이 경험했던 의식이 쌓인 것으로서 모든 사람들에게 공통된 정신의 바탕이며 경향"이라는 것이다(칼 구스타프 융, 『무의식의 분석』, 홍신문화사, 1990).

내가 경험한 적도 없는 기억들이 너무도 선명하게 반복된다. 특히 몸과 마음이 피곤한 날이면, 이런 악몽에 빠진다. 나도 알지 못한 사이에 우리 부모 세대나 조부모 세대의 두터운 상처와 공포감이 깊이 깃들었던가.

그런데 대다수의 한국 사람들의 심연에 깔린 상처와 공포감이 종종 비수가 되기도 하고, 한이 되기도 한다고 느낀다. 한국이 OECD 국가가 되고, 세계 경제력 11위의 국가가 되고, 광케이블 세계 1위의 나라가 되고, 인공위성도 10개가 넘는 나라도 되었어도 합리적 이성이 중시되지 못하고, 객관적 진실이 부차화되며, 차이가 수용되지 못하는 문화의 저변에는 서구적 근대성의 결핍이라는 말과는 달리, 현대사가 제공한 집단 무의식이 깔려 있는 듯이 보인다.

2005년 가을을 달궜던 강정구 교수의 '통일전쟁'논쟁에서 지난 겨울부터 한국인을 패닉으로 몰아넣었던 황우석 교수의 소위 '황 삼풍'사건－－1995년의 '삼풍백화점'붕괴사건에 비견한 말임－－에서 그것을 감지한다. 2005년 12월 초에 있었던 북파공작원에 의한 비전향장기수의 '부관참시' 사건에서도 그것을 발견한다. 소위 2000년대 이래 우리 사회에 편만한 '남남갈등'에서 그것을 발견한다.

정신과의사 정혜신에 따르면 사람은 어느 시기에 한번 깊은 고통과 상처를 입고 치유가 되지 않은 채 방치되면, 아무리 세월이 흘러도 성장이 정지된 채, '외상후 스트레스장애', 또는 트라우마를 겪게 된다고 한다. 아무리 나이를 먹어도 사람의 성장은 상처난 지점에서 멈출 뿐만 아니라, 오히려 퇴행하게 된다. 한국 사회 구성원들의 개인이나 집단의 무의식 어느 곳에선가 깊은 단절이 일어나게 된 것이다.

현대 한국 사회의 집단 무의식과 트라우마를 가져온 일대 사건은 분단과 전쟁임에 틀림없다. 1970년대 말 사회학자 이효재는 한국의 사회를 '한의 사회학'이라는 개념으로 명명한 바 있다. 한을 품은 사람의 한에 대한 처리 방식은 한의 원인을 찾아 그것을 치유하고 다시 반복이 되지 않도록 하거나, 적극적인 타자에 대한 공격을 통해 한을 보복하거나, 한에 무관심하거나, 침묵 또는 왜곡하기로 나타나는 것 같다. 처음 방식은 가장 바람직하지만, 대다수는 이 길을 택하는 것 같지 않다. 대부분의 사람들은 보복이나 무관심, 왜곡하거나 침묵하는 방식을 택하는 것으로 보인다.

적극적인 타자에 대한 공격이 집단적으로 가장 잘 나타났던 것은 1960, 70년대 비일비재하였던 반공궐기대회였다. 당시 상황이나 정치이데올로기는 시의적절한 '타자'를 계속

반공궐기대회

제공하였다. 우리 사회는 '나'와 '타자'로 극명하게 분단되었다. '나'의 범주에 들지 못하면 '타자'는 곧 적이었다. 다시 말해 우리 사회에는 타자, 또는 적들이 편만해 있었을 뿐 그들은 더 이상 나와 같은 사람이 아니었다.

2.

우리 사회에서 사람들의 관계에서 일반적으로 나타나는 유형 중 하나는 침묵하는 것이다. 침묵의 저편에는 잊기와 잊지않기, 또 잊을래야 잊

을 수 없는 힘들이 존재한다. 사회학자 조은이 자신의 가족사를 소설화한 『침묵으로 지은 집』(문학동네, 2003)이나 의사이자 시인인 류춘도의 『벙어리새』(당대, 2005)는 침묵했으나 잊지 않은 무의식의 진수를 보여주었다. 조은은 전쟁의 급박한 상황에서 발생한 우익청년(?)에 의한 아버지의 사망사건을 오랫동안 행방불명으로 기억했다. 류춘도는 인민의용군 종군 여의사로서의 50년전 경험을 침묵 속에서도 기억 사수하기를 하고 있다.

2000년대 한국 사회의 가장 큰 변화 가운데 하나는 '과거정리'와 민주화이다. 그러나 이 문제는 개인의 차원에 내려오면 억압과 상처, 침묵의 해방이고, 그래서 스스로 인간성을 회복하는 것과 맞닿아 있다.

이 문제를 이산가족에게서 느낀다. 우리는 이산가족을 텔레비전에서 그저 본다. 혹은 가슴 아프게, 혹은 지겹게. 그런데 이산가족은 어떻게 살아왔을까? 1996년 현장 조사에서 만났던 한 할머니의 일상에서 치러지는 '의례'로서의 기억하기가 어떻게 진행되었는지 볼 수 있다.

그녀(1920년생, 강원 북고성 고향)는 오늘 아침에도 맨 먼저 뜬 밥을 담은 그릇을 시렁 위에 올려 둔다. 그 밥은 결국 식은 밥이 되어 저녁 상위에 오르게 되어 가족들의 원성을 사지만, 어느 아침 한 번 거른 적이 없었다.

중학생이던 막내딸이 식은 밥 투정을 하자, 그녀는 한숨을 쉬며 말한다. "길 떠나 밥 못 먹을지도 모르는 사람이 세상에는 많지 않니?"이제는 집안 식구 누구도 그녀의 그 의례를 비난하지 않지만, 언제 그것이 끝날지에 대해서는 관심을 보이지 않았다.

그녀는 정월 대보름이면 막내딸을 옆에 두어야 한다. 글 모르는 그녀가 매년 거르지 않고 치르는 의식을 도와주어야 하기 때문이다. 막내딸이 사춘기 적에는 미신 행위라고 싸우기도 했지만, 그녀의 눈에 고인 눈물을 바라보며, 딸은 가족들의 이름을 하나하나 써나갔다.

그런데 그 이름들 속에서 딸이 알지 못하는 전혀 낯선 남자의 이름이 있었다. 하긴 딸은 큰 오빠와 언니들이 자신과 성이 다르다는 걸 알고는 많이 부끄러워했다. 그런데 그 낯선 남자의 성이 큰 오빠와 언니들과 성이 같다는 걸 짐작하게 되었고, 그녀가 한 번도 말한 적이 없는 그녀의 전 남편의 이름인 것을 알게 되었다.

그녀의 전 남편은 빨갱이들의 봇짐을 져다주고 돌아오겠다며, 조금만 기다리라고 했으나, 겨울이 지나고 봄이 와도 돌아오지 않았다. 봄이 오자 겨우내 쌕쌕이의 공습을 피하기 위해 머물던 방공호에 깔아 둔 여러 채의 이불호청을 뜯어내어 빨고 삶아 마당에 말렸다. 그날 국군이 집 마당에 들어와서는 그 하얀 이불호청을 양말 대용으로 한다며 쫙쫙 찢어 몇 개만 쓰고는 나머지는 찢어 놓은 채 버리고 떠났을 때 그녀는 한없이 눈물만 흘렸다고 한다. 길 떠난 사람이 고향에 돌아오면 깨끗한 이불에 재우려고 빨아 둔 이불호청인데….

1년, 2년이 지나도 돌아올 줄 몰랐다. 급기야 정전이 되어 만나고 싶어도 만날 수 없게 되자 이젠 길 떠난 사람이 다시 돌아올 가능성이 희박하고 어린 자식들을 혼자 키우는 그녀가 가련하다며 그녀의 어머니는 이북에서 내려온 피난민 홀아비를 남편으로 짝지어 주었다. 그 새 남편을 따라 남편과 성이 다른 아이들을 데리고 함경도 피난민들이 모여 산다고 하는 속초시 청호동으로 이사 가게 되었다.

마음 붙이고 살만 하자 이북에서 내려온 남편은 술만 마시면 바닷가에 나가 먼 바다에 눈길을 던지며 한숨을 쉬었다. 그런 일이 반복되면 그녀는 남편과 한 바탕 싸움을 벌이곤 했다. 술병이 걸려 60살도 못되어 그 남편도 생을 달리 했다.

그녀는 두 남편을 모두 제사지냈다. 두 남편의 아이들을 모두 모아놓고. 이제는 각각의 제사는 각 남편의 장남들에게 나눠줬지만, 여전히 아침 의례를 치르고 있다. 길 떠난 사람을 위하여, 그 사람을 잊지 않기 위하여.

3.

이산가족이 모두 이런 의식을 치르지는 않을지라도 그들이 드리는 의식은 한국전쟁의 민간인 피학살자 유족들이 통한의 제사를 올리는 것이나 4·3의 제주 주민들이 진혼굿을 벌이는 것이나 5·18 의례를 하는 것과도 먼 거리에 있을 것 같지 않다. 또한 재향군인이나 상이군경들, 북파공작원들이 벌이는 살벌한 의례를 이와 반대라고 할 수 없다. 한반도 구성원 모두에게 던진 한을 이렇듯 우리는 숙제처럼 풀지도 못한 채 부여안고 있다.

마침 노무현 정부는 60년의 한반도 냉전을 끊어내기 위한 결심을 하였다. 2005년 12월 1일 '진실, 화해를 위한 과거사 정리위원회'가 출범하면서부터 문제가 그치지 않지만, 과거사정리위원회의 사명은 실로 막중하다. 또한 몇 년째 미뤄오던 이산가족 면회소의 첫삽이 지난 8월 떠져 2007년 4월경이면 완공이 된다.

이러한 일들은 별개의 사안이 아니라 한반도 모든 구성원들이 상처를 입고 입히며 드러내고 있는 트라우마를 치유하는 과정이다. 비록 늦었지만, 한반도 트라우마를 치유할 때에야 비로소 이 땅의 침묵과 억압으로부터 사람들이 자유로워 질 수 있다. 피해와 가해의 이분법을 넘어서 모두의 상처와 공포감을 보듬어 안을 때에야 한반도와 내 삶에도 평화가 깃들 수 있다.

〈국정브리핑 2005.12.26〉

대한민국은 섬,
그러나
바다를 잃어버린 섬

바다를 잃어버린 섬

흙빛 바다
흙빛 하늘
흙빛 얼굴
흙빛 사랑
흙빛 증오

나는 흙에서 태어나 흙빛 하늘을 보며
흙을 떠나본 적 없으나
내가 산 곳은 바다위에 뜬 섬이라고 한다

나는 포로였던가
나는 철조망 너머 세상을 보지 못하고
나는 저 너머 하늘을 날아본 적 없는 날개 잘린 갈매기

정녕 나의 하늘은 말하지 않았다.
너는 바다를 잃어버렸다고
바다를 잃어버린 섬
내 땅은 바다를 잃어버린 섬
(2006.1.16)

교동을 아시나요?

　　　　　　　남한보다 북한이 더 가까운 섬이 어디일까? 남한과
의 최단거리가 3.7km라면 북한과의 최단거리는 3km 정도밖에 되지 않
는 곳. 강화도가 여기서 빠지지 않겠으나, 이미 강화도는 육지와의 두 개
의 대교를 갖춤으로써 섬으로서의 인상은 별로 없다. 그곳은 이런 지정학
적 조건을 갖추었으며, 중국 산동성에서 가장 가까운 조선 땅으로서 중국
과 고려 또는 조선을 오고가던 사신이 머물던 '사신관'이 있었다. 그래서
기록에 따르면 그곳을 '나라의 목구멍과 같다國家咽喉之地'고 했다.

　고려조 때는 현감이 있던 현縣이었고, 조선조 때는 부(府)로까지 격상
되었다. 그랬기에 그곳에는 유독 많이 왕들이나 왕족, 귀족들이 유배되었
다. 가장 이름을 떨친 이로는 연산군을 들 수 있다. 이제 위폐당해 시체조
차 찾을 길 없는 연산군은 그곳 사람들에게는 수호신으로 전해지고 있다.
그래서 거기에는 양반이 적지 않고 문장을 갖춘 이들이 많아, 그곳은 문
향文鄕으로도 불렸다.

철책이 쳐진 강화도와 교동도(점선은 철책을 나타낸다)

그곳의 위치는 동쪽 끝은 동경 126도 13분, 서쪽 끝은 126도 21분, 남쪽 끝은 북위 37도 45분, 북쪽 끝이 37도 48분에 위치하고 있다.

동서로 약 12km, 남북이 약 8km, 둘레는 37.5km에 면적은 47.2㎢로서 우리나라에서는 열네 번째 크기를 갖고 있다. 그러나 산이 가로막혀 있지 않으면 남쪽 끝에서 북쪽 바다와 그 너머를, 북쪽 끝에서 남쪽 바다와 그 너머를 볼 수 있다.

그 섬이 바로 인천광역시 강화군의 13개 면 중의 하나인 교동도이다.

섬에 부는
변화의 바람

최근 나는 지역 조사차 인천시 강화군 교동면에 10여일 머물렀다. 교동을 가는 길은 예나 지금이나 변함없이 불편하다. 강화읍에서 한 20분쯤 차를 타고 서북쪽의 창후리 선착장에 가서 예정된 일정이 없는 배를 타고서야 3.7km 떨어진 교동에 들어갈 수 있다. 또한 배편 일정도 없는 데다가, 소요 시간은 밀물 때는 직선거리로 15분 걸리는 곳이 썰물 때에는 우회하여야 하므로 50분정도가 걸린다. 배는 해 뜰 때부터 해 질 때까지만 운행을 하니, 섬 주민의 불편함은 이루다 말할 수 없다. 얼마 전

만해도 한 밤에 사람이 급작스레 아프기라도 하면 속수무책이어서 몇 해 전에야 간신히 병원선을 갖추었다. 그야말로 벽도가 아닐 수 없다.

이런 교동에 일대 격변의 조짐이 보이고 있다. 개성 공단이 열리면서 교동이 최근 주목을 받은 바 있다. 남북과 중국을 잇는 물류기지를 교동에 유치한다는 계획안이 흘러나고, 강화도와 교동도를 잇는 연육교(다리)가 설치된다는 얘기가 나왔다. 이 계획은 2004년 말, 국고 출연(국비 523억 원과 지방비 224억 원)으로 건설되도록 결정되어 2010년 서해안의 새로운 서막을 예고하고 있다.

그러나 정작 변화는 엉뚱한 데서 일어났다. 이런 계획안에 가장 눈치가 빠른 집단이 부동산중개업자가 아니겠는가? 1990년대 후반 한 평당 1만여원 하던 땅값이 2003년이 되면서 몇 년 사이에 30~35만원을 주어도 매물이 나오지 않았다. 그 사이에 섬 땅의 1/3 이상이 외지인─이때 외지인이라 함은 주로 서울사람을 말함─의 소유가 되었다. 부득불 2005년이 되어서야 주소지가 교동이 아닌 사람들과는 토지를 매매하지 못하도록 규제되었으나 변신을 업으로 삼고 있는 중개업자의 또 다른 변신을 주목할 일이다.

한편 교동 안에 들어가면 광활한 평야가 펼쳐져 있어서 교동이 섬인 것을 잊게 한다. 예로부터 교동에서는 농사를 많이 지었으나, 1970년대 지하수를 개발하기 전까지는

바둑판처럼뻗은교동벌판

대부분의 토지가 천수답으로, 모내기를 할 수 없었다. 3년에 한 번씩 가뭄이 들었다고 한다. 특히 가뭄이 가장 심했던 때는 한국전쟁. 6·25 전쟁이 일어나던 해로부터 내리 3년간 가뭄이 들어 교동 사람들은 남녀노소를 막론하고 '3년 가뭄에 먹을게 있관디'라는 황해도 연백식 말을 옛 얘기처럼 하곤 한다.

그랬던 교동이 1970년대 대규모 지하수를 개발하였고, 고구저수지에 이어 2000년대 들면 난정저수지라는 대규모의 저수지를 갖게 되면서 전국에서도 알아주는 최상급 쌀을 생산하는 옥토로 되었다. 2006년 현재에도 경지정리사업은 계획되고 수로가 막히는 논이 없게 되었다. 이런 변화가 그곳을 섬임에도 불구하고 곡창지대를 만들어 왔다.

그러나 교동에서는 섬을 잊게 만드는 또 다른 사연이 있다.

바다를 잃어버린 섬

교동을 조사하러 떠나기 전 가슴이 설레었던 여러 가지 이유가 있었으나, 그 중 하나는 바다를 원 없이 보겠다는 생각이었다. 어려서 동해안을 가까이 하면서 자랐기 때문에 서울로 이사와 살면서도 가슴이 답답할 때면 바다를 생각했다. 물론 우리의 바다는 이런 기대를 충족시키지 못한다. 동해안의 아름다운 바다에는 여지없이 철조망이 몇 겹으로 둘러쳐져 있기 때문이었다. 그러나 한반도에 탈냉전의 바람이 불어 닥치면서 지역민들이 뚫기 시작한 철조망 구멍은 점점 더 커지더니, 해수욕장으로 개장되는 지역이 늘어나고 있다.

바다를 원 없이 보겠다는 야무진 생각은 곧바로 허물어 졌다. 교동 주민들조차도 바닷가에 나가 낚시하거나 조업을 하려면 군부대에 신고해야 한다고 했다. 이해할 수 없었다.

조사 일정이 바쁘게 진행되어 교동에 온 지 나흘 만에 간신히 틈을 내어 지역 주민과 함께 바다 구경에 나섰다. 물론 끝내 바닷가에 다가갈 수 없었다. 나를 맞은 것은 해골과 '지뢰 매설'이라는 경고판. 해병대OP에

교동섬 내의 민통선

가서 허락을 받아야 먼발치에서 바다를 내다볼 수 있을 뿐이다.

강화도와 연결되는 월선포 일대를 제외하고 섬 전체가 예의 경고문과 함께 철조망에 둘러쳐져 있었다. 주민들은 우리는 '포로수용소'에 산다고 말한다.

교동에 철조망이 위협적으로 쳐진 것은 다른 지역에서는 철조망을 벗겨갈 무렵이었다. 1990년대 후반 북한의 탈북자가 교동으로 들어왔을 때, 지역 군부대의 경비망은 뚫려 있었다. 그 이

교동섬 속 분단선 지뢰밭

후 섬 주변에 30km 이상에 달하는 철조망이 쳐진 것이다.

21세기 한반도에는 탈냉전과 탈분단의 기운이 커지고 있다. 그러나 교동은 여전히 '민통선'안에 갇혀 수용소 아닌 수용소가 되어 있다. 과거에 문향으로서 지식인들이 넘치던 곳이 노인으로 명맥을 이어가고 있다. 똑똑한 인재들이나 젊은이들은 한 번 떠나면 다시는 고향에 돌아올 생각을 않는다. 명절에도 자식을 만나러 육지로 가는 노인들이 줄을 잇는다고 한다.

이런 섬이나 지역이 비단 교동만이 아니다. 사실 한반도의 남녘 자체는 분단이 만든 섬이다. 아직까지 육로로는 한 발자국도 다른 나라로 갈 수가 없다. 그래서 우리는 통일을 생각하면, 시베리아횡단열차를 타고 독일을 갔던 이미륵을 연상한다. 분단이 만든 섬 아닌 섬을 대륙으로 통하는 대륙으로 되돌려야 한다. 또한 과거 문향이며, 국가의 목구멍으로 중국과 한반도를 이었던 그 기상을 교동 주민에게 돌려주어야 한다.

〈국정브리핑 2006.1.16〉

교동대교 사진(2014년 7월 1일 개통, 강화군 양사면 인화리-교동면 봉소리간 3.44km)

제심(制心),
세상을 다스리는
마음

어지러운
세상에 서서

세상이 어지럽다. 5월 31일도 어지럽고, 부동산정책도 어
지럽고, 평택의 대추리도 어지럽고, 한미FTA도 어지럽다. 한국도 어지
럽고, 아시아도 어지럽고, 세계는 더욱 어지럽다. 20세기, 악의 세기가
끝날 때 환호성을 올리며 진심으로 21세기는 선이 악을 이기는 세상이 되
기를 염원하고 또 염원하고 있지만, 아직 그런 세상은 보일 기미가 없다.

이 어지러운 세상에 서서 간혹은 시계가 70, 80년대로 거꾸로 가는 것
은 아닌가 염려가 일곤 한다. 학문의 자유가 5·18의 군홧발처럼 느껴지
는 국가보안법에 짓밟힐 때, 생존권을 외치는 대추리 할머니의 갈라진 목
소리가 빨갱이로 둔갑할 때, 우리 사회는 아직도 냉전의 시계를 버리지
못한 채 살아가고 있다. 힘없고 빽 없는 노동자들이 직장 밖으로 내몰릴
때, 신자본주의 20대80의 정글에서 길을 잃는다. 북핵 문제가 공전이 되
면서 전쟁 없는 평화통일 한반도의 이상이 여전히 요원할 때, 우리의 후
손에게도 분단된 한반도밖에 물려줄게 없겠다는 절망감이 엄습한다. 독립

국가로서의 주권을 찾았어도 주권국으로서의 당당함을 잃어버릴 때, 우리는 100년 전인 1905년의 시간을 반복하고 있는 것 같은 혼동에 빠지게 된다.

나는 권력도, 부도, 명예도 별로 탐내본 적이 없는 가난한 한국의 여성 서생이건만 왜 세상은 살기에 더 어렵고, 거칠어지고 있는가? 과연 미래의 세상은 민주화의 방향으로 가고 있는 것인가? 더 많은 사람들이 주인으로서의 권리는 고사하고 생존권조차 보장받고 있지 못하는 때 우리는 어디로 가야하는가? 요즘 세상을 보면서 어지럼증이 도져 1998년의 감격도, 2003년의 열정도 사라지고 있다.

마음을
다스리는 사람

문득 사회에서 만났지만 은사로 존경하는 한 분이 떠오른다.

"선생님, 우리에게 미래가 있을까요?"

막막했던 1990년대 그분께 질문했다.

"자네는 역사를 공부하지 않았는가? 긴 역사에서 우리가 살고 있는 시간은 눈 깜박할 새지. 내가 못 이룬 것을 자네가 이루고, 자네가 못 이루면 후배가, 그 후배가 못 이루면 또 그 후배가 이루어 나가지. 역사의 긴 굽이는 한 번도 직선으로 달려가 본 적은 없으나 이상(理想)은 천천히, 지극히 조금씩 이루어지고 있지 않은가?"

그는 한때 급진적 사회운동을 했다. 1960년 4·19 항쟁 당시 대학생의 리더였고, "가자 북으로, 오라 남으로, 만나자 판문점에서"를 외쳤던 주역이었다. 그 후 대형 간첩사건들에 연루되어 긴긴 세월, 감옥에서 청운의 꿈을 썩혔다. 20대, 온 세상을 손아귀에 넣은 듯한 촉망받던 청년이 50대를 바라보는 나이에 세상으로 나왔다. 여러 동료들이 그에게 손을 내밀어 20대에 못다 이룬 꿈을 다시 이루어 보자고 제안했다. 그는 그저 웃었다.

운동권 후배들이 찾아와, "선배님, 선배님의 꿈을 우리가 실천할 테니, 우리의 곁에서 도와주십시오"라고 요청했을 때도 그는 웃었다.

제심관 오병철 관장

그는 정치권에 단 한 번의 눈길도 주지 않은 채, 이미 마음 둔 곳을 찾아 정진했다. 그는 대학 시절, 대학 검도부 창단 멤버였고, 검도를 할 때면 자신을 초월하는 기쁨을 맛보게 된다고 했다. 산 속에 들어가 몸을 수양하고 검도를 수련하면서 미련과 분노, 어리석은 욕망을 삭히고 버렸다. 얼마 되지 않아, 한 건물의 귀퉁이를 빌려 검도관을 차렸다. 제심관制心館.

그는 세상을 다스리는 대신 마음을 다스리기로 했다. 어쩜 그는 마음을 다스리면서, 마음 속에 들어와 있는 세상을 다스리고 있는지도 모르겠다.

새로운 것은
낡은 것 속에서 싹튼다

오랜만에 평화문화만들기에 글을 실으면서 다시금 마음을 다스리고자 한다. 유한한 시간에 모든 것을 이루려 하지 말자. 하지만 내가 떠안아야 할 일이라면 그것이 비록 보잘 것 없다고 할지라도 최선을 다하리라 되새겨본다. 긴 호흡으로 세상을 보고자 한다. 35년에 60년의 기나긴 질곡이 억울할지라도 엉킨 실타래를 우리 민족의 손으로, 우리 국민의 힘으로 풀어나고자 한다. 시대사적으로는 아무리 어쩔 수 없었을지 몰라도 우리의 운명을 중국에게, 혹은 일본에게 맡겼던 선조들의 전철을 다시는 밟지 않으리라.

지식인은 과거 긴 세월, 대부분의 시간을 권력에 기생해 왔다. 그러나 절대왕권 하에서 사문난적이 되어 목숨을 내어 놓더라도 진리를 찾고자 했던 지식인들이 있었다. 지난 시절 평화통일을 주장하여 마녀사냥을 당했던 지식인들도 수없이 많았고, 독재에 항거함으로써 억지로 교단에서 떠나야만 했던 수많은 지식인들도 있었다. 또한 스스로 지식인의 기득권을 버리고 공장으로, 농촌으로, 탄광으로 떠났던 지식인들도 있었다. 이러한 지식인들은 인내하며, 희생하며, 피해당하며 묵묵히 일해 온 이 땅의 주인들과 함께 새로운 사회를 건설하려 해왔다.

새로운 것은 낡은 것 속에서 싹튼다. 새로움은 노회함을 쫓아가지 못한다. 구관이 명관이라고 하여 영원한 구관의 세상이 되는 한, 새로운 사회는 열리지 못한다. 새로움은 신열을 치르고서야 어렵게 싹튼다. 서툴지라도 새로움의 진정성과 믿음만이 세상을 얻을 뿐이다. 21세기 한반도의 급한 호흡을 다시금 가다듬어야 한다. 우리에게 주어진 너무도 많은 과제를 일거에 해결할 수 없다. 남북이 같이 가는 세상, 남녀가 같이 가는 세상, 장애와 비장애가 같이 가는 세상, 같음과 다름이 같이 가는 세상을 열어가는 것은 우리의 상상력이고 굳건한 의지이다. 21세기는 우리에게 너무도 많은 것을 요구하지만, 새로운 것은 낡은 것 속에서 싹트고 자란다.

〈국정브리핑 2006.6.7〉

일본의
한국학을
일구는 사람, 서승

지난 13일과 14일 양일간 일본 교토의 유명 사학인 리쓰메이칸立命館대학의 코리아연구센터가 주최한 '한일 법치주의의 현단계와 소수자 보호'라는 주제의 특별 공개심포지엄에서 발표하고 돌아왔다.

이번 일본 방문에서는 한류열풍의 기운이 사라져가고 있음을 여실히 느낄 수 있었다. 그러나 안타까움보다는 '한류열풍이 거셌을 때, 일본 내에 한국 역사와 문화를 재인식시키기 위하여 어떤 인프라를 구축하여 두었는가'하는 반성이 앞섰다.

한류열풍이라 하여 일부 한류 스타를 만드는데 성공했고, 일본의 아줌마부대들을 잠시 몰고 다니기는 했지만, 한류열풍을 통해 일본 내 왜곡된 한국 역사와 문화를 바로잡거나 올바른 한일관계를 정립하며 한국학을 발전시키는 데에는 얼마나 기여했는가?

그런 중에 지난해 말 교토 리쓰메이칸대학에 설립된 '코리아연구센터'는 한국학 부재의 일본 사회에 서서히 학술계 새로운 한류 열풍을 불어넣고 있다. 그런데 이 코리아연구센터는

일본 리쓰메이칸대 코리아연구센터의 2006년 행사 모습
(촬영:김귀옥)

리쓰메이칸대학 법학부의 서승 교수가 없었다면 출현하기 힘들었고, 언젠가 누군가에 의해 설립되었더라도 더 많은 시간이 걸렸을지 모른다.

내 삶 속의 영웅들

그렇다면 서승 교수는 어떤 사람인가? 그는 나의 청년 시절 몇 안 되는 영웅 중 한 사람이었다. 돌아보면 굴곡진 한국 현대사는 참으로 많은 영웅들을 만들어 왔다. 우리는 특정한 영웅을 보며 나의 미래를 꿈꾸고 삶의 동력을 찾곤 한다. 어린 시절 멋진 영웅은 지루한 일상적인 삶에 의미를 부여하고 미래를 밝혀줌으로써 현재를 인내하게 한다.

그 영웅은 위인전, 전기문 등을 통해 만날 수 있었다. 그래서 선생님들은 독서 지도에서 반드시 위인전, 전기문 등을 집어넣어주었다. 그런데 간혹은 이러한 책들을 잘못 읽으면, 영웅과의 일체화 과정을 통해 현실과 거리가 먼 채 과잉 사회화가 되어 신세를 망칠 수도 있다.

과거의 영웅과 달리 오늘날의 영웅은 책을 통해 전해지기 보다는 텔레비전이나 인터넷으로 소위 '뜬다'. 그리고 과거의 영웅은 주로 정치인, 장군, 사회봉사자, 과학자나 발명왕, 슈퍼맨 등처럼 세상을 구하는 사람이

었다.

그런데 현대의 영웅은 월드컵의 영웅들, 이승엽이나 하인즈 워드, 박세리, 미셸 위와 같은 스포츠 영웅들, 대중매체를 통한 대중 담론을 주도하는 개그맨, 탤런트, 탤런트 반열에 드는 유명 방송인들, 인터넷 상의 각종 '대박'몰이꾼들이 아닐까 싶다.

내게도 연령대에 따라서 스쳐 지나가는 각종의 영웅들이 있었다. 그런데 우리의 5,000년 역사를 통 털어 '류관순 열사'를 제외하고 여성 중에는 딱히 떠오르는 인물이 없었던 것이 불행이라면 불행이었다. 청년 시절, 여성 선배로서 나에게 미래를 제시하고 모범이 되어준 구체적 인생의 모델이 없었기 때문이었다.

재일조선인 서승은
누구인가

아무튼 청년 시절 나를 사로잡았던 영웅 중 한 명은 참으로 특이한 존재였고, 양심이 무엇인지, 인간이 무엇인지 깊이 고민하게 만든 사람이었다. 그저 어느 시사 잡지에서 그에 관한 글을 읽었을 뿐이었지만, 실감나게 인식할 수 있었던 것은 유학생으로서 사회학 대학원의 선배라고 하고, 학과 교수와 친구라는 사실 때문이었던 것 같다.

그와 관련된 기사를 읽으며, 자신의 양심을 지키기 위해 목숨을 던지는 모습에 인간으로서, 지식인으로서 경외심을 갖게 되었고, 뜨거운 감정이 느껴지지 않을 수 없었다. 나아가 그가 학과 선배라는 사실에 놀랐으나, 이 세상에서 만날 수 있으리라고 기대하지 못했다.

그는 재일동포유학생으로 조국을 배우기 위해 한국으로 건너왔으나,

그에게 돌아간 것은 '간첩'이었다. 박정희와 김대중 두 후보의 대통령 선거전이 한창이던 1971년 봄, 김대중 씨의 측근이었던 김상현 씨와 친했던 그는 동생과 함께 '유학생간첩단사건'의 주범으로 연행돼 고문 수사를 받게 되었다.

고문을 받던 중 자신의 양심을 지키기 위해 기름화로에 몸을 던지고 말았다. 전신 화상을 입고 생사의 기로에 섰으나 강인한 정신력으로 살아남았고, 교도소 수감 중에도 온갖 회유와 협박에 굴하지 않고 19년 만인 1990년에야 석방되었다.

「교포대학생간첩단 사건과 서승(서승은 원내인물)」, 「동아일보」 1971. 4. 20.

그해 어느 날, 스승의 날이었던 5월 15일이었던 것으로 기억한다. 학교에 가니 마치 책에서 걸어 나온 듯, 역사에서 걸어 나온 듯한 사람이 학과 지도 교수의 연구실에 앉아 있는 것이 아닌가? 바로 유학생간첩단사건의 그 사람인 서승이었다. 그때로부터 나의 학문과 인생에 영향력을 끼친 선배와의 인연이 시작되었다.

1990년대 전반기 그는 미국 유학생활에서 새로운 삶을 개척하는 데는 별로 성공하지 못한 듯하다. 그러나 그런 과정에서 그는 세계 유수한 석학들, 영재들과 교분을 나누며 40대 나이에 20대처럼 살았다. 1998년, 50살이 훌쩍 넘어서야 석사학위도 없던 그가 「옥중 19년」(역사비평사, 1999)을 학위논문으로 인정받아 리쓰메이칸대학 법학부 교수로 전격 임용되었다.

그 후부터 지금까지 그는 제2의 인생기를 맞아, 절정을 모른 채 질주하며 동북아 인권과 평화의 담론을 형성하는데 주도적인 역할을 해오고 있다.

코리아연구센터의
현황과 과제

코리아연구센터는 리쓰메이칸대학 국제지역연구소 산하 연구기관으로 출발하였다. 센터장은 서승 교수이고, 사무장 이하 사무국 직원, 전임연구원, 9명의 연구위원과 자문위원, 객원연구원, 외국인객원연구원 등 일개 연구센터로서 비교적 큰 규모이다. 대학 자체 경비와 함께 한국국제교류재단과 일본 문부성의 지원으로 운영된다고 한다.

태어난 지 6개월 남짓한 코리아연구센터가 하고 있는 일은 어마어마하다. 저명인사 초청 시민 무료 공개 강좌, 한국 및 동아시아 주제 특별국제심포지엄, 한일공동연구회, 학술월례발표회, 현대한국연구 소장학자 지원, 한국문화페스티벌, 한국영화페스티벌, 차세대워크숍, 한일NGO교류세미나, 한국학 관련 출판사업 등 추진하고 있는 사업을 일일이 열거하기가 어려울 지경이다. 한국의 영화배우 문소리 씨도 영화페스티벌의 주인공으로 등장할 예정이라고 한다.

이제 지난 5년여 간의 한류열풍에 대한 냉철한 성찰이 필요하다. 일찍 날아온 한 제비가 여름을 가져다주지는 않을지라도 머지않아 여름이 오리라는 징조인지도 모른다. 문화적 한류열풍의 격풍은 꺼질지 몰라도, 이제 진정한 의미에서 준비하는 주체적 한류열풍을 만들어 나가야한다. 연구와 지식적 토대가 갖춰지지 않은 문화적 현상은 거품처럼 꺼지기 쉬운 법이다. 늦었지만 준비하는 한류문화를 재정립해 나가야 한다. 원래 지식인은 미네르바의 부엉이처럼 새벽에 날지 않던가.

늦깎이 교수 서승의 한류문화와 한국학의 연구기지 창립을 늦게나마 진심으로 축하하며 많은 사람들이 관심과 격려를 보내기를 기대한다.

〈국정브리핑 2006.7.25〉

제주4·3과
화해의 길

그대 아직
잠들지 못 하는가

　　　　　　　4월 초 제주에는 유채꽃이 만발하였다. 60년전 제주 하늘과 바다, 땅이 핏빛으로 물들던 날에도 노오란 유채꽃이 활짝 피었을 것이다. 그날 이후 60년 세월을 가로질러 2008 제주도에는 국내외에서 수많은 사람들이 찾아들었다. 그 사람들 사이에서 웬일인지 통곡하는 영혼의 낮은 목소리의 절규가 환청처럼 들렸다.

　제주 공항에 내린 것은 4월 3일 오후 4시경, 환청 같은 절규가 들린 것은 진혼굿 때문이었는지도 모르겠다. 초감제로 굿이 시작된 것은 4월 3일 오후 2시, 무혼굿 요왕맞이, 시왕맞이를 거쳐 저녁 8시에 시작된 차사영 맞이가 끝난 것은 밤 10시를 훌쩍 넘긴 시각. 한 낮에 북적대던 사람들이 빠져 나가고 굿패와 준비위원들, 몇 십 명의 구경군만 남아, 잠들지 못한 채 구천을 떠도는 영혼들을 달래고 있었다. 무당은 연신 중얼거리며 달래고 어르고 했다.

여기 백지 한 장에 말 못할 사연적어
칭원하고 원통한 원정 올립니다.
살을 썩어 까마귀밥 되고
뼈는 흩어져 여기 한 가닥, 저기 한 조각 나뒹구니
자손이 뼈 주어다가 흙에 묻으려 해도
제 조상 뼈 찾을 수 없었다 하더이다.
허물어져 썩은 살, 부서진 해골
저마다 제 조상이라 다투게 되었다는
이런 딱한 일을 고해 올리겠습니다.

굿판 근처에 잠들지 못하는 많은 사람들 중에는 70, 80대의 낯선 이들이 있었다. 그들은 60년 전 생사에 기로에 서서 고향 제주를 밀항선 타고 등졌다가, 60년 만에 호호 백발 노인이 되어 고향 방문을 하였다. 꿈에서도 못 잊을, 생각만 해도 숨 막히던 고향에 돌아왔건만 고향은 그들에게 평화스러움을 주기 보다는 여전히 숨 막히는 고통을 상기시켜 주는 듯했다. 60년이 지나 감정이 무뎌질 만도 한데, 내딛는 발걸음이 마냥 떨리기만 하는 노인들을 보면서 4 · 3의 고통은 아직도 끝나지 않았다고 느꼈다.

반세기가 넘어서는 동안 제주도는 '제주특별자치도'로 승격되었고 국제 관광지로서의 면목을 갖추어 24시간 불이 꺼지지 않아 제주시는 화려하기 그지없다. 제주는 신혼부부들의 알콩달콩한 신혼의 단꿈을 꽃피우던 허니문의 섬에서 동아시아인들의 한류 관광지가 되어 왔다. 그러나 그런 화려함 뒤에는 60년의 아픔과 고통, 망각될 수 없는 기억이 남아 있다.

4 · 3에는
이름이 없다

　　　　4 · 3은 이름이 없다. 5 · 18만 해도 십 수년 간 '폭동', '사태', '민주화운동', '시민항쟁' 등으로 불리우다가 1990년 노태우 정부에서 '광주민주화운동관련자 보상에 관한 법률'이 만들어 지면서 '민주화운동'이라는 성격을 공인받게 되었다. 그러나 4 · 3의 경우 2000년 1월에 '제주 4 · 3사건 진상 규명 및 희생자 명예회복에 관한 특별법'이 제정되었고 이후 국무총리 소속으로 '제주 4 · 3사건 진상규명 및 희생자 명예회복위원회'가 설립되었다. 이 위원회는 보고서에서 '4 · 3사건은 남로당 제주도당이 일으킨 무장봉기가 발단이 됐다. 단, 강경진압으로 많은 인명피해를 냈고 다수의 양민이 희생됐다'는 말로 정리되었다. 다시 말해 정당한 국가 행위 중 강경진압, 즉 실수에 의해 다수의 양민의 어쩔 수 없는 희생이 생긴 것이라는 말이다. 그 결과 4 · 3은 이름이 사라졌다.

　제주도민들은 그 특별법 자체가 진실을 왜곡하고 있다고 주장하고 있다. 2003년 노무현 전 대통령은 제주도민에게 사과를 했으나 4 · 3의 성격조차 규명되지 않은 현실에 대해 유족은 말할 것도 없고, 제주도민도 분노하고 있다. 도대체 무엇이 문제인가?

　우선 제주4 · 3에서 누가 왜 죽었나? 1948년 4 · 3 당시 24개 중 12개 경찰서, 지서 등을 급습한 후 산으로 올라갔던 사람, 즉 소위 '산사람', '인민자위대'원들은 기껏해야 350명에 불과했다. 그러나 4 · 3 전후 시기로부터 1954년 9월 21일 한라산 금족령이 해제되던 때까지 죽었거나 행방불명되었던 사람은 대략 3만여 명이라고 유족들은 주장하고 있다. 1948년경 제주 인구가 28만여 명이라고 하니, 10%가 넘는 사람들이 죽었다. 물론 대다수가 민간인들이었고, 노약자, 여성들이 허다하였다. 자위대 수의 10배 가까운 사람들의 죽음을 그저 '강경진압'이라고 말할 수 있는 것인가?

둘째, 제주 4 · 3의 자위대원들은 무엇을 주장했는가? 오랫동안 4 · 3을 남로당원들의 급진적이고 파괴적 행동에 의해 발발되었다고 교과서나 공식 문서들은 기록해 왔고, 널리 그렇게 홍보되었다. 2008년도 『대안교과서 한국 근현대사』에서 비난해대는 고등학교 『국사』교과서에도 4 · 3은 "공

제주4 · 3사건, 대구 10월폭동―'항쟁'인가 '폭동'인가」, 「한겨레신문」 1994. 3. 22

산주의자들이 일으킨 소요사태를 군경이 합동으로 진압하는 과정에서 제주도민도 같이 희생되었다"는 식으로 서술되어 있다. 실로 자위대원들의 주장은 공산주의적이었고, 그들의 행위는 파괴적이어서 제주도민 3만여 명을 학살해야 했던가?

그들의 주장은 두 가지로 압축되었다. 첫째는 1947년 3.1, 경찰에 의한 민간인 시위대 5명을 총살한 사건 이후 벌어진 제주도민의 파업 항쟁을 진압하기 위해 육지에서 파견된 '서청(서북청년회)'와 경찰의 생명, 재산, 자유에 대한 위협 행위에 대한 자위적 주장과 둘째, 단독분단정부 수

립을 반대하는 평화통일 주장이었다. 소위 '공산혁명'적인 어떤 주장도 존재하지 않았다.

셋째, 4 · 3 '자위대'는 공산도배인가? 1948년 4 · 3 발발 당시 소위 자위대가 가진 것은 몇 정의 소총과 죽창, 도끼뿐이었다. 다시 말해 봄에 밭갈이를 하던 농기구를 들고 단독선거, 단독정부 수립을 외쳤다. 그 자위대 가운데에는 일부 남로당원이 있었다고 하지만 그 수는 극히 미미했다. '인민자위대'의 기원은 해방 직후 설립된 '인민위원회'라 할 수 있다. 육지의 인민위원회의 경우 지역적 성격에 따라 사회주의 계열이 주도하거나 민족주의 계열이 주도하였으나 제주 인민위원회는 소수 사회주의자를 제외하고는 지역 유지, 명망가, 심지어 전직 일제 관료들까지 포용하였다고 제주 4 · 3 전문가인 양정심 박사는 전한다.

여느 지역의 인민위원회처럼 제주 인민위원들 역시 해방 후 치안활동을 비롯하여 적산관리, 자치행정기능, 소비조합을 두어 공산품이나 생활필수품 공급활동, 야학 등 교육 사업도 전개했다. 그런 과정에서 인민위원회는 제주도민에게 신뢰를 얻었고, 자연히 제주도민들이 분단에 대한 반대하고 호도되고 있는 미군정의 정책 방향에 대해 비판하는 분위기가 충천해질 수밖에 없었다.

그들의 4 · 3 당일의 폭력 자체는 옹호 받을 수 없으나, 경찰, 지서들에 대한 기습 행위만을 놓고 그 성격 자체를 단언한다는 것은 너무도 비역사적이고 몰현실적인 것이 아닐까. 또한 그들의 주장이 38선 이북 지역의 단선, 단정반대 구호와 같다고 공산 도배라고 부른다면 단선과 단선 반대를 외쳤던 김구 선생이나 김규식 선생을 공산도배의 수괴라고 결론을 내려도 되는 것인가?

바로 이런 얽힌 사연 때문에 민중들의 항쟁인지, 공산도배의 폭동인지 규명되지 못하여 아직도 4·3은 이름이 없다.

민주주의 없이 진상규명도 없고, 진상규명 없이 화해도 없다

60살이 된 4·3의 제주를 찾은 것은 (사)제주4·3연구소가 주관하는 "4·3 60주년 기념 국제학술회의"에 참가하기 위해서였다.

이번 학술회의는 제주의 문제를 제주와 한국의 특수한 문제로 인식하는 것을 넘어서서 냉전 시대 세계 각지에서 발생한 학살 사건을 짚어보고 개별 국가와 각 시민들의 역할과 함께 각 지역의 과거사 문제를 해결하기 위한 연대적 노력과 역할의 필요성을 공감하는 자리였다. 예컨대 21세기 계속되고 있는 과테말라의 제노사이드와 페미니사이드feminicide, 1965년 인도네시아 대학살, 베트남전쟁에서의 외국군에 의한 민간인 학살사건, 캄보디아의 킬링필드, 버마의 민주화운동과정의 학살사건, 1948년 대만의 2·28사건, 1937년 일제에 의한 남경 대학살사건 등을 살펴보았다. 또한 각 국에서 전개되고 있는 민주화 과정의 과거사 정리 사업에 대해서 알게 된 것은 무엇보다도 소중한 일이었다.

2000년대 들어 한국에서 진행되고 있는 각종 진실과화해위원회들과 진실규명 작업들에 못지않게 각 나라들도 진실을 규명하기 위한 노력을 기울이고 있다. 캄보디아의 활동도 대단히 인상적이었는데, 민주화되면서 크메르 루즈의 킬링필드를 조사하고 법적으로 다루기 위한 '캄보디아 법정 특별실ECCC'의 활동상과 집단학살 박물관 설립, 정부에 의한 유족과 증인에 대한 구술사 사업, 청소년들의 킬링필드나 박물관, 법정 특별실 참관 활동, 수필경연대회 등이 광범히 하게 전개되어 청소년과 후속 세대들에게 집단학살의 진실을 일깨워 주고 사회적 통합에 기여하며, 미래로 향하여 나가는 강력한 다짐을 하도록 하는 평화교육이 전개되고 있었다. 또한 그 법정에서는 학살 가해자에 대한 재판이 어떻게 진행되고 있으며, 처벌 수위는 어떠한지도 밝혀 주었다. 보고에 따르면 대개 가해자들은 사형이 금지된 종신형과 사면 금지를 받았다.

캄보디아의 파리나 소^{Farina So} 선생은 "진실이 밝혀질 때 우리는 화해를 이루었다고 느끼며 앞으로 나아갈 수 있다"고 강조하였다. 한국에 비해 제3세계 국가들의 과거사 정리는 후진적일 것이라는 선입견을 깨끗이 깨뜨렸다. 한국에서 반민족행위자 및 5·18 가해자의 명백한 반인륜적 범죄에도 불구하고 제대로 처리도 못하고 있는 현실과 오히려 거리가 멀었다.

트라우마의 치유가
화해로 가는 길

종종 어른들은 이렇게 말하곤 한다. "세월이 가면 잊는다"며 "세월이 약"이라고 한다. 노쇠에 따라 세월은 망각의 힘이 있다. 그러나 세월이 흘러도 잊히기는커녕 시간이 갈수록 생생해지는 일도 있다. 시간이 흘러도 치유되지 않은 상처는 더 크게 과장되고 부각되기도 한다. 바로 '트라우마'의 문제이다.

트라우마 전문가들은 피해자와 가해자 모두 '외상후 스트레스 장애^{Post Traumatic Stress Disorder}'를 겪고, 치유되지 않은 트라우마는 각자를 모두 왜곡시켜 대인기피증, 광장기피증, 또한 과도한 공격성, 우울증 등으로 나타난다고 한다.

역사 앞에 대부분의 사람들은 사소하고 초라할 수밖에 없는 존재이다. 그러나 모든 사람이 겸손해 하지 않고, 자신의 잘못에 대해 성찰할 수 있는 힘, 다시 말해 자존심을 갖고 있지 못하다. 역설적으로 진정한 자존심을 갖고 있는 사람이야 말로 자신의 잘못을 시인할 수 있는 사람이다. 국가는 지난 한국전쟁기와 그후 냉전의 시대 얼마나 많은 민중들을 적대시했던가? 제주도민에 대한 사과만이 아니라, 민중 전체에 대한 사과와 진실규명만이 전국민적 화해와 통합을 가져올 수 있다.

60년 전 통일을 꿈꾸며 분단 조국을 반대했던 제주도민. 이제 그들은 자신들에게 풍부한 귤을 북한 주민들과 나누며, 단절을 넘어 통일로, 적대를 넘어 화해의 길로 가고자 역사에 말걸기를 청해 왔다. 이제 '육지것'들이 섬사람을 향하여 진정한 화해의 손길을 내밀며 말하자. "미안해요"라고.

〈민족화해 2008년 5 · 6월호〉

일본에게 미래란 무엇일까? 일본은 여전히 대동아공영권의 미몽을 희망으로 여기며 살아가고 있는 것은 아닌지? 일본의 역사 가운데 가장 번영을 구가했던 시대이자, 섬을 벗어나 대륙으로 세계로의 이상을 실현했던 시대를 열어준 것은 바로 메이지 일본왕이었고, 일본사람들은 그 이상을 한 마디로 말해 대동아

일제시대 제작된 대동아공영권지도(촬영: 김귀옥)

공영권이라고 명명하였다. 마치 현대 한국인들이 경제가 어려워지면 경제 도약의 시대에 대한 상징으로 고 박정희 대통령을 그리워하듯 1980년대 이후 극우가 극성을 부리기 시작하던 무렵 일본인들도 대동아공영권을 열어준 '신인神人'으로서 '천황'을 다시 그리워하고 있는 듯하다. 일반적인 일본인들에게 1868년 창조된 천황은 불경하게 말해서는 안되는 금기어 중 하나이고, 천황을 거부하는 것은 일본인적 정체성을 거부하는 행위로 여겨지곤 한다. 현재까지도 천황의 발밑에서 국회 회의를 하도록 되어 있는 일본을 보면서 과연 일본의 미래가 어디로 갈 것인지가 문득 걱정되곤 한다. 일본 천황제 문제의 연속선상에는 야스쿠니 신사 문제가 있다. 한국사람들에게 야스쿠니 신사 문제는 일본 수상이 8·15때면 참배할 것인가 말 것인가 정도의 문제로 인식되고 있다. 야스쿠니 신사 문제의 본질은 무엇인가?

야스쿠니의 어둠:
야스쿠니·전쟁·빈곤

시민사회에서 야스쿠니 신사 문제가 본격적으로 제기된 것은 2006년이다. 일본, 한국, 오키나와, 대만 등의 시민사회단체가 연대운동의 일환으로 서울과 동경에서 제1회 행사를 개최하였고, 2007년에는 미국에서도 점화되었고, 제3회 야스쿠니신사 반대 집회를 동경에서 개최하였다. 서울에서 있었던 1회 행사에 참여했던 인연에 힘입어, 이번 여름 학술 행사 등이 있어서 방일했던 중에 마침 시간이 맞아, 야스쿠니 집회에 참여할 계획을 세웠다.

야스쿠니 신사 반대 행사는 제1일인 8월 9일에는 미술전시회(8월 4일 ~11일)와 영화 〈안녕, 사요나라〉 상영회, 미술전 관련 '야스쿠니와 표현'이라는 주제의 토론회 등이 진행되었고, 제2일인 '야스쿠니, 전쟁, 빈곤' 주

2008년 8월 10일 일본에서 개최된 야스쿠니신사 비판 토론회 (촬영: 김귀옥)

제의 대토론회, 야스쿠니 합사자 유족의 증언(일본, 오키나와, 대만, 한국), 평화문화공연(한국 대학생들의 '대학희망', 권해효, 손병휘, 오키나와 2인조그룹 '수' 등)으로 이루어졌다. 제2일 행사의 백미는 역시 야스쿠니 반대 촛불거리행진이었다.

한국의 한명숙 전 국무총리, 야스쿠니 신사 문제를 제기해온 일본의 저명한 학자, 기자, 만화가 등이 발언한 '야스쿠니, 전쟁, 빈곤' 대토론회에서는 일본에서 왜 야스쿠니 신사 문제가 극우와 결합되

거리 시위를 하는 일장기를 든 일본 극우들 (촬영: 김귀옥)

어 나타나는가를 보다 구체적으로 이해할 수 있었다.

야스쿠니 신사는 '천왕제'의 산물이고, 천황제는 일본이 과거 구가했던 '대동아공영권'의 영광을 가져다준 신인이다. 그런데 일본의 경제에서 거품이 빠지기 시작했고, 일본의 비극을 집약한 1995년, 6천여 명의 목숨을 앗아간 일본 한신대지진과 옴진리교 독가스사건 등에 의해 일본의 위기는 최고조에 달하였다. 일본의 신자유주의와 극우주의자들은 일본의 위기를 미봉하기 위한 방책으로 평화헌법에 본격적으로 문제제기를 하기 시작하였다. 때 마침 위기를 고조시켜준 북핵 사건-1998년 북한의 '광명성' 인공위성 발사사건, 2002년 북일정상회담과 납치자 문제, 북핵 실험 사건 등 -등을 악용하여 군국주의를 획책하였다.

또한 군국주의는 전쟁의 문제만이 아니라, 전시 경제를 기반으로 극단적인 일본의 경제적 성장을 가져왔던 대동아공영권과도 맥이 닿아 있다. 일본의 신자유주의 문제에 따른 비정규직 문제의 해결책으로 대동아공영권의 '다시 한 번!' 정신

한 일본 극우단체의 표어 "독도가 아니라 다케시마다"
(촬영: 김귀옥)

을 내장한 채, 일본의 극우 정치인들과 언론, 지식인들은 일본 체제의 문제를 평화헌법과 북한, 동북아의 과거사 정리 운동의 문제, 인종주의 문제 등으로 호도해오고 있는 것이다.

실상 일본에서 야스쿠니 신사와 '천황제' 지지 운동의 대열에서 전면에 서 있는 사람들은 기득권층이라기보다 경제적 위기 상태에 놓여 있는 사람들이 많다. 그들은 한국인이나 재일동포를 일본 경제력을 잠식하는 사람들로 인식하여 인종차별적 발언을 서슴지 않고 있으며, 그러한 극우주의자들은 흔히 '내셔널리스트'들로 명명되고 있다. 일본의 내셔널리즘은 그야말로 일본배타주의, 천황제주의, 또는 국수주의, 국군주의 등으로 번역함이 자연스러웠다.

행사가 진행된 일본교육회관은 야스쿠니 신사와도 지척에 두고 있었는데, 일본 극우들이 진을 쳤고, 일본 경찰도 차량 몇 대를 대동하여 에워쌌다. 거리 곳곳에는 "조센진은 떠나라," "독도가 아니라 다케시마竹島다"라는 표어가 붙어 있었다. 또한 그들은 무서운 목소리로 "조선을 일본이 해방시키지 않았으면, 러시아의 식민지가 되었다"고 외치며 대동아공영권을 정당화하였다.

대동아공영권의 추억

추억은 기억 속에만 있지 않고 사물을 통해 관습화된다. 일본인들은 일본왕, 즉 '천황'의 상징으로 '야스쿠니靖國 신사'를 떠올린다. 일반적으로 일본 역사에서 신사는 토속신앙과 불교의 결합의 산물이다. 신사神社(じんじゃ, 진쟈)는 일본의 신토신앙에 근거해 만들어진 종교시설에 불과하고 일본 전역, 마을마다 공동체마다 마을 사람들이 추렴하여 건립되었다. 일본제국주의 시대 일제가 점령하였던 지역이면 모든 곳에 신궁이나 신사를 세웠고, 그래서 조선인이건, 대만인, 중국인, 필리

핀인들이 신사참배를 강요했던 것은 말할 나위가 없다.

일제 강점기 서울의 학생들은 남산 위에 있던 '조선신궁'을 참배했던 기억을 떠올리곤 했다. 경성농업학교(현재 서울시립대학교 자리)를 다녔던 이〇〇 씨는 일본인 교사에게 왜 조선신궁 참배를 해야 하는지를 질문하였다가 "야 그거 질문이냐. 이런 건방진 누무 자식"이라는 거친 말과 함께 주먹찜질을 당했던 아픈 추억을 떠올렸다.

그 신사의 한가운데 야스쿠니 신사가 있으나, 그것은 일반 신사의 성격과는 전혀 다르다. 야스쿠니 신사란 메이지 유신明治維新을 위해 목숨을 바친 3,588명을 제사지내기 위해 1869년 도쿄 초혼사東京招魂社로서 창건되어, 출발부터 철저하게 메이지 일본왕에 대한 충성을 상징하고 있다. 그 이름을 야스쿠니로 개칭한 것은 1879년 국가를 위해 순국한 자를 기념하기 위해서 였다.

1978년 야스쿠니 신사에 A급 전범 14명을 합사시켰다. 1945년 8·15 이후 미군정하 극동국제군사재판에서는 A급 전범으로 28명이 기소되었으며, 수감 중 사망한 3명을 제외한 25명에게 유죄가 선고되었다. 이 선고로 도조 히데키 등 전직 총리 2명을 포함한 7명이 교수형에 처해졌고, 16명은 종신금고형, 2명은 유기 금고형을 받았다. 이들 중 처형된 7명과 복역 중 사망한 7명의 이름이 1978년 후쿠다 내각 때 야스쿠니 신사의 명부에 올려져 비밀리에 합사됐다.

1985년 나카소네 야스히로 총리가 일본 총리로는 처음으로 8·15 공식참배를 한 이래로 일본 경제가 어려워지던 1996년 이후 간헐적으로 8·15 참배를 하여 고이즈미 수상 때는 한국이나 중국 등의 반발에도 불구하고 계속 참배하고 있다. 야스쿠니 신사의 부속물인 유슈칸 전쟁박물관은 과거의 식민지 지배와 침략전쟁을 미화, 찬양하고 있다.

그러한 야스쿠니에 2만 2천여 명에 이르는 우리나라 사람들이 유족과 남한이나 북한 정부의 동의도 없이 강제로 합사되어 있다. 현재 야스쿠니 신사의 군신으로 포함되어 있는 조선인 징병자의 딸인 이희자 씨는 아버지의 이름을 야스쿠니 신사로부터 분사分社시키기 위하여 일본정부와 투쟁 중이다.

이희자 씨가 야스쿠니 신사를 항의 방문할 때마다 대동아공영권의 몽상에 빠져 있는 일본 극우 단체들은 이희자 씨 앞에서 소리를 질러댄다. "조센진은 우리나라(일본)를 떠나라." 이희자 씨는 극우들의 주장에 대해 "조센진", 즉 "한국인을 인정하지 않는 일본이 어째서 우리 아버지를 놓아주지 않으려 하는가?"라고 말하며 통곡하였다. 아직도 야스쿠니 신사에 군신으로 합사된 한국인들에게는 일제 식민시대는 끝나지 않았고, 해방되지도 못하였다.

'야스쿠니 미술 전시회', 홍성담 화백의 야스쿠니에 합사된 조선인 영령 (촬영: 김귀옥)

과거사 청산되지 않은
일본으로부터의 교훈

야스쿠니 신사에는 현재 일본의 모순이 총집결되어 있다. 야스쿠니 신사는 '정교 분리의 원칙'위에 수립되어 있는 일본 헌법 27조를 위배하여, 일개 신교를 국교화하고 있다. 더 나아가 군국주의의 상징인 야스쿠니 신사를 일본 수상이나 정치인들이 참배함은 결국 일본 평화헌법 9조를 정면 위배하며 군국주의 부활을 획책하려는 기도를 깔고 있다. 나아가 야스쿠니 문제 등을 빙자하여 일본은 인종주의, 민족차별주의를 조장하고 있다. 일반 일본 학생들은 한국이 어디에 위치하는지를 모른다고 말하기도 한다. 무식을 가장한 무관심의 전형이다. 어떤 일본인은 '겨울연가'의 배용준은 일본사람인 줄 알았다고 말하기도 했다. 왜냐면 일본말 더빙을 하였기 때문이다. 한류의 미몽에 빠진 한국인들이여! 한류는 화해의 언어가 아니라, 대중매체가 조작한 산물이었고, 혐嫌한류의 역풍으로 그 진상이 나타났음을 깨달아야 한다.

많은 일본 지식인들은 여전히 일본은 서구의 일원이라고 인식하는 탈아론脫亞論에 빠져 있다. 경제가 어려울수록 대동아공영권을 낭만화하며, 일본의 침략을 '해방'으로 호도하는 주장이 높아지고 있다. 그들은 1945년 8월 6일과 9일의 히로시마와 나가사키 피폭의 경험을 통하여, 태평양전시 수백 만 명 학살에 대한 가해의 역사를 피해의 역사로 호도하기도 한다. 심지어 700여만 명의 조선인을 강제징용했고, 8~20만여 명의 조선인 처녀들을 일본군 위안부로 강제화시켰던 문제를 사과하는 일본 지식인들로 하여금 '자학사관'에 빠져 있다고 말하고 있다.

일본이 한국전쟁과 베트남전쟁 특수를 통하여 경제 대국이 되었고 일본이 가진 수많은 미덕에도 불구하고, 세계인으로부터 진정으로 존경받지 못하는 이유는 무엇인가? 역사 앞에 겸손함, 진실을 모르는 채 1945년 8 · 15 패망 이후 한 번도 제대로 과거사 청산을 하지 못하였고 한반도 식민과 수탈의 역사를 '서구로부터의 해방'과 '근대화'로 호도하고 있는 지식인과 정치인이 있는 한 일본에는 미래가 없다.

한국은 이러한 일본으로부터 무엇을 배우려 하는가?

〈「민족화해」 2008년 9 · 10월호(원문)〉

식품전쟁: '신종플루' 원인은 초국적기업?

본래 멕시코 사람들은 돼지고기를 즐기지 않는 편이다. 열대성 지역의 사람들이 그렇듯이 전통적으로 멕시코에서 돼지고기는 여름철 식중독 등의 주범으로 간주되어 환영받지 않았다. 그러다보니 닭고기나 어류, 해산물의 소비량에 비해 돼지고기의 소비량은 낮다.

10여년 전, 멕시코 한인 조사를 위해 한 달여 멕시코의 여러 주를 다닌 적이 있다. 당시 많은 멕시코 식당에서 다양한 닭고기, 해산물 요리를 접할 수 있었다. 반면 돼지고기 요리로는 바비큐 정도밖에 기억나질 않는다.

그런 멕시코에서 이번 돼지독감이 창궐한 것도 모자라 전 세계로 돼지독감을 수출하게 되다니 상식적으로 이해되지 않았다. 문제의 원인이 바로 초국적기업에 있다는 것을 최근에야 알게 되었다. 최근 영국의 「가디언The Guardian」지에서 보도했듯이 이번 멕시코 베라크루즈 주 돼지독감의 출원지로 알려져 있는 라 글로리아 지역에는 세계 최대 축산 회사의 하나인 스미스필드 돼지농장이 있다. 이 농장의 8개 축사에서 1만 5천여 마리 돼지가 사육되고 있다고 했다.

2008년 촛불시위 당시에 알려진 대로 거대 목축기업의 축사는 들판이 아니라 기업형 공장이다. 그곳에는 거의 햇볕이 쪼이지 않는다. 쌓여 있는 돼지 배설물은 살모네라균을 비롯한 병원균의 서식처이고 악취와 오염물질, 폐수의 원천이다. 여기에서 자라난 돼지는 면역체계가 취약해 일단 질병이 발생하면 급속도로 전염병이 확산될 가능성이 잠복되어 있다. 이미 지난 2월 초에도 1천 800여 명의 주민이 이상한 급성 호흡기 질환에 걸렸고, 어린아이가 죽었으나 스미스필드는 검역 결과 책임이 없다고 주장했다. 급기야 멕시코 당국은 이번 돼지독감의 중간 조사에서도 라 글로리아 지역에는 돼지독감의 증거가 없다고 발표했다. 보도에 따르면, 이번 멕시코 돼지독감은 2003년 사스를 일으킨 조류독감과는 많은 차이가 있다. 적지 않은 희생을 치르고 머지않아 이번 독감도 진정될지 모르겠다.

그런데 2003년 사스나 이번 돼지독감의 공통성 중 하나는 주범을 모른다는 점이다. 2003년 조류독감의 발생지는 태국의 거대 치킨회사인 챠런폭판드Charoen Pokphand로 추정되었다. 그러나 조사 보고서는 'X파일'로 처리되었다. 이번 멕시코 돼지독감 사건 역시 미궁에 빠질 수밖에 없을지도 모른다. 스미스필드 기업과 같은 거대 초국적기업은 연구기관이나 관련 정부기관에 온갖 로비를 통하여 조사 결과가 불문에 부쳐지도록 할 것이 내다보이기 때문이다. 또한 2003년 사스 때나 현재의 돼지독감 모두 처방은 천편일률적이다. 세계보건기구는 독감이 발생한 지역을 통제하고, 소독하라고 야단한다. 그런데 2007년 한국의 조류독감 당시 봤듯이 한 지역을 통제해도 다음 발생지는 널뛰듯 확산된다. 이미 세계는 너무 열려 있다. 아무튼 조류독감이나 돼지독감이 발생하면 날개 돋친 듯 팔리는 것은 항바이러스제품이다. 돼지독감의 유일한 치료제인 로슈 제약회사의 타미플루는 증상 발생 후 48시간 안에 복용해야 효과를 본다. 돼지독감 공포 확산으로 이미 이 제품은 바닥을 보이고 있다고 한다. 전 세계인들은 초국적 제약회사의 새로운 항바이러스개발에 생명줄을 맡겨두고 있다.

그런데 2003년 사스나 2007년 한국의 조류독감 때, 그것이 진정되고 나면 우리는 언제 그랬냐는 듯 잊는다. 과연 우리는 안전한 것인가? 아니 우리는 이러한 전염병을 자연의 의도치 않은 선물인양 당연시하고 있는 것은 아닌가?

2003년도 사스가 발생했을 당시 「사이언스」 지에서는 "사스가 진정된 지 몇 년 내로 북미 돼지독감 바이러스 변종이 출현할 것"이라 예언한 바 있다. 이 예언이 2009년 현실로 나타난 것은 불운 때문인가? 아니다. 이는 초국적 식품회사가 있고, 현재와 같이 면역체계가 무너져가고 있는 한 계기가 되면 폭발적으로 일어나도록 되어 있다.

현재 우리는 매트릭스의 세계에서 식품전쟁에 휘말려 있다. 이 식품전쟁에서 면역체계가 약한 사람이 일차적인 희생자이다. 반면 일시적인 승리자는 초국적식품기업이거나 제약회사일지 모르겠다. 그러나 결국엔 모든 사람이 희생자가 될 뿐이다. 결국 식품전쟁에는 승자와 패자의 경계는 없다.

우리가 이러한 공포 속의 일상에서 벗어나기 위한 길은 단 한 가지 방법 밖에 없어 보인다. 현재 우리가 누리는 초국적 생활양식을 개혁하는 길이다. 물론 완전히 과거로 돌아갈 수는 없다. 그러나 계절 없이 국적 없이 언제든 먹고 마시는 생활을 지양해야 한다. 건강한 먹거리를 다시 생산해야 한다. 한때 유행했던 신토불이적 삶에 대해 현대적 적용방법을 연구해야 한다. 더 많은 이윤 앞에 인간의 생명도 윤리도 망각한 초국적기업에게 그들도 인간임을 환기시켜 주어야 한다. 국가는 국민의 생명과 건강에 촉각을 세워야 한다. 내일이면 늦으리.

〈「시민사회신문」 제96호 11면 2009년 5월 4일자〉

'힐링' 없는
힐링의 사회

우리 사회에 진정한 치유의 길은 어디에 있나

웰빙의 시대는 가고
힐링의 시대가 왔다

힐링코드, 힐링학교, 힐링캠프, 힐링센터, 힐링카운티, 힐링모차르트, 힐링뮤직, 힐링아트, 힐링여행, 힐링숲, 힐링체험, 힐링육아, 힐링마사지, 힐링승마센터, 힐링요가, 힐링스파, 힐링요리(법)….

요즘 상품이나 사업 마케팅에 힐링이 붙지 않으면 참신하지 않아 보인다. 거리나 사이버 세상에는 힐링 산업Healing Industry이 넘쳐난다. 세간에 회자되고 있는 어느 텔레비전 프로그램인 힐링캠프에는 연예인이나 유명 인사들이 등장하여 고생담을 털어놓고 있다. 결론은 "이제 힐링되었어"이다.

2000년대 초반 중국에서 황사가 불 무렵 웰빙well-being이라는 신개념이 바람을 타기 시작했다. 황사는 오래전부터 있던 현상이었으나 중국의 산업화와 함께 우리에게 환경오염, 공해라는 환경재앙으로 나타났다. 악재로서의 황사는 결국 산업화, 즉 인간이 만든 재앙이었다. 그전인 1990년대 '위험사회'라는 개념도 우리 사회에서 확산되기 시작했다. 산업화는 우리에게 물질적 풍요를 가져다 주었다. 그러나 산업화로 인해 불확실성은 급증했다. 근대건축, 현대토목시설들에서도 대형참사사건이 수시로 발생했다. 식량혁명을 가져오리라 예상했던 GMO식품은 종간의 질서를 허물며 생물계를 교란하는 괴질병을 만연시키고 있다. 그런 상황에서 사람들은 환경보호와 웰빙에 관심을 갖기 시작했다. 그 결과는 웰빙 산업의 등장이었다. 웰빙 산업을 주도하는 것은 대기업이고, 웰빙 상품들은 고가로 팔리며, 가난한 사람들에게는 그림의 떡일 뿐이었다.

웰빙이 식상해져 갈 무렵 2000년대 후반부터는 새로운 개념이 등장했다. 힐링healing은 웰빙보다 더 광범위하게 퍼져나가고 있다. 힐링을 확산시키는 전도사의 역할을 하는 것은 경영 마케팅분야이다. 힐링은 블루오션처럼 힐링이 붙으면 참신한 개념, 상품, 서비스로 변신한다. 물론 고가가 되는 것은 말할 필요도 없으리라.

힐링의 추억

그런데 힐링은 엉뚱하게도 어린 시절의 추억을 떠올리게 한다. 어릴 때 배가 아플 때면 어머니에게 달려가 배를 내밀곤 했다. 그러면 어머니는 배를 쓸어주며 "내 손은 약손이고 니 배는 똥배다~"를 몇 번인가 반복하면, 마술을 부린 듯 복통은 사라지고 어느 듯 잠에 빠져들곤 했다. 어머니의 그 손은 참 힐링의 손이었다.

그 시절에는 집집마다 치료사들이 있었다. 어머니 아니면 할머니, 또는 가족 중 한 명이 치료사의 역할을 하곤 했다. 어머니나 할머니가 들려주던 자장가는 어떤 힐링뮤직보다도 편안하게 숙면을 들게 하는 주술적인 힘을 갖고 있었다. 학교에서 생긴 불평거리나 친구들간에 생긴 갈등거리를 어머니나 친근한 가족 누군가에게 털어놓고 나면 시원하게 해소가 되는 게 일반적이었다. 가정은 힐링의 공간이었다.

또한 예전에는 마을마다 치료사들이 있었다. 액땜도 해주고, 병도 고쳐주고, 억울한 사람을 대신하여 분노와 원한의 목소리를 내기도 하며 치유의 역할을 담당했던 사람은 다름 아닌 무당들이었다. 물론 사기 치는 무당도 적지 않았으리라. 그런 시대를 낭만화해서는 안 된다. 그런 대가족 시절, 혈연, 지연으로 점철된 공동체 공간에는 수많은 불화나 갈등, 차별이 있었기 때문이다.

그러나 전쟁과 산업화를 거치면서 국민의 대다수는 일자리를 찾아서 농촌과 가족을 떠나 대도시로 이주를 했다. 그런 사이에 부부가 맞벌이를 하는 핵가족이 급증하면서 힐링 가족 공동체, 마을 공동체도 사라졌다. 일상생활의 모든 것은 상품이 지배하는 시대가 되었다. 밥은 식당, 노래는 노래방, 술은 술집, 놀이는 놀이방, 병은 병원, 안마는 마사지방, 상담은 상담소…. 자본주의는 만물을 상품화시키며 일상생활도 전문화, 분업화시켜 놓았다. 모두는 돈을 치르지 않으면 안 된다. 급기야 친구도 돈으로 사는 시대가 되었다. 결혼식 하객조차 살 수 있으니 말이다.

그런 과정에서 몸과 마음의 불편이나 고통을 함께 나눌 가족, 이웃도 사라졌다. 4살배기 어린아이로부터 노인들에 이르기까지 전 국민이 바쁘다. 나의 희로애락을 같이 나눌 사람이 없다. 등 근육이 뭉쳐도 풀어줄 사람이 없다.

힐링 없는 시대,
힐링의 길

　　심지어 계속 문제가 되어온 학교체벌과 반인권적 상황으로 인해 인권이 있는 교육을 위하여 학생인권선언을 하면서 학교체벌을 금지하게 되었다. 쌍수를 들고 환영한다. 그런데 문제는 그다음이다. 학생인권선언의 원 취지는 교사들이 학생에 대해 체벌을 하는 대신 교육적인 감화로서 학생의 문제를 해결하도록 도움을 주라는 것이었다. 교육적인 감화에는 시간과 인내심이 필요하다. 그러기에는 교사들도 너무 바쁘다. 이런 상황에서 교육과학기술부(현 교육부)는 학생들의 폭력을 학생생활부에 기록하도록 하는 징벌보다 더 나쁜 조치를 취하게 되었다. 다시 말해 교육 당국은 교사들로 하여금 잘못된 행동이나 폭력을 행한 학생들을 살펴서 바꾸려는 노력을 하도록 독려하기 보다는 가장 비교육적 방식을 학생에게 강요하고 있다. 교육당국은 어린 학생들을 진심으로 선도하기 보다는 코너로 내몰고 있다.

　이런 상상을 해본다. 최근의 '묻지마 범죄'를 하는 사람들, 야동에 중독된 사람들 중 상당수는 어린 시절부터 야동이나 폭력영상물에 중독되었다고 한다. 과거의 대가족 속에 살 때였다면, 어린아이의 그런 취향이 방치될 수 없었을 것이다. 어린 시절부터 가까운 가족이나 이웃이 그런 어린이의 괴벽이나 폭력지향성을 진정 치유해 주었다면, 그러한 폭력범으로 성장하지는 않았을 것이다. 우리 사회에는 힐링이 없어서 괴물로 되어버린 수많은 사람들이 방치되어 살아가고 있다.

　앞에서 언급했듯이 우리 사회에 힐링 상품과 서비스가 넘쳐날수록 상처와 고통이 넘쳐나고 있음을 느끼게 된다. 그런 고통과 상처가 어디 연예인이나 유명 인사들뿐이랴. 그들의 상처가 그러하다면 신자유주의 산업

고용정책에 내몰려 직장 잃고, 목숨 잃고, 가족 잃은 사람들의 고통과 상처는 어떨까? 죽음으로 내몰려진 쌍용자동차의 노동자들의 상태는 이미 자본주의에 의한 사회적 타살이라고 할 수밖에 없다. 22명(2014년 현재 25명으로 늘어났다)의 쌍용 자동차 노동자들의 죽음은 그들 가족은 말할 것도 없고, 다른 노동자들마저 트라우마로 몰아 가는 것은 아닌가.

뿐만 아니라 가난에 의해 버려진 아이들, 미혼모라는 오명에 의해 간난 아이를 버려야 하는 어머니들, 가부장제의 바위덩어리를 못 이겨내어 가족에서 튕겨져 나간 홈리스 피플 아버지, 코리아드림을 꿈꾸며 빚내어 한국에 왔으나 불법으로 내몰려, 산업재해 당하고도 치료비는커녕 임금, 퇴직금도 제대로 못 받은 채 사각지대에 놓여 있는 외국인 노동자들, 국제결혼을 한 후 한국인 남편의 폭력에 내몰려진 외국인 여성 등 그들이 당하는 고통도 어마어마하다. 고통의 방치는 '사회적 괴물'을 만들기 십상이다.

힐링 상품은 넘쳐나지만, 진정한 치유는 없다. 이런 현실을 자본주의 시장에게 맡겨도 되는가. 진정한 치유를 위해서는 국가도, 사회도, 개인들도 지혜와 실천을 모아야 한다.

우선 국가는 범죄자를 양산하는 조치가 아닌, 예방하는 정책이 필요하다. 전자발찌나 화학적 거세 또는 물리적 거세는 또 하나의 국가폭력이지 예방이 되거나 치유가 될 수 없다. 상습적 성폭력범이라고 하여 태어날 때부터 그렇게 결정되지 않았고, 사이코패스로 태어나지도 않았다. 첫 단추를 잘못 꿴 사람을 사회 제도가 괴물로 만들었을 가능성이 충분히 있다. 또한 억울하지만 억울함을 풀길이 없고 공정하게 대우를 받지 못하는 사람들이 늘어날수록 범죄자도 늘어날 수밖에 없다. 누구든지 일할 수 있도록 해야 하고 차별 당하지 않도록 해야 한다. 그건 초보적인 인권의 기본 사항이다.

또한 사회적 약자에 대한 치유는 바로 국가복지와 상통한다. 어린이, 여성, 노인, 빈민, 사회적 소수자, 외국인 노동자와 그 자녀 등도 우리 사회의 구성원임에 틀림없다. 이들이 평등하게 살 수 있도록 지원하는 사회 편의를 제공해야 한다. 또한 그들이 당하는 차별과 편견의 시선을 멈추기 위해서도 법제도로써 상처와 고통을 주는 관행이나 제도를 중단하여야 치유에 기여할 수 있다.

다음으로 국가적 치유의 노력만이 아니라 사회적 치유 노력이 절실하다. 두 가지 방향의 노력이 필요하다. 하나는 시장의 영역에서 필요하다. 자본주의 기업은 기표로서의 '힐링'상품을 유발하는 대신 노동자와 공생하기 위한 노력을 하지 않으면 안 된다. 노동자를 고통에 빠뜨리고 종종 죽음으로 내몰면서 힐링 상품을 생산하는 것은 어불성설이다. 노동자가 정당한 노동의 대가를 받고, 정당한 일자리에서 일할 수 있도록 하는 것만이 시장을 발전시킬 수 있고, 노동자도 소비자도 치유를 받을 수 있는 길이다.

또 다른 하나는 시민사회의 영역에서 필요하다. 이제 와서 전통적 공동체로 돌아갈 수는 없을 것이다. 그러나 시민사회에서는 하나의 운동으로 '힐링 또는 살림의 운동'을 모색할 수 있다. 아파트 공동체 운동으로부터 도시 공동체 운동, 도시와 농촌 교류운동, 농촌 공동체 살리기 운동 등 아래로부터의 새로운 공동체 운동이 절박하다. 종교단체들도 신도를 상품으로 여기는 태도를 지양하고 진정한 치유를 위한 노력에 발 벗고 나서야 한다.

마지막으로 개인들의 노력이 중요하다는 것은 아무리 강조해도 지나치지 않을 것이다. 최근의 나주 성폭력범 사건을 보듯이 부모에 의해 버려진 어린아이가 자라선 폭력적인 어른이 된다. 그 어린아이가 부모와 가족의 보살핌을 제대로 받았더라고 그러한 폭력범이 되었을까? 다시 말해 피해자의 치유 없는 방치는 더 큰 가해자가 될 수 있음을 교훈으로 받아야 한다.

힐링이 본질적 치유를 잃어버리고 있는 것은 힐링의 또 다른 문제이자 우리 사회의 허위의식이다. 이데올로기로서의 힐링을 벗겨내자. 상품은 치유의 힘이 없고 있더라도 부분적일뿐이다. 심지어 현재의 힐링 상품은 소외와 차별로 응축되어 있다. 사람만이 사람을 참 치유할 수 있다.

〈프레시안 2012.9.14〉

된장을
욕되게
하지 말라

　　얼마 전에 꽤 유명한 라디오시사토론 프로그램에 패널로 참여를 했다. 토론주제는 "된장녀 논쟁, 무엇이 문제인가?"였다. 대학 교수로서 당연하기도 하지만, 평소의 청년 문제에 관심이 많은 나로서는 이미 7월 어느 날인가 인터넷 검색어 인기 순위에 '된장녀'가 오르내리는 것을 보게 되었다. 어느 여성 인기 연예인이 된장녀니, 아니니 또는 어느 인기 아나운서가 결혼 발표를 하자 된장녀니, 아니니 하며 누리꾼들의 논쟁을 달구었다.

　　지난 2006월드컵 당시 검색어 인기 순위를 차지했던 '엘프녀'나, '시청녀' 등이나 작년에 부끄러운 여성의 전형이 되어버린 '개똥녀' 등과 같이 여성들을 주로 폄하하는 용어들이 곧잘 제조되어 세간에(까지) 회자되곤 한다. 물론 월드컵 응원전에서 잘 치우는 여성을 긍정적으로 지칭하는 용어인 '치우녀'같은 말은 있긴 하다. 아무튼 수많은 용어들이 인터넷이나 젊은이들 사이에 관심을 끌고 있으나, 대부분이 한 계절이 지나기도 전에 잊혀지고 새로운 용어들이 출현되는 경향이다. 그에 비해 된장녀 논쟁은 몇 달 째 계속되어, 최근 여러 지면에서도 된장녀, "있다", "없다" 논쟁이 펼쳐지기도 했다.

'된장녀'는
누구인가?

　　40, 50대 이상의 층에게는 '된장녀'란 대단히 어색한 용어이다. 된장녀 논쟁이 가열되자 된장제조회사나 된장을 빚는 농민들이 '된장을 욕되게 하지 말라'고 주장하며, 된장녀라는 말을 쓰고 있는 층들을 비난하기도 했다. 된장녀가 무엇이길래 이렇게 문제가 되고 있는가?

　'된장녀'의 어원에 대한 정확한 정의는 찾기 어렵다. 혹자는 된장녀는 '젠장'이라는 시쳇말이 '된장'으로 변하면서 특정한 여성을 지칭하는 용어로 사용되었다고 한다. 또 다른 혹자는 '×인지 된장인지도 구분 못하는 무개념 여성'을 지칭하는 말이라고도 한다.

　된장녀가 처음 누리꾼들에게 선보인 것은 어느 남성 누리꾼이 '된장녀의 하루'라는 글을 인터넷 게시판에 올리면서였다. "아침 7시 30분 휴대폰 알람 소리에 기상하는 된장녀는 전지현 같은 멋진 머릿결을 위해 싸구려 샴푸랑 린스는 쓰지 않는다. 엘라○○이나 펜○, ○○센 정도는 써줘야 마치 자기가 전지현이나 한가인이 된 것만 같은 기분이다"로 시작한다.

　된장녀는 라면으로 점심식사를 때우면서도 커피는, 스타○○ 같은 커피전문점에서 마시며 자신을 '뉴요커New Yorker'로 착각하는 여성이다. 여대생이 학업에 관련된 것에는 단 한 푼도 투자하지 않고, 수업시간에는 핸드폰만 들여다보면서도 두툼한 전공 서적을 손에 들고 다닌다. 뿐만 아니라 스스로 선정한 예비역 선배에게 비싼 코스 요리를 사달라고 하면서 '3000cc이상의 차를 몰고 다니는 키 크고 옷 잘 입고 유머 있는 의사'와 결혼하겠다고 얘기하고 다닌다.

　이쯤 얘기하다보면 듣는 사람 대부분이 한편으로는 기분이 언짢아지고, 또 한편으로는 그런 '된장녀'는 없다고 말할 지도 모른다. 이 문제를 가지고 다양한 층의 여성들과 몇 번 비공식적인 수다회를 가졌다. 많은 여성들도 된장녀에 대해 분노하면서도 공감을 표하고 있었다. 왜 그럴까?

된장녀를
만드는 사회

이념형으로 보면, 된장녀와 같이 공주병에 걸린 여성은 자신의 노력으로 사회적 결과물을 성취하려하지 않는다. 그래서 열심히 공부하고 일하는 여성을 경시하고, 나아가 그런 사회를 비웃는다. 평범한 여학생들은 그런 종류의 여성을 보면 불쾌하고 화가 난다고 한다. 그러나 된장녀가 단순히 미움의 대상만도 아니다. 많은 젊은 여성들에게 이상적으로가 아닌 '현실적으로' 스스로 노력하는 삶과 남성에게 의존하는 삶 가운데 하나를 택하라면 의외로 남성에게 의존하는 삶을 택하겠다고 부끄럽게 말한다.

여대생들과 이런 여성에 대해 얘기를 하다보면 처음에는 자신의 주변에는 된장녀가 없다고 단언한다. 하지만 조금 더 얘기를 하다보면, '공주병'에 걸린 유사 된장녀들이 곳곳에 있다고 한다. 물론 유사 된장녀뿐만 아니라 소위 '왕자병'에 걸린 유사 된장남들도 적잖이 있다고 얘기하곤 한다. 오히려 우리 주변에는 알뜰하고 실속 있는 '고추장녀', '고추장남'이 훨씬 더 많다고 한다. 그런 된장녀, 된장남들에 대해 모두 불편해 한다. 여대생들은 남성들이 여성 일반을 된장녀로 취급하는 것에 분통을 터뜨린다. 그들의 주장에 따르면 그것은 남녀의 성별 문제가 아니라, 오히려 계급 재생산의 문제를 포함한 계급의 문제라는 것이다.

40대 이상 층은 된장녀, 된장남을 운운하는 청년들에게 철이 없다고 탓

할지도 모르고, 심지어 이런 얘기를 하는 사람조차 같은 값으로 매도할지도 모르겠다. 그러나 젊은이들이 된장아줌마, 된장아저씨, 또는 된장할머니, 된장할아버지를 비웃고 있는지는 모를 것이다. 또한 20대 초중반의 청년들이 한편으로는 된장남녀를 비웃으면서도 내면에서는 그들을 동경하고 있는지는 더더욱 모를 것이다.

그런데 총칭한 '된장녀'는 그저 하늘에서 떨어진 뿔이 난 여성이 아니다. 우리 시대가 만들어낸 일종의 어여쁜 '괴물'이다. 또한 거슬러 올라가면 역사적으로 수많은 된장녀들을 만날 수 있다. 서구의 '신데렐라 공주'도 그 예이고, 효성이 높기로 유명한 심청이 조차도 '착한' 마음 하나로 왕후의 자리에 등극한 된장녀의 원조일 수 있다. 또한 평강공주를 만난 온달장군도 된장남이라고 해석할 수 있다.

노력한 만큼
성취할 수 있는
사회를 만들어야 한다

개인으로서의 된장녀는 남들을 불편하게 한다는 점에서 잘못이 있을지도 모른다. 노력은 하지 않은 채 허영심만을 전염시켜 성실하게 노력하는 사람들을 허무주의로 빠뜨리게 할 수 있는 위험성이 있다. 된장녀는 평범한 여성들을 질투하게 만들거나 비하시킬 뿐만 아니라 평범한 남성들을 보잘 것 없게 만들고, 무능력하게 만든다. 나아가 사행심, 한탕주의를 부추길 수도 있다.

그러나 이 시대가 낳은 딸인 된장녀에게만 잘못을 물을 수 없다. 오히려 과거 심청이나 신델렐라의 소극적이고 음전한 모습에 비하여 된장녀는 적극적으로 자신의 취향을 찾고, 아름다움을 추구하기 위하여 갖은 노력을 다하며, 자신에게 맞는 남성을 찾기 위해 발 벗고 나설 만큼 솔직하다. 또한 오늘 날과 같은 '소비미학'의 시대에 소비야 말로 자기 정체성의 표현이다. 어쩜 이러한 시대가 원하는 여성의 모습을 절반은 갖고 있는 셈이다.

일반적인 젊은 여성들이 된장녀를 미워할지언정 마음 속 깊이 선망하게 하는 이유를 우리는 이해해야 한다.

오늘날과 같이 '돈 놓고 돈 버는 사회', 부자가 부자 자식을 만드는 사회, 월급만으로는 반듯한 아파트를 마련하는데 10년이 걸려도 어려운 사회, 학벌 지상주의 사회, 여성 대통령이나 국무총리가 나와도 여성의 비정규직 문제가 해결되지 않는 사회, 청년 실업의 문제는 더욱 가중해지고 있는 사회에서 우리의 청년들은 어떤 희망을 품고 살아야 할까?

청년들에게 '젊어서 고생은 사서도 한다'는 말을 가르치기에는 오히려 부정직하다는 생각을 떨칠 수 없다. 오늘날 청년의 대부분이 대학을 경험하는 이 시대, 여성을 포함한 모든 청년들은 '자립'이 얼마나 소중한 가치인지를 알고 있다. 그러나 스스로의 노력만으로는 더 나은 삶이 보장되지 않음을 알기에, '바다이야기'와 같은 사행성 게임 산업은 세간의 도덕적 욕을 먹으면서도 더욱 확산되고 있다. 된장녀라는 말은 머지않아 잊혀지더라도 제2, 3의 된장녀가 등장할 수 있다.

된장녀나 그를 동경하는 청년들을 비난하기에 앞서, "노력하면 이루어진다"는 신화가 현실로 되도록 노력하자. 우리 사회와 시대가 그러한 청년들을 양산했음을 반성하고, 정직과 성실만이 성공을 보장한다고 하는 신화가 사실임을 보여주자. 그래서 진정으로 된장을 욕되게 하지 말자.

〈국정브리핑 2006.9.7〉

농민이
희망 갖는 한국
만들어야 한다

　　2006년에 이어 2007년 1월에도 나는 지역조사차 강화도 교동면인 교동섬에 머물고 있다. 교동은 관광개발이 되지 않아 콘도나 그 흔한 펜션 하나 없는 조용하고 아름다운 섬이다. 아침, 저녁이면 저수지의 철새들이 줄지어 하늘을 날아오른다. 하늘에 한 폭의 그림이 그려지고 있다.

　　일 년 만에 다시 찾은 교동에서 눈에 띠는 일들을 찾아보면, 중국조선족 새색시에 이어 베트남 새색시가 시집온 것, 기독교대한감리회가 사회복지 재단으로 세운 샬롬원이 교동면 서한리에 세워진 것, 인구가 조금 는 것 (퇴직 후 귀농 인구) 쯤이라고 할까?

　　이번 조사에서는 처음 조사 당시 관심의 대상에서 빠져 있던 문제들이 좀 더 잘 보인다. 신음하고 있는 농촌의 현실이 좀 더 위기감 있게 다가온다.

　　보이지 않지만 가장 큰 변화는 다른 지역보다 농업 문제에 대한 위기의식에 다소 둔감했던 교동주민들이 한미FTA 문제에 관심을 갖기 시작한 점이다. 지난 겨울만 해도 교동주민에게서 농업에 대한 위기감을 발견하기 어려웠는데, 일 년 만에 이렇게 된 이유는 무엇인가?

또한 강화군에서 부촌에 해당하는 교동에서도 현재 빈익빈 부익부가 진행되고 있는 게 눈에 부쩍 띈다. 농사를 지을수록 가난해지다보니, 증권에 손을 대어 논밭까지 다 날리는 일도 생기고 있다.

천지개혁,
농지 재정리 사업

천지개벽. 강화군 교동면 사람들은 현재 교동 섬에서 '천지개벽'이 일어나고 있다고 말한다. 이들은 남녀노소를 막론하고 57년 전, 한국전쟁 당시 굶주렸던 시절을 전설처럼 얘기한다. '3년 가뭄이 뭐 먹을게 있관디'라고 말했던 시절, 건답직파^{乾畓直播} 농사를 하여 하늘을 원망하고 조상을 원망했던 시절은 이제 기억 저편으로 아득하게 멀어지고 있다.

그렇게 된 것은 농민들이 땅과 물과 피땀 어린 씨름을 한 결과이기도 하고, 교동 경지 대부분을 망라할 수 있는 저수지가 두 개 건설된 탓이기도 하다. 이곳은 경지 1,400만평을 보유하여 강화군 전체 경지 면적의 21.6%를 차지하고 있다. 쌀 맛 좋기로 유명한 강화미 가운데에서도 교동쌀이 단연 으뜸이라고 한다.

그러나 이렇게 된 것은 1970년대 이후의 이야기이다. 1970년대 경지정리사업을 시작하여 하나의 구간이 1,200평으로 탈바꿈하고 수로가 생겨 과거의 비뚤비뚤하던 논, 수시로 물싸움을 하던 풍경이 점차 사라지기 시작했다. 농민들을 부담스럽게 했던 수세마저 국민의 정부 이래로 사라졌다. 게다가 3년 전에 시작한 경지 재정리 사업이 2007년 1월 겨울에도 한창 진행되고 있다. 한 구간의 1,200평이던 땅이 여럿 합쳐 다시 3,000여 평으로 확장되고 있다. 교동평원을 하늘에서 내려다보면, 경지가 바둑판처럼 반듯반듯하게 정리되어 가고 있다. 이제 수로가 이르지 않는 땅이 없고, 농기계들이 가지 못하는 길이 없다. 정부가 수십 억 원의 돈을 투자하여 경지를 재정리해 주고 있으니, 농민들의 입장에서는 고마울 뿐이다. 얼마나 농사가 짓기 좋아질 지 상상해 보라.

농업 기계화와
늘어나는 빚

그런데 여기에 또 다른 문제가 있다. 만65세 이상의 노인층이 25.9%에 달하여 강화군 전체 평균 19.1%를 훌쩍 뛰어 넘었고, 한 해가 다르게 젊은 유휴노동력이 빠져 나가고 있는 현실을 돌아보라. 평소에도 일손이 부족할 뿐만 아니라, 농번기 때가 되면 일당이 4, 5만원이 되어도, '섬 중의 섬'인 교동에서는 유휴 일손을 구하기가 어렵다. 이러한 형편 때문에 농업의 기계화는 어쩔 수 없다.

현재 농가당 기본적으로 갖추고 있는 농기계를 보자.

5천만 원 상당의 트랙터 1대, 4천 5백만~1억 원에 달하는 콤바인, 벼 건조기 천만 원, 벼 이앙기 1,300만원, 밭 관리기 250~300만원, 고추 건조기 200만원이다. 또한 트랙터는 다용도로 사용되어 트랙터에 부착하여 사용하는 기계가 다양하다. 쟁기 700만원, 써레 150만원, 농약살포기 50만원, 비료살포기 50만원 등등. 어림잡아 농기계 구입에 소요되는 돈 만해도 2억 원에 상당한다.

다시 말해 이제 농민들도 돈 없이 농사를 지을 수 있는 세월은 끝난 셈이다. 기계로 농사를 지어야 하는 현실에서 농협과 같은 금융기관에 대출을 받아, 빚 없는 농민은 거의 없다. 더 좋은 기계를 사용하기 위해서는 1억이 넘는 기계값 때문에 기계를 중심으로 한 두레 농업방식이 형성되기도 한다. '소겨리' 농사법과 비슷하니 '기계겨리' 방식이라고나 할까?

또한 교동과 같이 교통이 불편하여 교육적 환경이 열악한 섬에서는 자녀를 중·고등학교나 대학에 진학시키기 위해 인천이나 서울 등으로 유학 보내지 않은 집이 거의 없다시피 한다. 공교육 비용보다 사교육 비용의 부담이 더 큰 현실에서 아이들을 섬 밖으로 내보내야 하는 집에서는 대학 진학할 때쯤 되면 몇 천 평의 경지를 팔기도 한다. '우골탑'은 옛말이 아니다.

그러다 보니 농촌의 빈익빈, 부익부는 더 심해지고 있다. 돈 있는 농민은, 토지를 버리고 떠난 사람의 토지를 임대하여 수 만평이 되는 경지를 농사짓고 있다. 설상가상으로 2004년도에 강화도와 교동도를 잇는 연육교 계획이 나면서 교동 땅이 몇 배씩 올랐고, 서울이나 인천 등의 큰손들이 들어왔다. 육지에 사는 부재지주들의 땅을 섬 주민들이 소작하고 있다.

쌀과 한미FTA, 한국 농업

지난 가을 교동 주민들도 쌀 수매 문제로 강화읍에 나가 시위를 했다고 한다. 1990년대 우루과이라운드 협상과 WTO 가입, 중국 쌀, 미국 쌀 칼루스 등이 수입될 때도 걱정하지 않았으며 쌀 문제는 호남 농민들의 문제라며 뒷짐을 지고 있던 그들이 아닌가? 교회 목사들이나 농민 지도자들이 한국 농업 위기 현실과 대응방안에 대해 토론회를 개최할 때도 강 건너 불 구경했던 그들에게 위기감을 가져다 준 것은 무엇 때문인가?

한마디로 말해 농기계 가격은 유가 상승으로 인해 높아지는 데 반해 쌀수매 가격은 떨어지고 있기 때문이다. 2005년에 비해 2006년 쌀 수매 가격이 80Kg 당 5천~7천 원 정도 떨어졌다.

서울과 같은 대도시의 일부 사람들은 아파트나 땅을 갖고만 있어서 연간 적게는 몇 천만 원에서 많게는 일억 원씩 이익을 보거나 증권을 잘해 하룻밤에 수백, 수천만 원의 수익을 올렸다는 얘기를 들을 때면 상대적 박탈감에 가슴 저리다. 일 년 내내 뼈 빠지도록 일을 해도 아이들 공부시키고, 이자 갚고, 대출 원금 상환 걱정을 하다보면, 노후를 생각하는 것은 사치가 된다.

농사짓는 환경은 구간 당 3,000평씩으로 만들어 천지개벽시켜 놓고는, 곡가는 점점 떨어지니 농사를 지으라는 것인지 말라는 것인지 모르겠다는 불평이 절로 나온다.

한국 농업이 산업화 과정에 뒷방신세가 된 것은 오래 되었다. 소와 양이 복제되고 농업 정보화산업이 아무리 발전해도 공장에서 농업이 발전할 수는 없다. 신토불이를 떠들지 말고 농업의 전망에 대한 정부 당국과 지역사회의 대대적인 혁신이 필요하다. 농업에 획일적으로 국가예산을 배정하고 집행한 것에 만족하지 말고, 지역적 특성에 맞는 농업을 발전시키는데 주력해야 한다.

그러기 위해서는 농업 문제에 대해 엄밀한 조사와 연구가 필요하다. 외국 농업의 사례에 의존만 할 것이 아니라, 우리 실정에 맞는 농업을 찾아 나가야 한다. 농민 속에 전문가를 육성해야 하고, 수십 년 농사를 지은 전문 농민들의 경험을 기록하고 연구하여 특성화의 전략을 수립하고 연구해 나가야 한다. 지역별 농민 대토론회라도 벌려 보는 게 어떨까 싶다. 사람들 속에서 지혜와 생존의 길을 찾을 수 있다.

농민이 희망을 갖는 한국이 되는 것. 일본과 중국의 틈바구니에서 한국이 발전하는데 잊어서는 안 될 또 하나의 목표가 아닐까? 2월 중순이 되면 농민들은 한 해 농사를 시작한다. 그들이 힘차게 농사를 짓도록 하는 것도 지도자가 감당해야 할 몫이다.

〈국정브리핑 2007.2〉

3.8 세계여성의 날, 남북 여성의 현주소

100여 년 전 미국의 여성들이 뿔났다. 미국의 마더 존스 Mother Jones와 여성 노동자들은 여성과 어린이들이 자본주의의 소모품으로 되어 기계보다 못한 대우를 받으며 살고 있는 처지에 대해 분노하여 인간 해방, 여성 해방을 선언했다. 이에 유럽의 여성노동자들과 진보주의자들도 공명을 표하며 자본주의 모순을 비판하고 인간 해방과 여성 해방을 주장하였으며 미국 여성노동자들의 행동의 날을 기념하여 3월 8일을 세계 여성의 날로 삼게 되었다.

그런데 자본주의는 태생부터 두 개의 얼굴을 가지고 있다. 하나는 경제적 번영과 착취의 얼굴이고 또 다른 하나는 전쟁의 파괴와 점령의 얼굴이다. 그래서 자본주의 국가는 한 손에는 경제, 다른 손에는 전쟁을 쥐고 정치적 국면에 맞춰 경제와 전쟁의 카드를 사용해 왔다. 20세기 양차대전이나 그 이후 수많은 전쟁 역시 그랬다.

2007년 이래로 미국에서 시작한 경제 위기는 전 세계적 경제 위기로 치닫고 있다. 경제적 위기 속에서 낮은 목소리의 '전쟁이 올지도 몰라' 라는 소리가 전문가들이나 정치가들 속에서 울리고 있다. 심지어 일반인들 중에도 '전쟁으로 세상을 뒤집어야 해'라는 소리가 들린다.

20세기 전쟁은 여성을 사회적 존재로 키웠다. 전쟁 때문에 남성이 전선으로 동원되어 나간 공장을 여성들이 돌리며 당당한 노동자로 사회인으로 변모했고, 급기야 보편적 투표권을 얻어 국민, 시민으로 거듭나게 되었다.

반면 자본주의 전쟁은 여성을 피해가지 않았다. 전쟁 때문에 여성들이 전선으로 동원되어 '군위안부'로 수치를 겪어야 했다. 또한 세계 냉전 시대 최초의 동서간의 충돌이었던 한국전쟁에서도 수많은 여성과 어린아이들이 학살을 당했고, 성폭력을 당했으며 일부 여성들은 한국군 군위안부가 되어야 했다. 한국전쟁도 여성을 피해가지 않았다.

최근 한국이나 북한 모두 위기 상황에 처해 있다. 경제적 위기 속에서 남한의 여성들은 해고 '0' 순위의 두려움 속에서 비정규직의 고통을 감내하고 있다. 또한 북한의 여성들, 특히 탈북 여성들은 인신매매의 두려움 속에서도 생존의 조건을 찾아 압록강과 두만강을 건너 수 만 리 길을 헤매고 있다.

경제 위기 속에서 많은 남북 여성들이 생존권을 확보하기조차 어려운 상황에 처해 있다. 남북의 엄청난 경제적 격차에도 불구하고 크게 보면 다르지만도 않은 게 오늘날 우리 여성들의 현주소이다. 한반도의 평화와 번영이 모든 사람에게 주어지는 것은 아닐지 몰라도, 위기는 취약층인 여성에게 먼저 오는 건 남이나 북이나 다르지 않다.

101주년 세계여성의 날을 맞아 한반도 평화와 번영에 대해 관심을 갖는 건 사치가 아니라 생존의 문제가 아닐까.

〈여성신문 2009.3.9〉

통일운동은
반페미니스트적인가

어떤 이는 민족(통일)운동과 페미니즘운동은 결합할 수 없는 것으로 본다. 또 어떤 이는 민족주의는 하나가 아니라 '가부장제 민족주의'가 페미니즘과 상극인 것이지, 둘은 같이 연대할 수 있다고 주장한다. 2002년 남북여성통일대회를 참가하면서 실시하였던 선상^{船上} 설문지 조사에서 여성운동단체 여성들과 통일운동단체 여성들이 평소에 집회나 행사에서는 거의 만나지 않음을 발견하게 되었다. 일부 여성운동단체 여성들은 통일 또는 민족운동은 가부장적이라고 직설적으로 말하기도 한다. 그 둘 사이에는 어떤 문제가 놓여 있는 것일까?

여성의 평화 · 통일 의식을
둘러싼 숨은 논의

2000년 10월말, 어느 심포지엄 자리에서 1999년 조사했던 여성특위 조사 결과를 바탕으로 여성의 통일교육방안을 제안했던 적이 있다. 그때 발표자로 참여했던 어떤 지식인은 흥미롭고 근본적이면서도 비현실적인 얘기를 했다. 1999년 조사결과 '여성의 일반적인 통일의식 조사가 남성과 전반적인 추세에서 다르지 않다'는 지적에 대해 그는 '차라리 여성들이 통일문제에 관심이 없는 것이 희망이다'라고 지적했다.

그의 주장은 기본적으로 한국의 '통일'론은 지독한 '민족주의'에 찌들어 있으니 새로운 관념을 형성하기 위해서는 과거의 것으로부터 자유로울수록 좋다. 그러니 여성이 통일의식이 없거나 낮을수록 낡은 통일관에 대한 영향력이 적을 것이고, 새로운 '탈분단'의식을 형성하기에 좋은 조건이 될 있다는 내용을 담고 있었다. 이 정도면 꽤 근본적이면서도 흥미롭지 않은가.

사회구조적으로 볼 때, 사회생활을 많이 하는 남성에 비해 여성이나 청소년들이 상대적으로 사회문제나 정치문제, 통일 문제에 관심이 낮을 가능성은 틀림없이 많다. 그러나 그의 말에는 여러 가지 모순이 담겨 있다. 첫째, 여성은 '진공상태'에 사는 것이 아니다. 남성과 다른 조건에 처해있더라도 어쨌든 자신이 발붙이고 사는 공기를 마시고 물을 마시며 산다. 여성이 아무리 '9시 뉴스'보다는 '드라마'를 즐긴다고 해도 뉴스가 없는 채널, 신문, 여론에 사는 것이 아니다. 둘째 통일의식이 없거나 낮을수록 새로운 탈분단의식을 형성하는데 적절하다는 그의 말은 현실적으로 모순이다. 기왕에 여성의 통일의식이 낮다고 치자. 그러면 그러한 새로운 탈분단의식을 형성시키는 사람은 누구인가? 여성의 사회관, 세계관이 적거나 없다면 그 교육자는 결국 남성의 몫이라는 말이 되지 않는가? 또한 일단 형성된 코드를 바꾸기는 어려워도 가능하지만, 없는 코드를 새롭게 만들기란 더욱 힘든 일이라는 것을 나는 경험적으로 느낀다. 그럼 어떻게 거시 구조의 문제를 삶의 문제로 피부로 느끼게 하며, 주체의식이 형성될 수 있을까? 이것은 이 자리에서 논하기보다는 나와 우리의 과제가 아니겠는가 싶다.

통일운동은
반 페미니스트적이다?

　　　　　　　　1999년 박사학위를 받고, 오랜 학생 신분을 벗어나면서 스스로의 다짐을 실천하기 위해서 나는 어느 여성운동단체에 가입했었다. 가입 초 어느 활동가가 '통일운동은 가부장제적이다' '민족운동은 반페미니스트적이다'라고 말하는 것을 들었을 때 한편으로는 충격을 받으며 또 한편으로는 이 문제를 어떻게 이해해야 하는가를 고민하기 시작하였고 아직도 나는 충분한 해답을 구하지 못하고 있다. 다만 우리 한국 사회 구조의 문제 외에, 다른 단체들에 비해 통일운동단체들이 좀 더 남성중심적인 요소들을 몇 가지 생각해보았다.

　첫째, 통일운동단체는 구성원들의 면모로 볼 때, 청년, 장년, 노년층이 혼재되어 있다. 한국 사회의 연령과 권력 관계의 상관관계는 운동단체에도 영향을 미치는데, 노년층이 대개 경우 장기수들을 포함한 백전노장으로 운동권내에서 존경으로 받아온 사람들이 많다. 그런 사람 앞에서 용감한 청년이 '평등하자'고 말하고 실천하기란 쉽지 않다. 또한 전통적으로 운동권에서는 소위 '별(전과 수)'이 많을수록 '관록'을 존경받게 되는데, 별이 많은 사람은 대개 틀림없이 노년층이고 남성이다. 또한 별이 많다거나 크다는 것은 사회운동에 대한 헌신성이나 그 운동으로 인한 고생이 컸음을 의미한다고 할 수 있다. 그런 사람 앞에서 별이 없거나 적은 사람이 나는 너와 평등하다고 말하기란 거의 불가능하다.

　둘째, 통일운동은 다른 운동에 비해 오랫동안 체제의 한계를 보여주었던 역사적 조건이 있다. 즉 오랫동안 반공국시하에서 통일운동하면 옥살이를 각오하고 하는 것으로 인식되어 있었다. 간혹 다음과 같은 결과를 조사하면 그 통계가 어떨까 궁금해 왔다. 즉 1945년 이래로 모든 사회 부문운동의 운동가들의 수, 성별 수, 별들의 수와 성별에 따른 별들의 수를 분류하면 어떤 결과가 나올까. 법 중에도 가장 '위험한 법'인 국보법에 저촉된 사람을 성별로 분류한 결과도 궁금하다. 1990년대 초반까지만 해도 많은 부문 운동에서 국가보안법으로 걸리는 사람들이 많았지만, 단연 통일운동 분야가 국가보안법에 걸리는 경우가 가장 많았다.

한국 사회의 일반적 사회 운동의 성격으로 인해 여성의 참여자 비율이 낮지만 통일운동권에는 여성의 참여자 비율이 더욱 낮은 것으로 보인다. 1990년대 이래로 시민단체로는 여성들의 진입자 수가 늘어나고 있어서 단체 내에서는 남녀가 함께 운동하고 문제를 풀어나가는 고민을 하게 되는 반면, 통일운동단체에는 그러한 경험을 하고 문제의식을 가질 기회가 더욱 적다.

셋째, 통일운동은 다른 부문 운동에 비해 구체적인 삶과의 밀착도가 낮은 대신 더 많은 헌신성을 요구하게 된다. 젊은 여성들은 생계문제 해결책으로써 통일운동단체에 들어가기보다는 사명감으로 들어가는 경우─남성 역시 마찬가지이다─가 많은데, 기왕의 백전노장들을 보며, 남성중심적인 되어 있는 그들과 같이 일을 하면서 오래 버티는 경우가 드물다. 사명감이 소진되어 결국 젊은 여성들은 오래지 않아 그곳을 떠나게 되고 재생산되기도 어렵다. 남성들의 경우에도 운동이 관성화되면, 사명감이나 초심이 옅어지지만 대신 지위 승진(?)이라는 보상이 주어진다. 상대적으로 통일운동단체에서는 그런 여성 활동가들의 전형을 발견하긴 쉽진 않다. 단명하는 일반 직장의 여성 조건과 비슷하게 여성의 짧은 활동 기간은 운동단체에서 여성에 대한 신뢰감을 주기 어려운 조건을 만들게 된다.

구체적 삶의 밀착도가 낮은 것은 운동의 목표와 사명과도 관련이 있다. 부문 운동의 경우 대개 자신의 존재론적 조건으로부터 운동이 나오기 마련이다. 노동운동이 노동의 모순적인 현실에서 나오고 농민운동이 반미적 성향이 강한 것은 미국산 값싼 농산물에 망해 가는 우리 농정과도 직결되어 있어서 운동은 상대적으로 오래 간다. 시민운동 역시 상대적으로 삶의 문제와 직결된 주제들이 많고 운동방식조차도 반체제적이기보다는 제도개혁 내지 보완적이므로 큰 부담을 가지지 않고 동기 촉발을 이끌어 낼 수 있다. 여성운동도 그간 주요 의제는 여러 가지로 개발되어 왔으나 여성의 삶과 직결된 주제들을 중심으로 전개되고 있다. 그러나 통일운동은 근본적으로 분단과 개인적 삶과 연결되어 있기는 하지만, 심층적 인식 하에 통일의식, 민족모순의 문제를 발견하여 개인적 수준에서 문제의식을 지속하기가 쉽지 않다.

따라서 이상과 같이 여성에게는 상대적으로 매력이 덜함에도 불구하고 위험요소는 더욱 많고 큰 헌신성을 요구하게 되니 이 운동에 여성이 장기적 전망을 갖기 어려운 듯이 보인다. 그 외에도 여성의 경제력이나 사회적 지위가 낮은 것도 여성이 운동에서 주변화 되는 것에 영향을 미친다. 경제적 조건에서 유리된 통일운동의 경우 경비조달은 더욱 문제가 되는 듯이 보인다. 여성의 경제력이 낮으므로 운동경비조달능력도 낮을 수밖에 없다. 경비조달능력 자체가 '목소리'의 크기를 의미하지는 않지만, 상관관계는 있다.

대안적 관계는 바로 이 땅의 모순에서 시작한다

이상과 같이 통일운동이 왜 다른 부문운동에 비해 좀 더 가부장적인가, 또는 남성중심적인가를 설명하는데 얼마나 적절한가를 자신할 수 없지만 통일운동단체에는 상대적으로 여성 활동가들이 적고, 중추적인 인물은 더욱 적은 게 사실이다. 통일운동단체가 본성적으로 남성중심적인가에 대해 이해하려면 우리 한국 사회의 성격을 논하지 않고는 충분히 설명하기 곤란하다.

나는 간혹 운동하는 사람 또는 진보적인 사람과 아닌 사람의 차이에 대해 고민을 하곤 한다. 그 차이는 '도덕성'에 있다기보다는 일반인과 도덕적 수준에서는 비슷하더라도, 도덕적 또는 성찰적이려고 노력하는 데 있는 것이 아닌가 생각한다. 운동하는 사람이 성찰적 자세를 접게 되면 운동성은 끝난 것으로 생각되는데, 그렇다고 절대적으로 도덕적이거나 양심적이지 않다. 그래서 운동하는 사람은 진공 속에 사는 것이 아니라 이 사회의 성격에 규정당하면서도 규정당하지 않으려 노력하면서 사는 것이 아닐까 싶다.

운동을 하는 사람이 그렇듯이 운동 단체 역시 그런 것 같다. 통일운동단체가 한국사회의 성격과 운동의 특수성으로 인하여 좀더 가부장제적 성격이 있더라도 전반적 사회운동단체가 가부장제적일 수밖에 없는 요소가 있다. 심지어 여성운동단체는 가부장제적 면모로부터 자유롭거나 부당한 권력으로부터 자유롭다는 점에서 비권위주의적인가에 대해서 나는 자신 있게 대답할 수 없다.

통일운동단체들이 아직은 남녀가 더불어 운동해온 경험이 일천하고 일정하게는 사회적 논리가 무비판적으로 운동 집단에 내면화되어 운동의식에도 반영되어 있는 측면도 있다. 전반적으로 시민, 사회운동단체 역시 비슷하지 않을까 싶다. 운동이나 운동단체의 비중이 클수록 현실 정치와 가까운 위치에 있고 그러다보면 그 운동은 현실 사회를 더 닮아 있다. 여기에 여성운동단체는 예외라고 누군가가 말해주기를 희망한다. 다만 운동단체는 그 거리를 인식하고 거리를 유지하려고 노력해야 하며 간혹 그 '문턱'을 허물려 할 때 스스로를 경계하기 위해 노력할 뿐이다. 한편 나는 여성 또는 모성이 본질적으로 헌신적이고 포용적이며 희생적이고 이타적인지 모르겠다. 운동하는 남성들 중에도 그런 요소를 가진 사람들이 적지 않고 일반인들 중에도 그런 사람도 있다. 역으로 여성이나 어머니 중에도 그렇지 않은 사람이 많다. 또한 여성운동단체나 여성운동가라고 하여 반드시 그런지는 모르겠다.

다만 운동은 생리상 자기를 초월할 것을 촉구한다. 그러나 사람이건 운동이건 시대와 사회를 전적으로 초월해서 존재하지 않는 모순이 있다. 즉 존재구속적이지만 존재초월적이려는 운동의 사명은 현재의 모순을 직면할 때 모순을 지양하기 위한 운동을 시작한다.

그간의 통일운동, 또는 민족해방운동 역시 부문 운동이다. 그 말은 총체적 인간해방을 의미하지는 않는다. 통일운동을 하는 순간, 또는 완성된 순간 그치지 않은 사회운동, 인간운동을 하지 않는 한 '절대화'에 빠지게 된다. 그래서 지난 통일운동도 구조적 조건—가부장제 사회구조를 포함하여—에 한계에 처해있었을 것으로 본다. 그것은 다른 구사회운동 역시 마찬가지이다. 계속되는 모순극복 운동을 통하여 대안적 관계를 찾아나가게 될 것으로 본다.

1968년 서구의 제2의 물결이 나올 바로 그 당시 제3세계에서는 민족해방운동에서 수많은 여전사들이 명멸하였고 해방 후 여성들에게는 과거보다는 높은 사회적 지위가 보장되었다. 21세기 신자유주의 격랑 속에서도 여성 고등학력자가 풍부해지고 사회적 참가율이 더욱 높아질 것으로 본다. 분단으로 인해 여성이 받은 피해에 대한 문제의식도 점차 커져가고 있는 현재 사회에 대한 새로운 조건을 만들 것을 요구하는 힘, 주체가 형성되고 있고 운동단체에는 더 거세게 움직이고 있다. 21세기 새로운 사회운동에서 여성들이 자기로부터 시작하여 자기로부터 벗어나기 위한 지속적인 운동을 그치지 않는 한, 남성중심적인 사회나 운동단체의 모순을 직면할 수 있다. 바로 그 속에서 대안, 대안적 관계를 찾기 위해 노력해야 하는 것이다.

〈「민족화해」 2009년 3 · 4월호〉

여성 빨치산
정순덕의
고통과 희망

그녀의 이름은 정순덕. 그녀를 처음 만난 것은 1999년 여름경이다. 그 얼마 전에 뇌졸중으로 쓰러졌던 그녀가 막 봉천동 '만남의 집'으로 돌아온 직후였던 것 같다. 그녀를 봤을 때, 책으로 접했을 때보다 훨씬 강력하게 마음속에서 뭔가 꿈틀대고 있는 듯, 가슴 아리고 말로 형언하기 어려운 감정이 치받쳤다. 반신불수의 몸으로라도 움직여야 산다며 부엌일을 하시는 모습은 잊히지 않은 무엇으로 남아 있다. 성년이 되고서야 알았지만, 정순덕은 1960년대 빨치산의 대명사였다. 마지막 빨치산, 게다가 여성 빨치산이라니.

한국사회에서
빨치산이란?

돌아보면 한국에서 빨치산에 대한 인식에는 나름대로의 변화가 있었던 것으로 보인다.

오랜 동안 한국 사회에서 빨치산은 곧 공비이거나 뿔 달린 빨갱이였다. 만일 일말의 인간으로 보려는 시선이 남아 있었다면 이데올로기의 희생자, 남과 북에 의해 버려진 존재쯤으로 인식되었을까? 이런 점에서 과거 우리 사회에는 빨치산에 대한 전혀 다른 상이 존재했던 것 같다. 서구의 빨치산이 애국심의 상징이라면, 한국의 빨치산은 그것과는 거리가 멀었다. 1970, 80년대 중고등학생 시절 텔레비전의 '주말의 명화'나 공휴일 영화 프로그램은 미국 할리웃 영화로 도배되었다. 영화 중에는 2차 세계대전 당시 프랑스나 독일, 이탈리아 등의 반파시즘 빨치산을 소재로 한 영화들이 간간이 끼어 있었다. 그 영화들을 보면서 서구의 빨치산이 펼치는 정의감 넘치는 애국적 행위에 감동받고 눈물까지 적시기도 했다.

그러나 한국의 빨치산 영화인 〈남부군〉(이태 원작·정지영 감독, 1990)이나 〈태백산맥〉(조정래 원작·임권택 감독, 1994)이 상영되기 이전까지 얼마 안 되는 빨치산 소재 영화들로는 〈피아골〉(이강천 감독, 1955), 〈산불〉(차범석 원작·김수용 감독, 1967), 〈장마〉(윤흥길 원작·유현목 감독, 1979) 등을 꼽을 수 있다. 이 영화들에는 나름대로 빨치산의 애절한 사연이 깔려 있기는 하나 여기서도 어디까지나 이데올로기의 피해자 또는 희생자로서 그려져 있었고, 사회적으로도 빨치산에 대한 인상은 빨갱이, 공비나 희생자 같은 범주에 속했다.

이러한 빨치산의 인식을 바꾸는 데 결정적인 역할을 한 것은 전직 빨치산이었던 이태의 실화소설 「남부군」과 조정래의 「태백산맥」이었다. 이 책들은 1980년대 중반 우리 사회의 현대사 바로 알기, 북한 바로 알기 운동과 맥락을 같이 하고 있었다. 또한 권운상의 「녹슬은 해방구」(1989~1991)는 빨치산의 역사를 일제 말기에서부터 시작되는 민족해방운동사로 복원할 것을 시도하고 있었다. 1990년대를 넘어서면서 우리 앞에 현실로 등장한 빨치산들은 민주화운동과 함께 하며, 통일운동의 한 축으로 자리 잡아가고 있었다. 그들은 '비전향장기수'의 일원으로서 양심수의 대명사가 되기도 하면서 어쩌면 진보운동가들이 마음 깊숙이 갈망하고 있던 영웅으로 등장했는지도 모르겠다. 그 영웅 가운데 63명이 2000년 9월 2일, '송환'되었다. 그 후 간혹 그들에 관련된 북에서의 '영웅적 활동'과 생활상이 보도되고 있고, 수기집들도 출간되고 있다.

그 이후 빨치산 문제가 잊힐라 할 때쯤 나온 독립영화단체인 〈푸른영상〉의 김동원 감독(한국예술종합학교 교수)의 〈송환〉(2003)은 빨치산 문제를 조금은 인간의 문제로 접근시켜 놓고 있었다. 또한 김진열 감독의 〈잊혀진 빨치산〉(2004)은 여성 빨치산이었던 박순자 씨를 주인공으로 하여 여성으로서, 빨치산으로서, 통일운동가로서의 삶을 조망하여 그녀의 아픔과 희망, 투쟁을 다루고 있었다.

여성성과
여성 빨치산

사실 나는 1999년부터 2년간 비전향장기수의 생애사를 구술받는 작업을 해왔다. 그 작업은 현재도 진행 중이다. 작업의 특성상 주인공인 비전향장기수는 남성이었다. 작업을 하는 내내 궁금해 했던 주제 중 하나는 여성 빨치산에 관한 얘기였다. 가까이 있던 정순덕 씨는 당시 조사하기 어려운 육체적 조건을 갖고 있었다. 얼마 후 여성 빨치산 출신인 변숙현 씨를 만나 생애사를 접하며 남성 빨치산 출신의 선생님들과 다른 결의 감동과 아픔을 느낄 수 있었다.

당시에만 해도 아마도 마음속 깊이 품고 있었던 질문은 '여성성 없는 여성 빨치산의 만남'이었는지도 모르겠다. 여성은 운동권에서나 사회에서도 보살피고 가정을 지키는 부차적 존재로서 필요 없을 땐 언제든지 사회에서 퇴장당해야 했고, 역사에서도 망각되어야 했던 존재였다면, 여성 빨치산은 설령 잊혔더라도 그것이 아니었기를 바랐다. 여성도 남성과 다름없는 강인한 전사이고, 그래서 빨치산 사회는 성별분업 없이 모두 평등하게 싸우고 똑같이 밥해먹기를 바랐다. 이태의 「남부군」이나 조정래의 「태백산맥」에 등장하는 여성 빨치산들은 남성 작가들의 시선으로 그려졌기 때문에 모두 밥이나 하고 빨래하며 비서로 일하는 부차적인 존재로 묘사되었던 것이기를 바랐다. 정지아의 「빨치산의 딸」(1990)도 예외는 아니었다. 과연 마지막 빨치산 정순덕은 어떠했을까?

역사 속 정순덕도 이런 기대감과는 멀었다. 그녀에게 평등하고 행복한 세상에 대한 염원이 없었던 것은 아니었겠으나 그녀가 빨치산이 된 것은 1950년 9월 27일, 인민군의 후퇴와 함께, 산으로 떠난 남편 성석조를 만나려는 간절한 소원 때문이었다. '이영회부대' 전사로서 차츰 전투를 배우긴 했으나 한동안 그의 주 업무는 밥하고 빨래하고 병구완하는 일이었다. 1953년 7월 27일 정전협정 이후에는 망실한 빨치산이 되어 이홍회, 이응조와 함께 3인조로 마지막까지 버티다가 1963년 11월 12일, 두 사람은 죽고 그녀만 생포되었다. 무기징역을 선고받고 1985년 8·15 특사로 석방되기까지 23년 감옥생활을 하였다. 석방 후 하층 노동자로 오래 전전하다가 1995년경 서울 봉천동 낙성대 '만남의 집'에 기거하면서 일정한 정도 생활에 안정을 얻었다고나 할까. 1999년 3월에 뇌출혈로 수술을 받은 후 반신불수의 상태에서도 웬만큼 거동하다가 2004년 재차 마비가 와서 그해 4월 1일 별세하였다.

일찍이 정충제에 의해 어렵게 집필된 「실록 정순덕: 빨치산 13년 그 통한의 기록」(전 3권, 1989)은 어떤 빨치산 기록물보다도 생생하고 구어적 기록으로 가득 차 있다. 읽으면서도 나의 강요된 인식이 나름대로 계속 작동하고 있었다. 모름지기 빨치산이고 사회주의자라면 평등해야 하고 그렇다면 남성=전사, 여성=가사라는 성별분업이 깨어져야 한다는 당위적 기대감이 계속 작동했고, 계속 실망했다. 일본군 성노예 할머니들의 소망이 '다음 생에는 잘생긴 신랑 만나서 족두리하고 가마 타고 시집가는 것'이라는 얘기를 들었을 때보다 더 큰 실망감이라고 할까?

그런 즈음에 스스로에게 물었다. 여성 빨치산에게 나는 그릇된 기대감을 갖고 있는 것은 아닌가? 예전에 여성노동운동가의 생애사 조사를 하면서도 여성성 없는 노동운동가의 면을 기대하면서 문제의식을 '실망'에서 '재구성'으로 변화시켜야 했던 점을 떠올렸다. 아니 이것은 나의 대학 시절 학생운동을 하면서 여성 학생운동가에게 여성성 없는 학생운동가를 기대했던 점과도 일맥상통했다. 여성성/남성성의 구별이 없는, 다시 말해 중성화되거나 남성화된 여성으로 상정한 것은 아닐까 하는 깊은 반성이 밀려왔다.

다시 물었다. 남성의 역사를 넘어서는 것이 여성성 없는 여성의 역사를 의미하는 것인가? 또한 밥하고 먹는 일이 총칼 들고 싸우는 일보다 부차적인 일인가? 아, 아니다. 진정 아니다. 왜 총·칼 들고 싸우지? 다 잘 먹고 살자고 하는 일이 아닌가? 총·칼질보다는 부엌일이야 말로, 인간의 생명권을 지키는 데에 더욱 절실하고 없어서는 안 될 일이다. 여성의 역사가 정녕 전설적 여성전사 신화인 아마조나스의 역사가 아니라면 그 역사 속에는 가부장적 시대상이 살아 있는 것은 어쩜 당연한 일이다. 당연하다고 하여 지향해야 할 일은 아니지만……

더군다나 인간은 역사적 존재가 아닌가? 당시 인구의 대다수가 의심하지 않던 일을 21세기 인간이 열을 내며 빨치산의 성별분업을 불평등의 사례로서 꼽는다는 것은 결과환원론적이기까지 하다. 또한 정순덕이나 여성 빨치산의 역사를 가려진 빨치산의 역사로 치부해서는 안 된다.

영웅의 자리에서
인간의 자리로

　　　　정순덕이나 변숙현, 박숙자 등과 같은 여빨치산은 가식 없이 자신의 사명을 깨닫는 과정에서 부녀자에서 전사로, 빨갱이로, 장기수로, 어머니로, 통일운동가로서 운명을 감당했다. 또한 예쁜 꽃을 좋아

하여 가꾸기를 좋아하고 맛있는 음식을 만들어 나눠 먹기를 좋아했다. 정순덕 선생님에게 "당신의 소원이 무엇입니까"라고 묻는다면 "남편 성석조와 평화로운 통일세상에서 재

2차 송환을 요구하고 있는 정순덕의 생전 모습

미나게 살아보는 것"이라고 대답했을 것 같다.

　이제 빨치산을 빨갱이의 자리에서도 영웅의 자리에서도 내려와 인간의 자리로 회복시켜야겠다. 여성이거나 또는 남성이거나, 그러면서도 그 시대의 복잡한 욕망에 엉켜 나름대로 사랑하고 정의롭게 살면서 혹은 의도치 않게 거짓말도 하고 사소한 나쁜 짓도 하면서 살아가는 우리와 다르지 않은 사람으로 바라봐야 한다. 역사가 그런 사람들의 기록이라면 수만 명에 이르렀을 빨치산도 한반도 분단사에서 나름대로 분단에 저항했던 민중들의 기록으로 위치 지어져야 하지 않을까 싶다.

　여성 빨치산 정순덕은 2004년 세상과 이별하기까지 2차 송환을 갈망하고 있었다. 그녀가 마지막으로 희망했던 것은 사랑하는 사람들과 함께하는 것이었을 것이다.

〈프레시안 2008.2.9〉

기륭전자
해직 여성노동자들의
촛불 염원

　　지난 5월 2일 점화된 촛불은 45일을 훌쩍 넘어 밤마다 촛불
바다를 이루어 밝게 빛나고 있다. 비바람이 몰아치던 밤에도 도심을 밝히
고, 숱한 시민들의 가슴을 밝혔다. 21년 전 6월 그날의 최루탄(일명 '지
×탄')은 현재 소화기로 바뀌었으나 물대포와 곤봉, 방패 등이 그대로 등
장하여 진압의 무기로 사용되고 있다. 그날과 달라진 게 있다면 시민들이
었다. 21년 전 시민들은 '군부독재타도', '민주쟁취'를 외치며 독재 치하에
사느니 차라리 죽는 게 낫겠다며 연좌농성을 했고, 저항의 '짱돌'과 화염
병을 들기도 했다. 2008년 촛불시위현장의 시민들에게는 촛불 자체가 저
항의 무기이며, 염원이고, 문화이자 코드가 되고 있다. 또한 물대포 직격
탄 앞에 '온수'와 '샴푸'를 달라고 외치며 패러디와 해학을 비폭력저항의 무
기로 삼고 있다. 이제 촛불집회는 국민의 M.T이자 가족소풍의 장이 되어
가고 있다.

　　그런데 여전히 20세기적인 투쟁을 하는 사람들이 있다. 그들은 무기한
단식 농성, 35m 고공 단식 농성을 하고 있다. 그들의 주장은 그저 자신
의 일자리에서 계속 일하게만 해달라는 주장이다. 20여년 전 구로공단 노

동자들의 처절한 투쟁과 다를
바 없는 복직투쟁을 하고 있
는 사람들은 바로 구로디지털
단지에 있는 기륭전자의 비
정규직 해고노동자 여성들이
다. 그들은 비정규직노동자
로서 88만원에도 못 미치는
60~70만원의 임금일지언정

기륭전자노동자단식농성((촬영:김귀옥))

최소한도로 먹고 알뜰살뜰 생활하여 아이들을 보습학원에 보내며 아이들
자라는 걸 희망으로 삼으로 살아왔다.

그런 어느 날 2005년 7월
경 기륭전자의 부품 조립 라
인에서 일했던 여성 노동자
윤종희 씨(39세)는 영문도 모
른 채 휴대전화 문자로 '해고'
통보를 받게 되었다. 그 무렵
기륭전자는 그녀를 비롯한 여
성이 대다수인 노동자 400여

기륭전자노조지부장 김소연(촬영:김귀옥)

명을 해고시켰다. 그들 중 대다수는 생계를 해결하기 위해 식당으로, 파
출부로, 서비스직으로 일자리를 떠나야 했다. 2008년 6월 15일, 이제는
30여 명의 여성노동자들만이 회사 정문 앞에 천막을 치고 남아 복직 투쟁
을 이어가고 있다.

지난 5월 11일 서울시청 고공농성에 이어, 5월 26일에는 구로역 35m
CCTV 철탑에 여성 노동자들이 매달려 희생을 각오하며 죽음의 행진을

시작했다. 이미 3백일에 가까운 투쟁 속에 기력이 바닥난 윤종희 씨는 고공에 매달린 지 13일 만에 탈진하여 병원으로 실려가게 되면서 기륭문제가 사회적으로 알려지기 시작하자 기업측은 회유하기 시작했다. 비정규직의 정규직화의 문제이므로 이사회를 열어서 결정해야 한다고 통고했다. 그 후에는 회사 대표는 24명의 사무관리직 직원들의 의견을 수렴하여 복직 여부를 결정하겠다고 통고하였으나, 24명 중 1명의 직원을 제외한 23명이 이들의 복직을 거부했다. 그 사이 회사측은 이미 회사 공장을 팔았다고 한다. 이제 그들은 "죽음을 원하면 죽음을 주마"라며 6월 11일 단식농성에 돌입하였다.

몇 몇 여 교수들과 얘기를 나누어, 한국 여성노동사에서 유례가 없는 최장기 농성사건인 기륭전자 해직 노동자 문제의 실체가 무엇인지 제대로 알기 위해 기륭전자 농성장을 방문하기로 했

기륭전자노동자들의해직소망((촬영:김귀옥))

다. 우리가 방문했던 6월 15일 정오 직전의 기륭전자 농성장에는 한여름 열기가 몰려 오고 있었다. 정문 수위실 옥상이 그들의 단식농성장이었다. 그 농성장에 들어가기 위해서는 수위실 옥상에 깔려 있는 분단의 철책을 밟고 들어가야 한다. 기륭전자 사주에게 해직노동자들은 분단의 철책 저편에 있어야 할 위험한 존재이거나 '적'이었다.

농성장 주변 마당을 맴돌고 있는 아이들이 눈에 띠었다. 해직 여성노동자들의 아이들이다. 그들에게 공장 마당은 놀이터이자, 학습장이 되어가고 있었다. 그들은 노동자, 농성, 해직, 투쟁, 인권, 민주주의라는 단어

를 통해 세상을 배우고 있다. 김학철, 이종구 화백이 방문하여 그림을 그리고 있는 옆에서 아이들은 그림 공부를 한다. 또 매일 저녁 7시 기륭전자 정문 앞에서 벌어지는 촛불문화제에서 '임을 위한 행진곡', '철의 노동자' 등을 부르며 음악 공부도 하고 춤을 배운다.

고공투쟁을 했던 윤종희 씨는 딸 얘기를 해 주었다. 고공투쟁을 시작하던 날 아침, 초등학교 6학년인 큰 딸에게 고공투쟁을 하러 간다고 말해 놓고 떠났다. 큰 딸이 동생에게 엄마가 고공 농성 투쟁하는 것을 보러 가자고 하자 9살 난 동생은 엄마가 롤러코스터 같은 것을 타고 있는 줄 알고 신이 나 했다고 한다. 35m 철탑에 매달려 있는 엄마를 보면서 울기는커녕, 씩씩하게 손을 흔들어 주고는 집에 돌아와서는 혼자서 울었다고 했다. 9살짜리가 지난 3년간 농성장에서 단단하게 변해 가고 있는 것을 보면 마음이 짠해진다며 종희 씨는 눈물을 글썽거렸다.

오후 1시가 다 되자, 그들은 우리에게 점심 식사를 대접할 수 없음을 미안해하며 간혹 물을 마셨다. 우리는 그들에게 단식하지 않고 문제를 풀 수 있는 방안이 없을까 호소하였다.

1,024일의 농성 속에서 이미 체력의 한계를 드러낸 그들의 단식을 중단할 수 있는 가장 빠른 방법이 무엇인지를 모두 잘 알고 있다. 그들이 원하는 단 한 가지. 예전의 그 일자리로 돌아가는 것이다. 비록 최저생계비에도 못 미치는 일자리일지언정, 오늘도, 내일도 일할 수 있는 그 자리로 돌아가는 것만이 죽음의 길에서 그들을 구하는 것이며, 학교에서 마음이 멀어진 아이들에게 학교와 친구를 돌려주는 것이다. 그들의 염원에는 KTX 여승무원, 이랜드 여성노동자를 포함한 수 백 만 명 비정규직 노동자들의 희망이 담겨 있고, 우리 사회의 미래가 담겨 있다.

〈프레시안 2008.6.16〉

김탁구 읽기
– 빵과 불륜의 사회학

왜 여자의 아들은 아들이 아닌가?

〈제빵왕 김탁구〉가 안방을 장악했다. 요즘 시청률에 따르면 한국인 두 명(집)에 한 명(집)꼴로 이 드라마를 보고 있다고 한다. 요즘 내 삶의 즐거움역시 〈제빵왕 김탁구〉를 보는 것이다. 해외에 얼마간 체류하고 있는 중이라 부득불 본방에 접근할 수가 없다. 그래도 정보화시대 덕분에 인터넷으로라도 볼 수 있는 것에 감사해 하고 있다. 이 드라마가 담고 있는 주제나 문제점 중에 이 지면에서는 두 가지를 끄집어내어 보도록 한다.

제빵왕김탁구포스터

왜 빵인가?

빵 하면 많은 기억들이 연상된다. 동네마다 새벽이면 공기를 달콤·고소하게 유혹하던 빵집(또는 제과점)의 행복한 기억이 살아났다. 어려서 한 번쯤은 빵집 오빠와 결혼해서 빵을 실컷 먹어야지 했던 기억도 났다. 곰보빵의 소보로가루, 팥빵의 팥앙금(안코), 슈크림빵, 꽈배기빵, 카스텔라, 찹쌀떡(찹쌀모찌)은 말할 것 없고 여름철 아이스팥빙수나 아이스케키ice cake를 먹을 수 있던 곳도 빵집이었다.

이번 드라마에서 가장 감동을 준 인물 한 사람을 꼽으라면 단연 제빵의 명인, '팔봉 선생'일 것이다. 이 드라마의 주역인 제빵사는 원래 제빵사일 뿐 그가 어떤 사람인지에 대해서는 관심이 없었다. 현재는 젊은이들 사이에 파티쉐(파티시에, pâtissier)가 유망한 직종의 하나로 꼽히고 있다. 대학에 제빵관련 학과가 생기고 제빵전문가를 지망하며 외국으로 유학하는 일도 심심치 않다. 그러나 과거에는 전문 수공업자들이 '~쟁이'라고 불렸듯이 제빵사는 '빵쟁이'였을 뿐이었다. 그들에게 새로운 빵 연구를 향한 노력, 집념, 심지어는 '발효일지'와 같은 게 있었는지는 전혀 알지 못하였다.

우선 왜 이 드라마의 주제가 빵이며, 배경이 제빵기업인가이다. 빵과 제분업, 제빵기업은 모두 근대화의 산물이면서 우리의 근대적 식생활에 혁명을 가져온 주역이다. 그래서 이 드라마의 주제가 떡이기엔 쉽지 않다.

서울에도 일제시대나 해방 직후부터 유명한 몇 개의 빵집이 있다. 일제 말기의 150개정도 있었다는 빵집은 해방 이후 태극당, 고려당, 나폴레옹 제과점, 뉴욕제과 등으로 거듭났다. 그러나 전국적인 제과점 외에도 지방 곳곳에는 아직까지 현대화 과정에서 제빵계 프랜차이즈화에도 꿋꿋하게 견디며 빵맛을 지켜낸 지역토박이 제빵점들이 드물게 남아 있다. 그런 곳을 상징하는 제빵집으로 '팔봉빵집'이 그려졌다. 그런데 드라마에는 팔봉빵집의 가장 중요한 재료가 되는 밀가루가 어떻게 조달이 되었는지는 그려지지 않는다. 제28회에서 제분기업에 대한 언급이 잠시 지나가고 있을 뿐이다. 빵과 밀가루는 우리에게 무엇이었을까?

해방 후, 특히 한국전쟁 이후 미국이 선물한 밀가루가 토종 밀의 씨앗을 말리며 한국인들의 입맛을 바꾸어 놨다. 급기야 1990년대 이래로 쌀의 자급률이 떨어지고 있음에도 불구하고 쌀의 소비량도 급감하여, 쌀의 재고량이 년간 150만 톤이 되어 있다. 보관료만 해도 톤당 41,000~42,000원이 드니, 150만톤 재고에 소요되는 비용만 해도 600억 원이 넘는다. 이것을 농민들이 감당해야 한다. 더욱이 재고시간이 길어질수록 곰팡이, 세균 등이 증식되고 독성이 심각한 아플라톡신균마저 번식하게 된다. 2000년대 차관으로 북한에 지원했던 쌀도 중단되니, 쌀의 소비처가 협소하여 벼농사가 풍년이 될수록 농민들의 시름은 깊어져만 간다.

정부는 남아도는 쌀로 쌀떡, 쌀국수를 만들라고 하지만, 그렇다고 쌀의 소비가 증대되겠는가? 쌀국수와 쌀밥은 대체식품이기 때문이다. 쌀밥을 먹는 사람이 밥도 먹고 쌀국수, 쌀떡, 떡볶이 등을 간식으로 먹겠는가? 쌀을 사료로 쓴다는 것 역시 말이 되지 않는다. 아무튼 이런 쌀 소비의 급감에는 미국산 밀가루의 공로가 혁혁하다.

미국산 밀가루가 한국전쟁 과정에서 구호물자로 공급되면서 세 가지 공헌을 했다. 첫째 미국 밀제조업자들의 과잉생산을 한국과 제3세계로 안정되게 공급할 수 있는 유통망을 확보하게 되어 미국 농산업이 발전하는데 기여했다. 둘째, 미국이 한국과 같은 제3세계에 제분업과 같은 사양산업을 넘겨줌으로써 미국 주도의 경제적 세계체제에 한국을 편입시킬 수 있없고, 정치경제적으로 한국정부를 통제할 수 있었다. 셋째, 정부는 제분업, 제과업 등과 같은 소위 3백산업을 통하여 기업을 통제하였고, 기업은 저임금체제를 보장받아 노동자를 통제할 수 있었다. 이로써 미국으로부터 한국 노동자와 농부, 일반 국민에 이르는 먹이사슬이 형성될 수 있었다. 미국으로서는 값싼 밀가루와 제분업을 한국에 넘김으로써, 강대국의 지위를 공고히 할 수 있었고, 차관으로 준 물자들에 대해서는 본전과 함께 이자까지 챙길 수 있으므로 미국의 자본가들에게도 큰 선물을 줄 수 있었다. 또한 미국 정부는 그 잉여금으로 미국 농민들에게 줄 농업지원금까지 확보할 수 있었다. 한국의 기아를 구원한 미국산 밀가루의 진실이다.

그래서 빵은 안 된다는 게 아니다. 빵은 맛있다. 또 빵은 고맙다. 배고팠던 시절 쌀값으로 미각을 행복하게 해줬기 때문이다. 그런데 1970, 80년대 산업화시절 빵이 우리에게는 어떤 의미였는가를 잊어서는 안 된다는 것이다. 또한 우리 스스로 버린 쌀농업이 언젠가 우리의 식량주권을 어떻게 흔들게 될지를 기억해야 한다.

왜 여자의 아들은
아들이 아닌가?

이 드라마를 보면 정의롭고 잘생겼고 착한 김탁구에 절로 끌릴 수밖에 없다. 아무리 힘들어도 착하면 승리한다는 신데렐라의 공식을 잘 활용하고 있다. 마지막 회를 앞두고 있어서 결말을 예측하기 부담스럽다. 그러나 이 드라마는 신데렐라의 공식대로 사필귀정事必歸正으로 가겠지만, 전작 드라마 〈신데렐라언니(신언니)〉처럼 김탁구와 구마준의 상생적 주제가 될 수밖에 없으리라고 예감한다. 또한 배경과 실력, 책임감을 한 몸에 갖춘 장녀 구자경의 뒷심이 예견된다.

아무튼 이번 드라마에서는 최근의 '악'에 대한 사람들의 새로운 해석 역시 잘 보여주고 있다. 악동이 될 수밖에 없는 사연을 가진 잘 생긴 구마준에 대해서도 사람들은 연민과 관심을 베풀고 있기는 마찬가지이다. 신언니의 기본 의도 역시 그랬던 것으로 보인다. 그러나 '악'과 '욕망', '인간성'에 대한 새로운 해석을 보여주지는 못한 것은 이 두 드라마는 공통적인 것 같다.

〈제빵왕 김탁구〉에서 김탁구는 왜 '선'이고, 구마준은 왜 '악'인가? 다시 말해 김탁구는 고난을 겪을 수밖에 없고, 구마준은 비뚤어질 수밖에 없는가? 그 두 아들의 고통의 기제에는 가부장제이데올로기가 굳건히 깔려 있다.

김탁구가 고난의 길을 겪게 된 것은 '천한 것'을 어머니로 둔 홍길동적 출생 기원 때문이다. 그래서 그는 아버지를 아버지라 부르지 못하고, 형을 형이라 부르지 못하게 되었다. 한마디로 그는 '적자'가 아니라, 서자였다.

반면 구마준의 고민은 다른 데 있다. 공식적으로는 적통嫡統이지만, 사실은 아버지가 다른 자식이다. 가부장적 질서에 따르면 그는 씨가 다른 자식이다.

이러한 구씨 집안의 사연을 가부장적으로 정리하자면, 김탁구는 구일중 회장의 큰 아들이지만, 생모가 다른 서자이고, 구마준은 어머니 서인숙과 생부 한승재의 아들로서 구일중의 아들이 아니다. 반면 구자경은 장녀이지만, 구일중과 서인숙의 적통이다. 「세종실록」에 따르면 "딸은 비록 적통이라도 상제와 가묘의 중책을 이어받을 수 없지만, 아들은 비록 천한 몸에서 태어났다 하더라도 능히 제사를 받들 수 있"도록 되어 있다.

구일중 회장은 구마준에 대한 진실을 몰랐으나 동물적인 감각에 따라 자신을 유전적으로 닮은 김탁구에 끌렸다. 구마준의 한없는 시기심의 원천이다. 구일중 회장의 그런 행동에는 세종실록과 같은 가부장적 질서가 내면화되어 있다. 더욱이 구자경처럼 실력있고 헌신적인 적통의 자식일지라도 딸이라면 가계 계승자체에서 배제되는 질서를 자연스럽게 보여주고 있다.

이즈음 되면 김탁구의 시청자들은 물어야 한다. 왜 남편의 불륜은 정당하며, 부인의 불륜은 부당한 것인가? 가부장적인 시대적 산물인가? 아들을 낳아야 며느리로서의 지위를 인정받을 수밖에 없던 불행한 여성들의 고달픈 삶에 대한 이해는 없는가? 두 불륜은 모두 부정한 것이다. 더구나 드라마에서조차 남편과 부인은 각각 온전한 근대적 일처일부제 가족을 만들기 위해 불륜의 협조자들인 김탁구의 생모나 구마준의 조모를 제거해야 했다.

그런데 부인으로서 당당한 지위를 갖기 위해 아들을 가져야하는 사회는 오래전까지 계속된 한국 사회의 진실의 하나이다. 한국의 많은 재벌가에서는 적자/서자 담론이 요즘도 사라지지 않고 있다. 일반 가족관계에서도 그러한 가족의 비밀은 공공연한 비밀이다. 그런 의식 저변에는 남성의 불륜은 무죄라는 인식이 여전히 깔려 있다.

흔히 한국의 역사는 아버지의 역사이다. 즉 가부장의 세습의 역사이다. 그러나 가부장적 역사 속에서 어머니로 이어지는 역사가 내재되어 있다. 아버지가 제 역할을 못할 때, 또는 아버지가 부재할 때, 한 가족을 이어나간 것은 어머니였다. 아들을 얻기 위해 백일기도하기 위해 절로 들어간 부인이 어떻게 백 일 만에 아이를 임신할 수 있는가? 한국 가족사에서 수많은 집안에서 씨 다른 아들, 자식들이 존재하고 있는 게 우리의 현실이다. 표면적으로는 아버지의 '가족'이지만 현실적으로 수많은 어머니의 '가족'으로 이루어져 있다.

더욱이 일제 강점기 강제징용으로 홀로된 청상과부, 한국전쟁 시기 소위 '전쟁미망인'들은 자신과 아이들의 생계를 위하여 재혼할 수밖에 없었다. 더욱이 최근 이혼가족의 증대로 결합가족이 늘어나고 있는 게 추세이다. 더 이상 가족 관계를 아버지를 중심으로 적자/서자의 구분으로 볼 수 없는 시대가 되었다. 아니 이제는 어떤 자식이라도 좋을 시대가 된 것이다. 더욱이 김탁구의 생모처럼 미혼모의 자식도 사회적으로 당당한 구성원으로 자라나야 현재와 같은 저출산 문제를 해결하는 데 도움이 될 수 있다.

　김탁구의 가족 속에 배태되어 있는 가족관계의 비민주성, 봉건성은 더 이상 현실의 가족 관계 속에서 좌시될 수 없다. 한국에서 사회의 민주화가 아직 미성숙되어 있을지라도 가정 내 민주화를 더는 모르쇠 할 수 없다.

　〈제빵왕 김탁구〉는 많은 흥미를 끌고 있는 만큼, 한국 사회의 모순을 반영하고 있는 드라마라는 점에서 참 괜찮은 드라마이다.

〈프레시안 2010.9.13〉

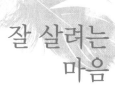

잘 살려는
마음

장마철이다. 어릴 때 장마철이
면 새를 보면서 우중에 어디서 잘까 걱정을
하곤 했다. 용산참사가 일어난 후 장례조차
치르지 못하고 160일이 넘었다. 죽어도 영면하
지 못한 채, 구천을 떠돌고 있을지도 모를 영혼들을 생
각하면 가슴이 저리다. 우리 사회는 언제까지 이런 슬픔을 방치할 것인
가? 정부는 혹시 '가난은 나라도 구제하지 못한다'는 옛말에 기대고 있는
것은 아닐까?

얼마 전에 참사 현장에서 어떤 낙서를 보았다. "아파트 한 평을 넓히려
는 마음속에 폭력이 깃들어 있다." 글을 읽는 순간 비명이 흘러 나왔다.
우리 안의 잘살려는 욕망이 폭력이 되었다면, 결국 가난한 서민들을 죽게
만든 것은 우리 자신이 아닌가하는 자괴감에 휩싸였다.

그런데 다시 생각을 가다듬었다. '아파트 한 평 넓히려는 마음'은 무엇
인가? 잘 살려는 마음이 아닌가. 그렇다면 잘 살려는 마음이 잘못된 욕망

이란 말인가? 그렇지 않다. 어제보다 오늘이, 또 오늘보다 내일이 발전되기를 바라는 것이 바로 희망이다.

우리에게 이러한 희망이 있기에 민주주의에 대한 열망이 있고, 촛불을 밝히는 마음이 있고, 새로운 대통령이 나오기를 바란다. 그래서 2007년 더 잘살기를 바라는 마음에 투표소로 나온 많은 사람들이 현 대통령을 뽑았으리라.

그런데 과연 잘 산다는 것은 무엇인가? 제한된 희소자원을 모두 흡족하게 소유하여 풍족한 삶을 사는 것을 말하는 것인가? 황금만능주의, 정글자본주의 하에서 적자생존의 법칙에 따라 1등만이 기억되는 사회에 사는 것을 말하는가? 현재 우리 사회는 신자유주의의 피 튀기는 활극장 속에서 만인 평등의 민주주의를 외치는 모순에 빠져 있는지도 모르겠다.

우리의 삶을 돌아보면 가정에서나 학교에서 어른들은 아이들이나 학생들에게 나눔의 가치보다는 경쟁에서 살아남는 법을 가르치고 있지는 않는가. 이런 사회적 분위기 때문인지, 얼마 전에는 각종 극한적 상황을 가정하여 '살아남는 법'이라는 만화 시리즈가 초등학생들 사이에 유행했다.

현재 유럽 복지 국가들도 경제난을 혹독하게 겪고 있다. 한국 20대 청년의 별칭을 '88만원세대'라고 한다면 유럽에는 이와 비슷한 '1000유로세대'라는 말이 있다. 그러나 우리의 88만원세대에게는 없는 것이 유럽의 1000유로세대에게 있다. 즉 4대보험이다. 유럽의 청년들에게 4대보험이 있는 한, 그들은 오늘 비정규직 또는 실업자가 되어도, 큰돈이 없어도, 내 집이 없어도 큰 걱정은 없다.

4대보험은 '나눔의 정신'의 사회적 합의이자, 정치적 실천이다. 이것이 가능하려면 꾸준히 정직하게 세금을 낼 수 있는 시민이 더 많이 필요하다. 그런 시민을 더 많이 확보하려면 비정규직을 양산하는 법을 폐지해야 한다. 또한 남들보다 더 많이 공공시설이나 사회적 재원을 쓴 부자들이 더 많은 세금을 내는 것은 당연한 의무이자 권리이다. 그래서 일자리도 나누고, 소득도 나누고, 기회도 나눠야 한다.

　누구나 행복하게 살고 싶어 한다. 누구나 잘살려는 권리를 보장해줄 정직한 정치가와 인간적인 민주주의가 필요하다. 그래야 나누려는 마음을 가질 수 있다.

〈여성신문 2009.7.6〉

3부

사람을 살리는 교육
미래를 만드는 지식

정보화 시대는 종이 문명의 죽음인가? | 인문학 위기의 시대, 지금 읽는 책이 당신의 계급을 말한다 | 대학생 스펙의 불편한 진실 | 총체적 성교육이 절실하다 | 양극화 시대 대학생의 초상 | 인공위성 소동과 88만원 세대의 꿈 | 사이코패스와 교육의 힘

정보화 시대는
종이 문명의
무덤인가?
종이책의 추억1

2000년대 초반, 흥행에 꽤 성공한 영화 중에 스티븐 스필버그 감독의 〈마이너리티 리포트〉가 있다. 영화의 배경은 2054년의 미래 도시, 워싱턴이다. 영화에는 미래와 관련된 숱한 상상력과 정보들로 가득차 있다. 미래적 상상력 가운데 내 시선을 사로잡은 장면 중 하나가 '디지털' 신문이었다. 지금 막 벌어진 사건들이 모든 곳에 설치된 온라인 CCTV망을 통하여 뉴스로 만들어져 디지털 신문 위에 활자화되어 나오고 있다. 마침내 '종이'가 사라졌다.

문득 종이가 사라진 시대를 배경으로 한 소설 한 편이 떠오른다. 1949년에 발표되어 전체주의 사회에 대한 비판의식과 자유의 소중함을 시사하였던 소설로 알려진 조지 오웰의 「1984」이다. 사람들은 하루 종일 텔레스크린Telescreen을 통해 세상의 정보를 얻고, 즐거움을 얻고 사람과 소통한다. 또한 사람들은 텔레스크린을 통해 빅브라더Big Brother에게 일거수일투족을 감시당하면서 그걸 당연시 하며 살아가고 있다.

텔레스크린이 지배하는 세상에서 사람들은 굳이 기억하고 기록할 필요가 없다. 필요한 모든 정보를 빅브라더가 텔레스크린을 통해 다 제공하기 때문이다. 사람들은 뭔가를 읽고 잡다한 생각은커녕 고민도 할 필요도 없다. 빅브라더의 세상에서 종이나 종이책은 사라진 지 오래다. 종이나 펜을 가지고 있는 것만으로도 위험한 일이다. 책을 읽는 내내 종이책과 펜이 사라지고 자유롭고 비판적 상상력을 펼칠 수 없는 세상이 두려워 졌다. '결코 이런 세상은 있을 수 없을 거야'라고 혼잣말을 했던 것 같다.

종이와 활자는 근대 문명의 견인차이다. 종이가 활자를 만나, 왕과 귀족의 독점물이었던 정보와 지식이 사회적으로 보급될 수 있었다. 서구에서 시민혁명의 분위기가 들끓던 무렵 세상 사람들에게 로크나 루소와 같은 자유주의자들의 자유와 평등의 정신을 확산시킬 수 있었던 것도 종이책, 종이신문이 있었기 때문이다. 또한 일제 강점기나 독재 시절 청년들은 비밀리에 독서회를 열어 책을 통해 독립과 자유의 꿈을 키웠다. 소위 종이책은 민주주의의 원동력이었다.

21세기 우리 사회를 돌아보면서 이 시대가 「1984」와 같은 사회로 가고 있는 것은 아닐까 생각해본다. 시내 곳곳에는 거대한 전광판에 광고와 뉴스, 정보가 흘러나오고 있다. 지하철을 타면 구석에 부착된 스크린에 시선을 고정시킨 사람들, 휴대폰 단말기를 통해 SNS, 오락게임, 드라마, 쇼 등에 몰입하고 있는 사람들을 흔하게 만날 수 있다. 소설이나 교양서적을 읽는 사람을 찾기란 가물에 콩 나듯 만나기 어렵다. 심지어 종이신문을 읽는 사람도 찾기 어렵다. 어렵게 찾으면 광고와 연예가 뉴스로 넘쳐나고 있는 무가지 신문을 읽고 있다. 편리함과 쾌락이 널려 있다.

사람의 지식이 진화해온 것처럼 '책'도 진화해 왔다. 최근 진화를 거듭하고 있는 전자책은 정보화 시대의 자연스런 산물일 지도 모르겠다. 그런데 전자책을 읽는 동안 나는 뭔가 잃어버리는 것 같다. 보통 종이책을 읽는 동안, 저절로 동서고금으로 상상의 나래가 펼쳐지고 있다. 때로는 저자와 논쟁도 하고, 또 때로는 연상되는 것을 기록하기도 하고 인용하고 싶은 부분에 밑줄 '쫙' 긋기도 한다. 독서삼매경에 빠질 때면 '나'는 사라진다.

그러나 전자책을 읽으면 그런 행동을 할 수가 없다. 입을 반쯤 벌린 채 그저 쳐다볼 뿐이다. 더욱이 스크린에서 흘러나오는 수많은 정보는 사고력을 정지시킨다. 고민스럽게 종이책을 일일이 고르고 넘기지 않아도 되는 편리함에 길들여 질수록, 사람의 지적 능력은 퇴보되어 가고 있는 것은 아닌지…. 문맹률 '0' 시대에 사실상의 문자 해독률은 더 떨어지고 있고, 비판적 지성은 둔화되어가고 있을지도 모르겠다.

사람들의 손에서 책이 떨어지지 않던 시절은 추억이 되었는가? 종이책이 필요 없는 '1984년'으로 가고 있는지도 모를 정보화 시대에 낮은 목소리로 외쳐본다. "독서는 힘이다."

〈프레시안 2009. 10. 17〉

인문학 위기의 시대, 지금 읽는 책이 당신의 계급을 말한다

종이책의 추억 2

지난 번 "정보화 시대, 종이책의 추억"에서 못 다한 말이 많았다. 평소 한 주제를 한 글에서 담아야 한다는 생각을 가져온 나로서는 '속편'을 쓰는 데 부담감이 있었다. 그러나 사족일지 몰라도 정보화 시대, 왜 우리는 독서를 하고, 인문학을 공부해야 하는가를 말하기 위해서 할 수 없이 속편을 쓰기로 했다. 부족한 글일지라도 헤아려 읽어주시기를 부탁드린다.

문자의 힘

종이책이건, 전자책이건 책에는 한정이 없다. 인류가 책을 갖게 된 것은 전적으로 문자를 갖게 되었기 때문임은 주지의 사실이다. 그런데 수 천년, 수 백년 동안, 동서에 걸쳐 문자는 특권층의 전유물이었다. 전통 시대 한 사회의 구성원은 문자 향유층과 비향유층으로 구성되어 있었다. 문자 소유자들이 돈과 권력, 명예를 독차지하면서 그 사회의 지배층이 되었던 반면, 피지배층에게는 말과 노동력만이 주어질 뿐이었다. 그래서 역사는 승리자, 지배층의 기록으로 남게 되었다.

이러한 이치는 역사를 가진 나라와도 관련이 된다. 현재 지구 상에는 200여개 국가가 있지만 인류가 지구에 등장한 이래로 출현한 나라(공동체)는 수 천, 수 만개가 넘을 것이다. 그러나 우리가 사라진 나라, 또는 공동체의 수를 제대로 알기는 어렵다. 다만 현재 남아 있는 4,000여 가지 음성 언어를 통해 공동체를 추론할 뿐이다.

그렇다면 언어 공동체 중 역사를 가진 나라는 얼마나 될까? 이 질문은 문자 기록을 가진 나라와 연결이 된다. 문자 기록이 있을 때 비로소 역사를 갖게 되는 것이다. 현존하는 문자를 갖춘 언어는 기껏해야 70여 개에 불과하다. 한 때 문자 언어와 기록을 가졌고, 점령과 식민 과정에서 문자 기록은 남았더라도 문자 언어는 사라지고 마는 경우들도 있다. 만주족의 언어가 그 예라 할 수 있다.

한국만 해도 1443년 세종이 훈민정음을 창제하여 1446년 반포하기까지 사실상 말에 부합하는 문자를 갖지 못했다. 지배층은 한문자에 의존하여 살았다. 피지배층은 문자를 독점한 지배층이 전해주는 지식을 전달받도록 되어 있었다. 그래서 낫 놓고 'ㄱ'자도 모른다는 말이 생겼다. 그 말도 원래 목불식정目不識丁이나 어로불변魚魯不辨과 같은 한자말에서 유래했던 것으로 보여진다. 피지배층이 문자를 알지 못하다보니, 통치자가 피지배층의 자유를 금지하거나 억압하는 공문을 게시해도 피지배층은 그 공문을 읽을 수 없어서 당하게 되는 일이 역사적으로 보면 비일비재했다.

아무튼 한글의 우수성은 말을 문자로 거의 그대로 구현할 수 있는데 있다. 그런데 그 우수성을 발휘하기까지 많은 시간이 필요했다. 왜냐하면 조선 시대 대부분의 공문서들은 한문으로 작성되어 민중들은 읽을 수 없었고, 훈민정음을 제대로 교육시켜주는 기관도 없어서 절대다수의 민중들은 훈민정음조차 사용할 수 없었기 때문이었다. 또한 일제 강점기, 공교육 기관에서는 일본말과 글을 사용함으로써 말과 문자의 불일치가 계속될 수밖에 없었다.

지배하려면
문자를 통제하라

　왜 지배층은 문자를 통제한 것일까? 가장 간단하게 말하자면, 피지배층에게 진실을 은폐하기 위해서이다. 문자는 사물에 대한 해방적 기능을 갖고 있다. 모든 사람이 동일하게 읽고 쓸 수 있는 의식이 허용되면 사람들은 '평등'함을 깨닫게 된다. 지배층이 피지배층에게 문자를 배우지 못하게 하고, 남성들이 여성들에게 배우지 못하게 할 때, 피지배층은 지배층의, 여성들은 남성의 지배를 받게 된다.

　그런데 역사의 바퀴는 민주화 시대로 이행해 왔다. 예컨대 자유주의 사상가들은 과거 왕의 지식을 부르주아의 지식으로 바꾸어 놓았다. 다시 말해 부르주아 혁명을 통하여 왕이나 특권층이 독점했던 자유와 평등을 문자 교양을 갖춘 부르주아의 자유와 평등으로 확산하게 된 것이다. 그런데 역사적으로 보듯 과거 전제 군주 시대를 전복시키고 부르주아 혁명을 일으키는 것은 부르주아만의 힘으로는 가능하지 않았다. 노동자, 농민, 빈민층, 여성의 힘이 절실했다. 그래서 부르주아는 민중들에게도 '만인 평등'의 자유와 평등의 진리를 전파하였다. 그렇게 했던 메커니즘이 대중 교육이었다. 그러나 부르주아는 승리한 후, 곧바로 한계의 문턱을 만들었다. '사유재산'과 '지식'을 가진 사람만이 세상을 지배할 수 있다고. 민중이나 여성에게는 기능적 직업과 양육과 가사를 위한 대중 교육만을 허용하도록 하였다.

　오랫동안 지배층과 제국주의 일본 등은 왜 민중과 식민지 피억압민족에게는 고등교육을 허용하지 않으려 했을까? 고등교육의 본질은 '인문' 교육과 그것에 기반을 둔 전문 교육이기 때문이었다. 다시 말해 인간의 자유와 평등을 논하는 교육이기 때문이다. 이런 이유로 일본은 식민지 조선에 근대 대학을 설립하지 않으려 했다. 민립대학운동이 일어나자 할 수 없이 제국주의 지식인을 만들기 위해 경성제국대학(후신 서울대학교)을 선물한 것이었다. 그 덕분에 일본의 경성제국대학 출신자들은 오늘날에도 모교 방문을 위해 서울대학교를 방문하곤 한다.

1930년대 후반 일본 총독부식민지도 조선에 '개정 교육령'을 실시하여 학령인구에게 초등교육의 의무화를 시도하였다. 덕분에 초등학생이 급속하게 늘어났다. 그러나 중요한 교육 내용은 상업이나 공업, 실업 교육과 일본왕과 일본에 충성하는 수신, 내선일체, 황국신민화 교육 내용으로 가득차 있었다. 인문 교육의 부재였다.

그렇다고 하여 인문계 학교나 대학 교육자체가 인문학 교육인지는 모르겠다. 21세기 한국의 대학은 높은 '취업률'만이 생존의 요건이 되는 신자유주의적 구조 속에서 살얼음판을 걷고 있다. 교수나 대학생 스스로 인문학 교육을 반납하고, 취업 시 요망되는 필수 스펙을 키우지 않으면 안 되도록 되어 있다.

이러한 형편은 대학 도서관이나 공공 도서관에도 그대로 나타나 있다. 최근 도서관에서 인문학적 서적을 읽는 사람을 찾기란 가뭄에 콩 나듯 하는 실정이다. 오죽하면 한 학생이 도서관에서 철학이나 일반 교양관련 서적을 읽으면, 다른 친구들이 우려의 얼굴로 쳐다보거나 신기한 동물로 여긴다고 고백하겠는가. 대학에서는 인문학의 위기라고 하지만 역설적으로 사회에서는 인문화의 붐 현상이 일고 있다. 어쩌면 대학생들과 대졸자들이 인문학을 반납하고 있는 사이에, 인문학은 사회적으로 유한 계층의 전유물로 되돌아가고 있는지도 모르겠다.

지난 민주화와 산업화 과정에 대학 인구가 급속히 늘어났다. 그 결과 서구의 1968년 세대, 한국의 386세대가 형성되어 각 사회의 민주화를 만들어 나갔다. 한국의 대학생들은 정규 강의 시간 교수들이 가르쳐 주지 않는 해방적 지식을 스스로 학습하여 억압적 질서에 눈을 떴다. 그들은 스스로 익힌 지식과 철학을 독재로부터의 민주화와 억압으로부터의 해방을 위한 도구로 사용하고자 했다. 또한 1970, 80년대 전태일과 노동자들은 피 흘리는 억압된 노동 환경 속에서 공부를 통하여 스스로 인간임을 선언하였고 인간이 되기 위해 떨쳐 일어섰다. 그래서 1987년 6월 민주화 항쟁을 통해 민주화의 성취를 가져올 수 있었다.

신자유주의 환경 속
인문학의 역설

그런데 1990년대 이래로 신자유주의 사조와 시장만능주의가 우리 사회를 지배해 오고 있다. 그런 사이 교육도 신자유주의에 지배당하고 있었다. 1990년대 대학 설립 자유화와 정원 자율화 정책을 추진하게 되자, 1980년대 대학생 규모에 비하여 2000년대 대학생 규모는 3배가 넘게 되었다. 신자유주의 고용 정책 속에서 연간 신규 고용 능력은 오히려 줄어, 연간 대학 졸업생의 정규직 취업률이 40%에도 미치지 못하고 있음은 주지의 사실이다. 당시 정부도 이런 상황을 낳게 되리라고 예측했지만, 입학은 자유, 취업은 개인문제로 돌려버렸다. 아무튼 정부 당국은 사교육 시장에게 무한한 수요자를 갖는 블루오션을 제공함으로써 그들을 신자유주의의 옹호자로 만들 수 있었다. 정부 당국자의 입장에서 금상첨화인 것은 대학생들이 학점과 취업 경쟁에 신경 쓰는 동안 비판적 인식을 기꺼이 버리게 할 수 있었다.

이제 대다수 대학생이나 지식인들은 취업과 성공, 건강을 위한 독서를 할 뿐이다. 요즘 유행하고 있는 조기교육, 조기영어교육 조차 미래 취업과 성공을 위한 지름길로 이해되고 있다. 다시 인문학은 지난 수 백, 수천 년간 그랬듯이, 이제 다시 유한계층의 전유물이 되어 가고 있다.

정보화 시대, 국민의 대다수가 문맹을 벗고, 20대층의 80% 이상이 대졸 또는 대학재학생으로서 유식층이 되어 있다. 그러는 사이 우리는 사실상 세상과 인간의 진실을 깨닫고 새로운 세상을 꿈꾸게 하는 지식, 인간억압의 본질을 꿰뚫고, 자유와 평등을 찾도록 하는 비판적·성찰적 지식을 스스로 반납하고 있지 않은가 묻고 싶다.

진리는 우리를 자유롭게 할지 모르지만, 더 많은 정보가 우리를 자유롭게 하지는 않는다.

〈프레시안 2009.10.28〉

대학생
스펙의
불편한 진실

얼마 전 한 모임에서 만난 대기업 중견간부가 된 한 대학동창이 "요즘 대학에서 도대체 뭘 가르쳐?"라는 조소 어린 질문을 했다. 그의 이어지는 말은 "요즘 대학생들은 화려한 스펙을 갖고 있지만 현장 실무 능력은 '꽝'이야." 신자유주의 바람이 휘몰아치고 있는 교육 현장의 팍팍한 현실을 알지 못하니 그런 질문을 하겠지만, 마음은 다소 불쾌했다.

오늘날 스펙이라는 말이 주는 불편함을 논외로 한다면 광의의 스펙은 모든 일을 하는데 요구된다. 스펙, 즉 specification은 제품 설명서를 말한다. 다시 말하면 이 물건은 어떤 능력, 사양을 갖고 있음을 말해 주는 보증서와 같은 것이다. 어떤 전문 분야의 일을 하는데 방면의 일을 하기 위해 요구되는 능력을 갖추고 있다는 보증을 해 주는 것이 바로 '스펙'이다.

20대 청년 중 80%넘는 이들이 대학생이 되는 시대. 해마다 60만 명이 넘는 대졸자가 넘쳐나고 있다. 매년 신규 일자리는 20만여 개에 불과하고, 그런 일들이 대졸 학력이 필요 없는 경우도 많다. 더욱이 신자유주의의 신이 지배하는 사회에서 새로운 일자리의 상당수는 정규직도 아니다.

그래서 좋은 일자리(정규직, 고용 안정성, 미래 발전 가능성, 쾌적한 작업장 등)에 들어간다는 것은 낙타가 바늘구멍을 통과하는 일과 같다.

1995년 김영삼 정부의 5·31교육정책 덕분에 대학교는 이미 졸업장 발부 공장이 되어버렸다. 그러기에 대학 성적표는 더 이상 학생의 능력을 가늠할 수 있는 능력을 상실했다. 학생들은 교수들과 함께 연구하기는커녕 논문제조기가 되어버린 교수들의 나사 부품이나 되어버렸을까?

예전에는 학교의 삼(三) 주체로 이해되었던 학생들에게 요즘의 학교는 멋진 낯선 말을 부여했다. '대학고객'이 그것이다. 학교 당국은 교수들이나 직원들에게 늘 고객 관리하라는 요구를 하고 있다. 휴학 지도, 편입 지도, 학사경고 지도 등 학생들이 학교를 포기하지 않도록 지도하라는 것이다. 가장 큰 스트레스를 주는 것은 취업 지도이다. 취업률 올리는 게 대학의 존망과 직결되어 있는 현실에서 학문을 통한 교육은 꿈이 되어 가고 있다. 이론과 현실을 연결하는 교육의 이상은 산학협력이라는 말로 인맥 등을 통한 취업 보장으로 변질되었다.

대학 공부, 전공이나 교양 공부 잘하는 게 더 이상 취업으로 연결되지 않는다. 예로부터 대학의 공부는 사회생활에서 피가 되고 살이 되는 것이지만, 그 자체가 피나 살은 아니다. 그런데 요즘은 대학 강의가 피와 살이 되도록 하라는 것이다. 교수들이 공부해 온 방식이나 목적이 피와 살 그 자체가 아니라, 피와 살이 되게 하는 원리나 방법일진데, 그런 목적이 잘 실행될 리가 있나? 즉 대부분의 교수들이 수단으로서 제외하고 토익이나 토플, 지멧 점수 올리기 공부, 자격증 취득 공부 등을 전공으로 한 적이 없다. 그래서 학생들은 스펙을 쌓기 위해 학원으로 간다. 또는 해외 연수를 간다. 스펙 쌓기에 많은 시간이 걸릴수록 그 학생은 대학 정규 교육에서는 멀어질 수밖에 없다.

모순은 여기서 그치지 않는다. 표준화된 스펙으로 충만한 대학생이 발붙일 직장이 많지 않다는 점이다. 스펙은 화려하지만, 정작 취직된 후 현장에서 사용되는 능력은 '특정한 스펙'이 아니라, 현실적이면서도 복합적이고 유기적 능력이다. 오히려 그러한 능력을 함양시켜 주는 데에는 대학교육이 가진 장점이 있다. 신자유주의 시대에도 대학 강좌는 아직은 다양한 내용들이 진행되고 있고, 다양한 교육 방법들이 발전하고 있다. 그런데 대학생이 스펙쌓기에 많은 시간을 들일수록 그들은 다양한 경험과는 멀어진다. 비판적·성찰적 문제의식도 더 옅어질 수밖에 없다. 영어 점수, 자격증 취득 공부는 대부분 암기식, 주입식 공부가 되다 보니, 창의성과는 더 멀어지게 된다.

또한 스펙쌓기에 많은 시간을 들일수록 많은 교육비용이 들어 학생들은 아르바이트를 하는데 더 많은 시간을 쓰기 마련이다. 1년의 등록금 1천만 원이라는 비용적 부담은 말할 것도 없고, 스펙쌓기에 드는 비용을 부모에게 다 의지할 수 없기에 대학생을 10 중 8, 9는 과외비를 마련하기 위해 과외 아르바이트를 하는 격이다. 그러다보다 학교 공부에 대한 집중력은 더 떨어지게 된다. 1시간에 4,100여원 시급(2014년 아르바이트 최저시급, 5,210원)은 절대 부족한 실정이다. 좀 더 받기 위해 야간 아르바이트를 하게 되면 수업시간에 앉아 있으면 잠이 오는 건 공식이다. 목표-수단 전치현상이 발생하게 된다.

이래서 반값등록금은 절실하다. 그렇다고 하여 반값등록금이 만병통치약인가? 현실적 문제를 더는 데에는 도움이 되겠지만 근본적인 처방은 될 수 없다. 즉 현재와 같은 사회 구조에서 대학생들은 반값등록금이 되어도 아르바이트를 하지 않을 수 없을 것이다. 앞으로 고학력사회는 더욱 심화되고 대학 서열 구조, 즉 학벌 사회도 심화될 것이다. 현재와 같은 대학

서열 구조가 해체되지 않는 한 대학생들은 더 많은 스펙쌓기를 요구받게 될 것이다. 각종 자격증에 해외 연수, 국내외 봉사, 스토리가 되는 다양한 경험 등의 자격증보다 더한 자격증을 요구할 것이다. 그 비용을 아르바이트로 충당하다보면, 대학 교육 정상화는 더욱 요원해 질 것이다.

정답은 사회 구조 개혁이다. 스펙쌓기 문제가 발생한 것은 대학의 문제가 아니라 사회의 모순 때문이다. 현재 대선 후보들이 화려한 교육 개혁 방안을 내놓고 있다. 정말 필요한 문제이다. 그러나 현재의 사회 구조를 그대로 놔둔다면 아무리 멋진 교육 개혁 방안을 제시하더라도 '제도는 제도'일 뿐이다.

우선은 선택과 집중의 신자유주의적 원칙을 내려놔야 한다. 모든 일에는 귀천이 없다는 말을 실현시켜야 한다. 노동 강도가 세고, 노동 시간이 길수록 정당한 임금을 받아야 한다. 다시 말해 어느 사회가 유지되기 위해서 필요로 되는 3D업종일수록 제대로 평가를 받아야 그에 상응하는 노동력이 공급될 수 있다.

또한 현재와 같은 비정상적인 비정규직을 정규직화, 또는 안정화시키는 경제 시스템을 만들어야 한다. 여성 노동력의 70%가 비정규직이고, 퇴직 연령 45세인 환경 속에서 우리 사회에서는 삶의 안정을 찾기 어렵다. 이러한 불안한 노동시장의 환경 속에서 20대 대학생들은 스펙을 쌓느라고 청춘을 허비하고 있다. 허비되어지고 있는 스펙쌓기 시간에 다양한 자기 개발을 하고 이론과 현실을 유기적으로 연계시킬 수 있는 노력들이 청년들에게나 우리 사회에도 더 가치가 있을 것이다.

또한 중소기업이 안정성을 가져야 한다. 승자 독식 사회에서 현재와 같은 재벌이 재채기를 하면 중소기업은 몸살을 앓는 구조 속에서는 인재들이 중소기업을 지원하기가 어렵다. 대선 후보들의 중소기업 관련한 숱한 공약을 내놓고 있다. 그러나 재벌의 배경을 받고 있는 정당이나 대선 후보가 과연 진정으로 중소기업 살리기를 할 수 있겠고, 대학 살리기를 할 수 있겠는가?

가장 중요한 것은 일하는 사람이건 공부하는 사람이건 자신이 하는 일에 자부심을 가져야 하는 것이다. 돈과 권력, 배경의 크기가 척도가 된 사회에서는 소수를 제외하고는 자부심을 가질 수 없다. 우리 청년들은 이미 어려서부터 개미의 가치 못지않게 베짱이의 가치도 배운 세대들이다. 다시 말해 돈이나 권력의 힘 못지않게 자아실현의 의미도 배웠다.

그러나 기성의 사회는 사는 재미를 잃게 만든다. 현재는 돈과 권력이 지배하는 세상이지만, 머지않아 그런 세상은 끝날 것이다. 그럴 때 사는 의미를 다시 배워야 한다. 그 의미를 고전에서 찾을 수 있다. 학이시습지 불역열호學而時習之 不亦說乎. 누구나 재미있게 공부하고 재미있게 살 권리가 있다. 스펙 많은 사람은 많아서 재밌겠지만, 적은 사람은 적더라도 재밌게 살 수 있는 세상이 내가 살고 싶은 세상이다. 청년들이 세상을 널리 이롭게 하는 자신의 미래를 꿈꾸며, 쫄지 말고 열정을 갖고 즐겁게 공부할 수 있는 세상을 꿈꾼다.

〈프레시안 2012.11.9〉

총체적
성교육이
절실하다

예전에 〈돌로레스 클레이븐Dolores Claiborne〉이라는 미국 영화가 있었다. 영화의 배경은 개기 일식으로 유명한 미국의 가장 북동쪽에 위치한 메인주 어느 바닷가 마을. 뉴욕에서 명석하고 날카로운 문체로 유명한 여성 기자인 셀리나 조지는 어려서 고향을 떠나 다시는 어머니의 집을 찾지 않았다.

그의 엄마 돌로레스 클레이븐은 술주정뱅이 남편의 학대로 몸과 마음이 상했으나 어려운 살림 속에서도 딸 셀리나의 학비를 마련하기 위해 부자의 저택에서 하녀로 일하고 있다. 어느 날 돌로레스는 딸 셀리나가 아빠로부터 지속적으로 성추행을 당하고 있음을 알게 된다. 돌로레스는 그 동안 저축한 돈을 찾아 딸과 함께 남편으로부터 도망할 계획을 세운다. 그러나 그 돈마저도 남편은 몰래 탕진하였다. 절망 속에서도 돌로레스는 좌절하지 않기 위해 개기일식 날에 남편을 죽음으로 몰아넣었다.

셀레나는 아빠로부터 당한 성폭력에 대한 기억을 엄마에 대한 증오심으로 대체를 시킨 채, 엄마와 세상으로부터 마음의 담을 쌓아나갔다. 아빠의 성폭력으로 인해 가족은 남보다 더 나쁜 사이가 되어 서로 증오하고 불신하게 되었고 가족의 해체까지 가져왔다.

성폭력은
사회해체를 부른다

최근 어떤 60대의 노인여성이 10대 때 자신을 성폭행했던 친척 오빠를 죽인 사건이 있었다. 혹자는 수십 년 된 해프닝을 가지고 멀쩡하게 잘 살고 있는 사람을 죽이는 것은 무슨 경우냐고 혀를 찼다. 그 여성이 저질은 사건을 옹호할 수 없으나 한 때의 사건이 한 인간을 어떻게 파멸시켜왔는가에 대해 성찰하지 않을 수 없다. 1992년 의붓아버지에 의해 어려서부터 강간 및 성폭력을 당해온 김보은 씨가 아버지를 살해했던 사건 역시 잊히지 않는 유명한 사건이다. 정신과의사 정혜신은 한 번 일어난 사건은 치유되지 않은 채 방치하면, 평생 지워지지 않는 트라우마로 된다고 말한다.

요즘 우리 사회에 성폭력이나 성희롱 사건이 넘쳐나고 있다. 학교, 강의실, 직장, 군대, 교도소, 지하철, 각종의 공공장소 등에서 무사한 곳이 없을 지경이다. 술집은 말할 것도 없고, 어느 국회의원에 따르면 음식점에서는 당연히 성추행이 자행될 수 있다고 한다. 언어도단은 이런 때 하는 말인가. 우리 사회가 어떤지 되돌아보자.

비민주 시절 학교는 인권 사각지대였다. 그런데 과거에나 있을 법한 경악스럽기 짝이 없는 일들이 줄을 잇고 있다. 작년 경상남도 고성 어느 중학교에서 교장이 절반 가까운 전교생을 성추행했다. 그 교장을 소아성애자(성폭력범)로 몰아버리고 나면 문제는 해결되는가? 그 교장은 오랫동안 어린 학생들을 대상으로 추잡한 성추행을 범하면서 자신의 권력을 최대한 만끽했을 터이다.

나의 가까운 친척 중에도 학교 성폭력의 희생자가 있다. 그는 모든 면에서 관용적이고 열린 시선을 가진 따뜻한 사람이다. 그러나 그는 동성애자를 인간 이하로 취급하며 'ⅹⅹⅹ' 욕을 서슴지 않는다. 그런 그에게 사춘기 시절, 치명적인 상처가 있었다. 동성애자(?)인 담임선생님으로부터 성추행을 수 차례 당했고, 그로 인해 성적은 급강하되어 자신이 원하던 대학과 진로를 택할 수 없었다.

최근 잇단 어린아이에 대한 성폭력 사건들을 보면서 우리 사회가 혐오스러워지기까지 한다. 신자유주의적 경쟁으로 혹독한 약육강식의 시장이 되어가고 있는 교육 환경에다가, 인명의 안전조차 보장받기 어려운 한국 사회에서 기회가 있고, 조건만 된다면 해외로 이민 가고자 하는 사람들이 줄을 잇는 현실에 고개를 끄덕일 수밖에 없다. 이것이 바로 사회해체현상이 아닌가?

뿐만 아니라 가정인들 무사한가? 가정폭력은 대개 성폭력으로 이어지는데, 작년 통계에 따르면 6가구 중 1가구에서 부부사이에 신체폭력이 자행되고 있고, 73%가 부인에 대한 남편폭력이고, 2가구 중 한 가구에서 자녀폭력이 일어나고 있다. 대부분의 성문제 관련 전문가들은 맞고 자라난 아이들이 폭력 어른이 된다고 주장한다. 실제로 아동기에 부모의 배우자 폭력을 목격하고 아이 자신이 폭력을 당한 경험이 있는 경우, 성장 후 자녀에 대한 폭력 비율이 남성 53%, 여성 64.4%로 높게 나타나고 있다고 한다. 작은 폭력이 큰 폭력을 재생산하고 있다.

성폭력과 사랑은
반대말이다

각종 성폭력 사건이 급증하다 보니, 그런 사건이 폭발하고 있는 원인을 2004년 9월 발효된 성매매특별법에서 찾는 사람들도 늘고 있다. 다시 말해 성매매를 금지하기 때문에 성폭력이 급증했다는 말이다. 성매매나 포르노그래피가 성폭력을 예방하느냐, 증가시키느냐는 계속되는 논쟁거리이다. 그런데 성매매이건, 포르노그래피가 2004년 9월 이래로 급증했다는 통계는 어디에도 없다.

그렇다면 이런 성폭력이나 성희롱 사건이 일어나는 원인은 무엇인가? 급증하고 있는 원인에는 자본주의적 성상품화 현상과 함께 역설적으로 민주화된 양성평등의식과 신고의식이 작용하고 있다. 가장 성교육이 잘되고 있고 성적 자유를 누리고 있는 스웨덴이 성폭력 및 성희롱의 1위인 것과 비슷한 이치라고 할 수 있다.

그런데 그런 사건들이 일어나는 근본 원인이 무엇인가를 단순하게 말하기는 어렵다. 성폭력에 성적 판타지나 성적 욕망이 배제되어 있는 것은 아니지만, 성폭력이 일어나는 내면적 기제에는 상대방에 대한 지배, 통제, 독점의 욕망이 깔려 있다.

예를 들어서 군대에서 일어나는 남성들 간의 성희롱이나 성폭력의 원인에 에로스적 욕망이나 사랑이 기본적으로 작용한다고 말하기는 어렵다. 높은 계급자들이 낮은 계급자들에 대한 정복, 통제의 욕망이 상대가 가장 심하게 굴욕감을 느끼는 행위를 통해 관철되는 경우이다. 또한 소아성애(어른에 의한 어린아이에 대한 성폭력) 역시 상대를 굴복시키거나 어른의 마음대로 성을 통제할 수 있는 가장 쉬운 방식 중 하나이다. 나아가 여성 노동자가 많은 제조업공장에서 남성 관리자들이 여성 노동자(1970년대

식으로 말해 '여공')를 순응시키는 전략이 성희롱·성폭력의 동원이었다. 결과적으로 말해 성폭력이나 성희롱은 상대를 굴복시키고 순응시키는 전략 중의 하나인 셈이다.

프랑스 혁명 당시 마르키 드 사드^{Marquis de Sade}, 금서 작가로 유명한 사드 후작이 쓴 「소돔: 120일」이라는 책이 있다. 흔히 이 책은 프로노그래피의 최고서이라고 하지만, 정작 이 책은 고문에 관한 고전적 교본으로 불리기도 한다. 「소돔: 120일」에 나오는 고문기술은 일제강점기 고등계 형사들이 독립운동가에게 가했던 고문기술이나 해방 후 이근안 류의 악랄한 고문 형사들이 민주화운동가에게 가했던 고문기술과도 대단히 흡사하다.

사드 후작은 「소돔: 120일」에서 사람(사드 자신)에게 최상의 쾌락을 주는 것은 폭력이고 상대를 완전히 굴복시키는 것이라고 하였다. 다시 말해 성폭력은 사랑(에로스적 욕망)과 대치되는 개념이다. 성폭력에는 어떠한 사랑과 신뢰, 존중도 없다.

총체적 성교육은
민주화의 지름길

성폭력은 폭력아동이 폭력어른으로 되는 것과 같은 재생산의 메커니즘을 내장하고 있다. 폭력은 더 큰 폭력을 부른다. 성폭력은 사회적 악이고, 비틀린 사회적 권력 관계를 표현하고 있다. 성폭력을 또 다른 폭력기제인 전자발찌로 일시적으로 제압할 수 있을는지 모르겠다. 하지만 전자발찌를 쓰고 있는 세계의 몇몇 나라들에서 성폭력이 지속적으로 감소되고 있다는 증거는 없다. 전자발찌는 그보다 악랄한 성폭력적 기제를 만들어낼 것이라는 우울한 상상력이 작동한다. 출구 없는 위험

사회로 가는 길을 가속화할 것이다.

성폭력을 감소시키고 예방하기 위해서는 사회 전체적으로 교정해야만 한다. 학교 성교육이나 직장 성교육은 미봉책이다. 남녀노소를 막론하고, 가정에서부터 사회, 학교에서 군대, 직장, 크고 작은 모든 사회에 성폭력을 근본적으로 예방하기 위한 교육 처방이 이루어져야 하고, 모든 성차별을 없앨 수 있는 제도를 마련하고 나아가 양성평등의 문화를 정착시켜야 한다. 총체적 성교육과 아름다운 성문화의 정착. 그것이 바로 민주주의와 평화, 인권존중의식을 우리 사회에 뿌리내리게 하는 길이다.

〈국정브리핑 2006.3.3〉

양극화 시대
대학생의
초상

대학생 아르바이트

한 때 대학생을 지성인으로 불렀다. 그 시절 대학생들은 대학 교정에서 진리와 정의를 부르짖으며, 독재정권 하에서도 기득권에 연연하는 교수들을 향해 '반지성주의'를 외치곤 했다. 의기 넘치던 대학생들도 학비나 용돈을 스스로 마련하기 위해 아르바이트를 해야 했고, 심지어 1980년대 대학생들은 소위 '몰래바이트'라고 하는 불법 과외 수업 교사로도 나서야 했다. 불법 과외라고 하더라도 그것이 수백 만 원의 대가를 받는 것도, 답안대필과 같은 불법도 아니었다. 영어나 수학 등을 과외지도한 대가로 한 달에 수 만 원정도의 비용을 받는 것이 고작이었다.

비록 전두환 정권하에서 대학생들의 과외수업활동이 불법적인 일이 되었으나, 대학생 자신이나 사회적으로는 그것을 불법시하거나 범죄자연 하지는 않았다. 대학생으로서의 자긍심과 사회인들의 존중심과 선망이 있었기 때문이 아니었을까 한다.

물론 대학생이 20대 연령의 약 10% 정도에 불과했던 당시 불법 과외 교사로서 자리 잡기 어려워 육체노동을 해야 했던 대학생들도 적지 않았다. 여름 방학이 지나 개강 무렵 학교를 가면 얼굴이 검게 그을린 남학생들을 만나곤 했는데, 아파트 건설장이나 도로 건설장에 가서 막일을 하여 등록금을 만든 학생들도 있었다. 그러나 그들의 얼굴 어느 구석에도 그런 일들을 부끄럽게 생각하거나 현재의 어려움으로 인해 다가올 미래에 대한 불안감을 찾기는 어려웠다. 경기가 호황이었고, 그로 인해 웬만하면 직장을 잡을 수 있었기 때문이었다.

우리 시대
대학생의 초상

그런데 요즘 대학 강의실에서는 갑자기 얼굴이 어두워진 학생들을 곧잘 발견하곤 한다. 지난 학기 몇 명의 학생이 기억난다. 학기 초, 얌전해 보이면서도 4학년생임에도 화장기 없던 한 여학생이 있었다. 요즘 여대학생들의 학년 표시는 얼굴 화장술의 발달에서도 확연히 구분되는 듯하다. 3, 4학년쯤 되는 여학생들 중에서 맨얼굴을 찾기가 쉽지 않다. 아마도 사회와 광고가 스스로 '아름답게 화장된 얼굴', 소위 '섹시미'를 희망하도록 만들고 있고, 화장품산업을 쉼 없이 유통시키도록 만드는 각종의 욕망을 키워주고 있기 때문일 것 같다.

아무튼 학기 초 어떤 수업시간에 만났던 그 여학생은 곧 잊혀졌다. 수강 변경도, 수강 철회도 하지 않았지만, 그 학생의 이름은 출석부에서만 만날 수 있었다. 그런 그가 종강 수업이 있던 날, 180도 변신한 채 강의실에 나타났다. 너무도 익숙하지만 낯선 모습. 마치나 거리의 어떤 여성이 강의실에 방문한 것 같은 모습에 순간 충격에 빠져 머리가 멍멍해졌다. 그녀의 얼굴에는 여느 학생들이 갖고 있는 풋풋함이 사라진 채 야한 화장

위로 피곤함이 가득차 있었다. 수업 시간에 들어오는 여느 대학생들과는 전혀 다른, 거슬리는 그녀의 옷차림이 나의 시선을 자꾸 끌었다.

'무엇이 이 학생을 이토록 바뀌게 만들었을까?' 라는 생각을 뒤로 한 채 종강을 했다. 오후 시간 잠시 학교 교정에서 그 여학생을 마주하게 되었다. 그 여학생은 내게 다가오더니 잠시 머뭇거리며 얘기하기를 청했다. 학생이 아니라 어느 성인을 마주하는 조심스런 마음으로 자리를 같이 했다.

"선생님, 제 이런 모습으로 수업에 들어가서 미안했어요."

"······"

"친구한테 연락을 하니 오늘이 종강이라 하여 꼭 학교에 오려고 했어요. 오전에 화장품가게 개점하는 데서, 나레이터 일을 하던 도중에 사장에게 사정하여 급하게 학교에 오느라고 옷도 못 갈아 입고, 화장도 못 지우고..."

"(화장품 가게 나레이터 일)······"

"작년에 아버지가 하시던 작은 사업이 망해서 신불자가 되었어요. 공부를 계속 하려면 제가 뭔가를 하지 않으면 안되고 해서 결국 나레이터 일을 하게 됐어요. 아직은 돈도 별로 못벌고 별 볼일 없는데, 제가 이렇게 사는게 부끄러워서 예전에 친했던 친구들과는 이제 연락도 안하고..."

"······"

"선생님, 정말 고생의 끝이 있을까요? 너무 부끄러워서 선생님께 이런 저를 말씀드리지도 못했어요."

"학생은 나레이터 모델로 발전할 기회도 있지 않아요? 자기 힘으로 노동해서 공부도 하고 부모님도 도울 수 있으니 얼마나 당당한가요?"

이렇게 말했지만, 결국 나는 그녀와 함께 울었다. 진심으로 그녀의 고생이 당당하게 끝나게 되기를 기도했다.

그런데 강의실에서 그와 비슷한 수많은 학생들을 만난다.

머리를 시시때때로 노란색, 흰색, 푸른색 등으로 염색하고 다니는 남학생이 있다. 수업 시간에 종종 교수가 묻는 질문에 대해 날카롭게 대답을 하여 똘똘한 학생이라는 생각을 했으나, 머리색을 보면 어색했다. 그를 만난 지 두 학기째만에 교수는 우문을 했다.

"학생은 머리색 바꾸는 게 취미인가요?"
"(머리를 긁적거리며) 저 술집에서 바텐다 하거든요. 그래서….."
'아, 이 민망함이라니….'

또한 어느 날 학교를 잘 다니던 학생 하나가 종적을 감추었다. 그의 친구들에게 수소문을 하니, 그는 어려운 형편에 등록금을 대지 못하던 중, 다단계업자로부터 학생증만 있으면 아무런 담보물도 없이 손쉽게 등록금 대출을 받아 쓰고는 다단계의 족쇄에 채워졌다고 한다. 다단계 장사를 하면서 빚이 줄어들기는커녕 눈덩이 붓듯 커져만 갔다고 한다. 학교를 다니기 위해 빚을 냈다가 그 빚 때문에 학교마저 중단하게 된 것이다. 다른 대학교 학생들의 얘기를 들어봐도 다단계업체의 족쇄 찬 학생들의 문제는 잠재되어 있는 사회문제가 아닐까 우려된다. '육체포기각서' 소문마저 들린다. 어떻게 다단계업체가 대학생 사이에 파고들었고, 연루된 학생들의 규모는 얼마나 되는지, 빚 문제뿐만 아니라 파생된 문제는 없는지, 이제서라도 제대로 실태조사를 해야 한다.

지난 대학 시절, 공장노동자가 되어야 하나, 학생으로 남아야 하는가를 최고의 고민거리로 여기며 살던 경험으로는 이 시대 대학생의 고뇌를 짐작하기 어렵다.

사회의 양극화는
대학의 양극화

양극화의 시대, 이미 대학생 시절부터 사회적 양극화를 직접 경험하고 있다. 등록금은 해마다 5~10%씩 인상되고 있는데, 대학생을 부양할 부모의 능력은 반감되고 있고, 학생들의 알바 급료에는 물가상승요인이 거의 반영되어 있지 못하다. 대학생들이 쉽게 찾을 수 있는 일자리 중 하나가 식당일이다. 식당 아르바이트 급료도 천양지차겠지만, 서울의 경우 대개 시간당 3,000원 정도여서 하루 4시간 일을 해야 하루 일당 1만여 원을 받을 수 있고 한 달 급료라 해봤자 30만원밖에 되지 않는다. 한 학기 등록금이 평균 300여만 원 하는 현실과 비교하면, 그들의 급료는 미미하기 짝이 없다.

반면 어떤 학생들은 수백만 원짜리 과외를 받고, 어린 시절부터 숱한 해외여행 경험이나 해외 장기체류 경험을 갖고 있으며, 교수도 못타는 고가 외제 승용차를 타고 학교를 다니기도 한다. 한 학기 등록금을 하루에 소비할 수 있는 능력을 갖고 있다. 머리끝에서 발끝까지 세계적 유명 브랜드로 휘감은 학생들은 선망과 질시의 대상이다. 부모가 신용불량자가 되어 자신도 신용불량자가 된 학생은 그런 귀족형 동년배를 보면서 무슨 생각을 할까? 서울대학교 입학생의 강남 출신과 강북 출신 비율이 해마다 벌어지는 것은 통계 숫자 이전에 이미 경험적으로 느낄 수 있는 일이다. 20:80의 사회는 철저하게 20:80의 대학을 만들고 있다.

교육 백년대계의 길

교육은 한 사회의 미래를 바라보는 창이다. 대학 시절 자유와 평등의 개념을 균형 있게 깨닫고 배우는 것은 우리 사회의 미래를 발전시키는 동력이 된다.

그런데 미래를 앞두고 있는 대학생들 속에 절망이 엄습해 있다면 우리 사회의 미래에도 절망이 내다보일 수밖에 없다. 오늘날 많은 대학생들이 매년 인상되는 등록금에 절망하고, 스스로의 노동을 통해 등록금을 결코 벌 수 없다는 사실에 절망하며, 강의와 전공 속에서 진리(?)는커녕 장래 안정된 직장도 보장받을 수 없다는 사실에 절망하고 있지는 않은가? 계층 상승은 고사하고라도 부모의 가난을 대물림하지 않을 사회적 안전망이 없다는 사실에 절망하고 있지 않은가? 투잡two-jobs 시대, 청년들에게 희망은 무엇인가?

교육이 진정 백년대계라고 말하려 한다면 정부 당국자, 국회의원, 사회 지도자들은 우리 사회 교육의 현 주소를 냉철하게 들여다봐야 한다. 사회 지도인사일수록, 자기 자녀들을 외국 유학을 보내는 경우가 많기 때문에 한국 교육의 양극화 구조를 강 건너 불구경 하듯 방치하는 것을 더는 두고 볼 수 없다. 신자유주의의 격랑 속에서도 대학 등록금이 거의 없거나 현저하게 낮은 독일이나 프랑스형의 대학체계를 당장 한국에 도입하기는 어려울 것이다.

사람의 문제를 시장의 논리로 접근할 수 없듯이 교육의 문제를 기업적 논리로 접근할 수 없다. 교육이 진정 백년대계의 중차대한 사업이라면 대학 개혁과 함께 장학 제도의 대폭적인 확충과 안정된 청년고용구조 창출이 절박하다. 대학인이 없는 대학은 더 이상 우리 사회의 장밋빛 미래를 보장하지 않는다. 대학의 양극화 문제 해결에 정부와 사회가 적극 나서야 할 때이다.

〈국정브리핑 2006.3.20〉

인공위성 소동과
88만원세대의 꿈

　　지난 주간 으뜸 키워드는 북한의 인공위성이다. 북한의 주
장과는 별도로 그것의 정체가 불확실하여 혹자는 UFO^{미확인비행물체, unidentified}
^{flying object}라고 농담하기도 한다. 그러나 미국측 주장이나 유엔의 논의를 종
합할 때 북측 것은 제 궤도에는 도달하지 못한 인공위성으로 보는 게 맞는
것 같다.

　　그런데 흥미로운 것은 북한의 인공위성이 사실상 한반도에서 처음 쏴
진 인공위성이라는 점이다. 즉 우리 측에서는 1992년 우리별 1호로부터
시작하여, 11기의 인공위성을 보유하고 있으나 한 개도 한반도에서 발사
되지 않았다는 말이다. 1992년 8월에 발사된 우리별 1호만 해도 프랑스
령 쿠루 우주기지에서 발사되었고, 최근의 것까지 모두 해외에서 발사되
었다. 러시아와의 협력 하에 2009년 7월경, 전남 고흥군 외나로도 '나로
우주센터'에서 국산 과학기술 위성 2호를 실은 KSLV-1^{한국우주발사체} 로켓이
발사되도록 추진되었다. 그리고 2013년 1월 30일 3차 발사만에 성공적
으로 나로호를 502km 지구 궤도에 올려놓았다.

북한의 로켓에 가장 예민했던 나라는 일본, 한국, 미국이다. 일본은 1998년 8월 이미 한 번 놀랐던 탓에 이번에는 '선제요격'까지 공언하면서 동북아에는 전운이 감돌기도 했다. 그런데 1957년 구 소련이 스푸트니크 인공위성을 쏘아올린 이래로 지난 냉전 시절 미-소 간에는 우주전쟁을 하듯 인공위성이나 우주선을 발사했다. 그 결과 미국이 최소 443개, 러시아 85개, 중국 40개, 일본 35개의 인공위성을 보유하는 것으로 알려져 있다.

돌아보면 지난 100년간 인간이 사용한 무기의 양과 파괴력은 문명의 시대가 열린 지난 1만년 동안의 그것보다도 많다. 지구상의 200여 개국에 분산된 것이 아니라 몇 개 나라에 집중되어 있음은 주지의 사실이다. 원자탄만 해도 알려진 22,000여기 중 반 이상은 미국이 보유하고 있고, 나머지는 러시아, 중국, 영국, 프랑스, 인도, 파키스탄, 이스라엘 등이 보유하고 있다. 그것은 지구를 3번 파괴할 양이라고 한다.

1960년대 이후 공식적으로는 세계 열강들이 군축회담을 했고, 군사력 사용에 제한을 두는 협정과 체제를 성사시키기도 했으나 뒤에서는 경쟁적으로 무기를 만들었다. 그 결과 구소련은 붕괴되었고, 그 많던 과학자나 첨단과학기술 또한 흩어졌으며 러시아 주민들도 세계로 이산되었다.

미국의 부시 공화당 정권이 2008년 대통령선거에서 패배한 사실을 주목해야 한다. 현재 세계인들이 희망하는 것은 무엇인가? 전쟁이 아니라 평화를, 군수산업이 아니라 평화적 산업을 희망한다. 또한 이라크파병 군대가 아니라 미래를 보장해 주는 경제, 일자리를 원한다.

2007년 12월 한국의 대통령 선거에서 현 정부를 택한 국민의 뜻은 안전한 일자리와 평화를 보장해 달라는 것이었지, 한반도를 군사적 대결 상황으로 몰고 가라는 것은 아니었다. 북한의 정권도 구 소련의 교훈을 기억해야 한다. 핵무기나 인공위성 때문에 세계적 뉴스거리가 되었는지는 모르나 북한 주민들이 굶주려가고 있음을 알아야 한다.

지금 남북의 주민들, 특히 한반도의 미래가 달려있는 청년들이 일자리를 못 찾고 꿈을 잃어가고

우석훈 · 박권일–88만원세대

있다. 남북의 최고 지도자들은 남한의 88만원세대, 북한의 '고난의 행군' 세대들에게도 분단을 물려주어 남북 대결의 무기의 그늘에서 번영과 세계로 뻗어나갈 청운의 기상이 꺾이게 할 것인가? 한국의 청소년들이 미국과 유럽에서 헤매고, 북한의 청소년들이 중국과 남한에서 헤매고 있다. 과거 우리의 선배들이 한반도에서 대륙을 가로질러 시베리아, 실크로드 등을 거쳐 유럽으로 뻗어가던 꿈을 21세기에도 되찾지 못하게 할 것인가?

남북의 최고지도자들은 대결과 갈등을 그만두고 평화와 번영의 한반도를 만들기 위해 매진해야 할 때이다.

〈한성대신문 2009. 4. 10〉

사이코패스와
교육의 힘

올 겨울 지겹도록 사이코패스 뉴스를 들었다. 최근 초등학생, 중학생들 사이에 이른 바 '사이코패스 테스트'가 유행중이고, 인터넷에서도 각광을 받고 있다. 사이코패스 판정을 받은 아이들의 스트레스가 이만저만 아니라고 한다. 요즘 친구들 간의 최대의 욕은 '사이코패스 같은 ×'이다.

사이코패스psychopath에 관한 임상실험을 25년간 해온 캐나다의 범죄심리학자 로버트 헤어 교수Robert D. Hare조차도 그 개념은 미완성이라 한다. 그에 따르면 사이코패스는 선천적으로 결정되어 있으나, 사회적 환경에 따라 사이코패시psychopathy가 발현되기도 하고, 되지 않기도 한다. 결국 문제는 사회다.

19세기 서구에서는 골상학Phrenology이 유행했다. 골상학에 따르면 두뇌구조에 따라 범죄자, 즉 절도범, 강간범, 폭력범 등이 결정되어 있다고 하였다. 이 골상학은 미국에 건너갔고, 이 이론은 훗날 미국의 유색인종차 별론과 결합되었다.

그러한 생물학적 결정론의 절정에 서있는 이론이 우생학이다. 우생학優 生學, eugenics은 인류를 유전학적으로 개량할 것을 목적으로 했다. 그것은 훗 날 나치에 의해 유대인이나 유럽의 집시, 소수민족을 대량 학살하는 명분 이 되었다.

물론 한국이나 동아시아에도 그런 이론들이 있다. 과거 신분제를 정당 시했던 이론도 그렇고, 관상학에도 귀족이나 상민, 천민이 생물학적으로 결정되어 있다는 본다. 생물학적으로 또는 운명적으로 귀족과 상민이 결 정되어 있으니 인간의 노력으로 그 운명을 거스를 수 없는 것이다.

그런데 과연 범죄자는 범죄자로 태어나는가, 아니면 사회적으로 만들어 지는가? 사이코패스의 전형이라는 강호순은 어느 사회, 어느 시대에 태어 났어도 그렇게 될 것인가, 아니면 그와 같은 천인공로할 인간조차도 양호 한 가정에서 차별 없이 자라나, 양호한 사회적 환경을 만났다면 다른 사 람이 되지는 않았을까?

또한 범죄를 통해서 자신의 욕망을 충족시키는 것이 아니라 다른 방법 을 통해 행복을 찾을 수 있다면 그는 어떻게 되었을까? 인간의 욕망을 이 기적이고 폭력적 방식으로 충족시켰을 때 보다 적절히 욕망을 다스리며 자신의 노력에 의해 욕망을 달성했을 때 더 행복할 수 있다는 것을 배울 기회를 준다면 어떻게 될까? 그게 바로 교육의 힘이다.

현재 우리 사회는 위선적 교육을 하고 있다. 교과서적인 교육에서는 성 실하게 일하는 가치에 관한 교육을 하면서 정작 가정이나 세상의 어른들 은 타인을 전혀 배려하지 않은 채, 황금만능주의적 방법을 은연중에 실천하고 있다. 돈·권력만이 최고요, 그것이 없다면 인간대접을 받지 못한다고 한다. 성실한 삶보다는 대박의 꿈을 주입하고 있다.

사이코패시라는 말은 사람들을 불안하게 만들고 있지만, 사회적 책임에 대해서는 눈을 막고 있다. 2009년 비정규직의 시대, 양극화사회에서 하루하루 성실하게 일을 해도 내일을 전혀 보장받을 수 없다. '인생 한방 로또'라는 말이 넘쳐날수록 범죄적 욕망은 커진다.

2002년 여름을 상기해보라. 그해 여름 한국 사회는 격동에 넘쳐나 밤마다 길거리에 '대한민국'을 외치는 사람들이 넘쳐났다. 우리는 그해 행복했다. 그러나 그해 범죄통계는 당대 최저였다.

모든 사람이 빌 게이츠를 꿈꾸진 않는다. 사람들이 기대하는 건 자신의 잠재성을 키울 수 있고 노력하는 만큼의 정당한 대가를 받으며 인격적으로 대우받는 것이다. 교육은 그것을 실현할 수 있는 방법을 가르쳐야 한다. 또한 그런 방법이 사회적으로 통용되는 것이 상식인 사회를 만들어야 한다. 그러한 사회를 만들지 않는 한, 교육은 제 역할을 하기 어렵다.

2009 새내기로 빛나는 봄의 대학 교정에서 우리는 교육의 힘에 대해 한번쯤 돌아봐야 하지 않는가.

〈한성대신문 2009.2.28〉

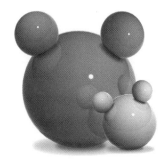

4부

평화와 통일은
꿈이 아닌 절실한 욕망

'비민주국가'와 한반도 평화 실현의 길

인권문제와 경제제재는
한반도의
새로운 위기의 조짐?

최근 미국 부시 대통령은 새해 벽두마다 북한을 호명하는 신조어를 내놓아 간담을 서늘하게 한다. 2002년 1월 30일 연두교서에서 사용한 '악의 축axis of evil' 발언과 함께 1994년 북미기본합의서가 깨어졌다. 이어 2004년에는 '무법정권' 발언이 나오면서 한반도는 위기가 고조되었고, 그해 10월에는 '북한인권법'이 나왔으며, 남북관계도 긴 침묵의 늪으로 빠져들었다. 6자회담이 아슬아슬하게 줄타기를 하고 있는 최근, 1월 31일 부시 대통령은 미국 상하 양원 합동 회의 국정 연설에서는 북한을 '비민주 국가'로 지칭하였다.

연차적으로 보면 2002년 '악의 축' 호명에 비하여 금년의 호명은 비교적 순화된 감마저 들 정도이고, 2005년 1월 미국의 라이스 국무장관이 '폭정의 전초기지'로 부른 것에 비해서도 훨씬 부드럽다는 인상이 든다. 그만큼 근래 미국이 북한에 대해 강도 높은 적대감을 드러내어 왔음을 알 수 있다.

이날 부시 미 대통령은 북한을 포함한 이란, 시리아, 버마, 짐바브웨와 같은 비민주국가들과 같은 독재국가의 폭정을 종식시키는데 전력을 다할 것이며, 악에 굴복하지 않겠다는 강경한 입장을 재차 강조했다. "물러서면 평화는 없을 것이며, 명예도 없을 것"이라며 세계 사회에 테러와의 전쟁을 지지해줄 것을 촉구하였다. 다만 부시 미 대통령은 기회가 되면, '6자회담'은 계속 진행할 것이라고 공언하고 있다.

그런데 미국은 6자회담에서의 미국식 승리를 얻기 위하여 몇 가지 복선을 깔고 있는 것으로 보인다. 첫째, 인권쟁점이다. 북한의 최고지도자를 '백성을 굶주려 죽게 만드는 자'로 일컬으며, 탈북자 문제와 북한 주민의 열악한 인권 상황에 대한 근본적인 개선을 목표로 내걸며 급기야 2004년 10월에는 '북한인권법'을 통과시켰다. 북한인권법에 힘입어 미국 전국민주주의재단NED의 후원과 미국 프리덤하우스의 주관으로 2005년 7월19일 미국 워싱턴에서 1차 북한인권국제대회가 열린 데 이어, 제2차 북한인권국제대회는 지난 12월 초 서울에서 개최된 바 있다. 이러한 국제 사회의 분위기에 힘입어 작년 11월에는 유엔총회에서 북한인권 결의안이 통과되기도 했다.

둘째, 대량살상무기 혐의 쟁점이다. 미국은 2003년 6월 1일 G8(서방선진 7개국+러시아) 정상회담 참여국들에게 '대량살상무기 확산방지구상PSI'에 대한 협조를 요청한 것을 시작으로 주변국들의 동참을 요구하고 있음은 잘 알려져 있다. 현재 미국, 영국, 호주, 프랑스, 독일, 이탈리아, 일본, 네덜란드, 폴란드, 포르투갈, 스페인, 노르웨이, 싱가포르, 러시아 등 14국이 가입되어 있다. 미국은 대량살상무기 보유 혐의국으로 틈만 나면 북한을 지명해왔던 터이다.

셋째, 최근 쟁점이 되고 있는 미 달러화 위폐생산국 혐의를 두고 있다. 이 문제는 지난겨울 부임한 알렉산더 버시바우 주한 미국 대사에 의해 위폐 벌통이 건드려졌다고 하나 사실은 이미 작년 11월 경주에서의 한미정상회담에서 부시 미 대통령에 의해 제기되었다. 최근 부시 대통령은 6자 회담과는 별개라고 하면서도 북한 위폐문제에 대해선 "타협이 없다"고 강조하였다. 또한 '대북금융제재'를 언급하며 한국도 금융제재에 동참해야 한다며 압력의 수위를 차츰 높여가고 있다.

인권을
욕되이 하지 말라

21세기 들어 미국이 인권이나 대량살상무기 문제를 언급했던 나라들, 아프가니스탄이나 이라크가 모두 폭격의 대상국이었던 점을 회고할 때, 현재 미국이 벌리고 있는 대북 접근 방식은 위태롭기 짝이 없다. 직접적인 전시가 끝나고 평시에 이라크에 대한 경제제재안이 유엔을 통과하여 벌어진 경제제재 7년여 동안 이라크 주민 150만여 명이 굶주려 죽었으나 역설적으로 후세인에 대한 이라크 민중의 지지도는 상승한 바 있다. 이러한 전쟁 아닌 전쟁이 한반도 북쪽에 다시 벌어지지 않으리라는 보장은 없어 보인다. 북한은 1990년대 자신이 겪어온 경제난에 대해 이러한 인식을 해왔던 터이다.

1978년부터 미국 국무부는 매년 초 「연례 각국 인권보고서」를 발표해 왔다. 그런데 미국이 북한이나 중국의 인권 문제를 거론할 때면, 미국의 인권 문제도 못지않다는 생각을 하게 된다. 작년 미시시피강 범람 때 뉴

올리언즈의 극빈의 흑인이나 유색 소수민족들이 처해 있는 인권 상황에는 차마 눈을 뜰 수 없었다. 더 심각했던 것은 현지 시찰을 왔던 부시 미 대통령이 수해자들은 만나지도 않은 채, 비가시적인 존재로 취급한 점이다.

심지어 이라크의 아부 그라이브 감옥이나 쿠바의 관타나모 수용소 수감자들의 인권 상황은 상상을 초월하는 것이다. 이들 감옥에 수감된 자들은 미국의 '테러와의 전쟁'의 희생양들로서, 정식 재판을 받지도 못했다. 수감자들은 전쟁포로가 아니라 '전투병'이라 불리며, 머리에 물방울 떨어뜨리기, 알몸으로 서 있기, 잠 안 재우기, 외설적인 사진 목에 걸기 등 극도로 공포스럽고, 비인도적인 수법의 고문이 자행되고 있음이 최근 「타임」지에 보도된 바 있다.

그야말로 이중의 잣대에 의한 인권이라는 이름으로 정당화되는 전쟁이 계속 치러진다면 더 이상 인권은 자유와 평화의 언어가 아닌 점령과 지배의 언어로 전락하고 말 것이다.

평화의 수단에 의한 평화의 이상 실현의 길

국제 관계가 비록 패권국가의 뜻대로만 나아가지 않는다고 하더라도 미국은 자유와 평화, 인권이라는 목표를 실현하기 위하여 전쟁이나 준전쟁을 불사하지 않았다. 그 결과 20세기 내내 미국은 지구에서 가장 많은 전쟁을 치른 나라이다. 특히 제2차 세계대전이 끝난 1945년 이후 지금까지 거의 70번이나 다른 나라들을 폭격하거나 군사적으로 침략하였다(안청시, 『비살생정치학과 지구평화운동: 글렌 D. 페이지 교수의 학문세계-」, 집문당, 2004). 또한 핵무기를 보유한 8개국 가운데, 유일하게 인간을 향해 핵무기를 발사했던 악몽을 가진 나라 역시 미국이다.

평화학 학자인 요한 갈퉁 교수는 기왕에 잘 알려져 있다. 반면, 글렌 D. 페이지Glenn D. Paige 교수는 한국 독자들에게는 덜 알려진 평화학 학자이다. 그가 한국전쟁 참전군인의 경험과 미국적 세계관에 기반 하여 쓴 박사학위논문에 기초한 저서 『The Korean Decision』(June 24-30, 1950)을 썼을 때만 해도 그는 미국의 한국전쟁 참전을 자유 수호를 위한 합리적 결정이라고 믿어 의심하지 않았다. 즉 그는 폭력의 정치학을 맹신하고 있었다. 그 후 그는 한국전쟁의 수많은 피학살자들과 그들의 고통과 상처를 돌아보고, 1960년 4·19 항쟁을 보면서, 미국이 한국의 자유와 평화통일의 '방해자'일 수 있다는 생각을 갖기 시작했다.

자유와 인권, 평화와 민주이라는 이름으로 1945년부터 20세기 말까지 40개 이상의 외국정부들을 전복시켰거나 시키려 했고, 35명 안팎의 외국 지도자들을 암살했거나 하려 했으며, 30개 이상의 반독재 저항운동을 좌절시킨 것을 보면서 페이지 교수의 생각이 급변하게 되었다. 그래서 그는 21세기 미국이 여전히 '평화'의 이름으로 끊임없이 폭격과 침략을 자행하며 수많은 무고한 목숨을 빼앗을 것을 염려하며 'No More Killing' 운동을 펼쳐 나가며 '비폭력정치론'을 주장하고 있다.

또한 그는 1970년대 이래로 '죽이지 않는 사회가 가능한가'라는 질문을 던지고 있다. 그는 이러한 문제를 풀어나가기 위해 여러 나라의 많은 학자들을 만나고 있는데, 그 가운데 가장 대조적인 학자는 미국과 북한의 학자였다고 한다. 미국의 대부분의 정치학자들은 '생각조차 할 수 없다'고 단언한 반면, 북한의 학자는 '전적으로 가능하다'고 대답했다. 미국 학자는 '사람은 본래 위험한 사회적 동물'이라는 '성악설'에 기초하고 있는 반면, 북한 학자는 '사람이 본래 폭력성을 지닌 게 아니라, 살인을 거부할 수 있는 의식성'을 타고 났다고 보았다. 또한 세계 각국의 현실에서 사형제나 군대가 없는 나라에서 오히려 살인이나 폭력이 적었음을 페이지 교수는 체험했던 것이다.

공포와 폭력으로서 평화를 가져오려고 하지 말고, 평화로써 평화를 가져올 수는 없는가? 비폭력의 정치학은 페이지 교수의 유일한 주장이 아니다. 독일의 칸트, 중국의 묵자나 한국의 원효와 같은 현인들이 꿈꾸었고, 평화통일을 주장하다가 형장의 이슬로 사라진 조봉암 선생도 일찍이 평화의 수단으로서 평화를 실천하고자 했다. 이제 공포와 폭력을 넘어서는 것이 2006년 우리의 화두가 되어야 하지 않을까? 진정 미국이 세계의 존경받는 나라가 되기 위해서는 평화의 수단으로 평화의 이상을 실현하기 위해 진력을 다해야 하지 않는가.

〈국정브리핑 2006.2.2〉

사회문화교류,
더불어 살
공동체 비전 제시

특집: 이명박 정부 1년, 남북관계 평가와 제언

2월 말이 지나고 봄이 오는 게 두렵다. 첫째, 대학에 있는 글쓴이로서는 제자들을 포함한 대학을 졸업한 수 십 여만 명의 대학생들 중 대다수가 거리로 나앉게 되는 게 눈앞에 보이기 때문이다. 정부에서는 일자리를 만든다고 했지만, 아무리 임시직 일자리를 만들어 내도 없어지는 일자리가 더 많기 때문에 이대로 가다가는 '20대 80의 사회'는커녕 '1대 99의 사회'가 될 것만 같다.

둘째, 봄이 오는 게 두려운 이유는 겨우내 강남 갔던 제비가 개성에 더 이상 못 들어갈 것 같은 우려감 때문이다. 개성공단은 우리에게 봄의 전령사였다. 어렵사리 2004년부터 DMZ를 넘어 개성에 관광만이 아닌 남북 번영과 상생의 상징인 산업기지를 비롯한 사회문화 공동체 형성의 비전을 갖고 둥지를 틀어왔다. 그러나 지난 해 남북 당국이 티격태격거리더니, 결국 둥지가 제대로 번창해 보기도 전에 문을 내리고 있다. 이 겨울 개성공단의 공장 불빛은 어스름하고, 개성으로 향하는 사람이나 차량은 하루가 다르게 줄어들고 있다. 문 닫게 될 중소기업들이 늘어나고, 일자리를 잃은 노동자, 기술자들이 늘어나는 듯하여 비감하기까지 하다.

국민 실감 없는 통일은
화중지병(畵中之餠)

　　　　　　셋째, 한반도의 남단, 즉 우리 남한이 사실상 동북아 평화공동체의 헛물만 켜다만 형국이 될까 봐 두렵다. 나는 평소 분단 하에서 우리 남한을 사실상 '섬'이라고 불러왔다. 비행기나 배가 아니라 우리 땅을 벗어날 수 없는 게 바로 섬이 아닌가. 통일이 되어야 비로소 한반도는 명실상부하게 '반도'로서 대륙과 대양으로 향하는 출발지이자, 대륙과 해양 문명의 집산지가 될 수 있다. 또한 지리학적으로는 유라시아 대륙과 태평양을 잇는 가교이자, 허브가 될 수 있다. 다시 이어진 대륙으로 러시아의 가스만 달리는 것이 아니라, 우리의 청년들이 경의선, 동해북부선, TSR 등을 통해 유라시아 대륙을 달리는 모습을 생각만 해도 벅찬 일이다. 그러나 이러한 희망은 돌아오는 봄에도 이루어질 것 같지 않다.

　평소 글쓴이는 사람 중심의 통일을 주장해 왔다. 통일방안이 아무리 멋지고, 비전이 창대하더라도 사람이 통일에 관심이 멀어지고 사람이 중심에 서지 않는다면 그런 통일방안은 빛 좋은 개살구일 뿐이다. 다시 말해 정치인들이 짝짝쿵하여 남북을 오고가며 선언문을 만들고, O년 후 통일이라는 청사진을 그려낸다고 하더라도, 일반 국민들에게 '실감'이 있고 모두에게 호혜가 되리라는 전망이 서지 않으면 통일은 화중지병(畵中之餠)이 아니겠는가?

　하물며 일년 내내 "OO 없으면 OO 없다"며 정부 당국은 노선, 라인, 전략이 없는 소위 대북 3무 정책만 펴고 있는데, 국민들이 통일에 대해서 무슨 관심을 가지겠는가? 민간인이 금강산 관광 도중에 죽었는데도 남의 탓만 하고 있다. 6자 회담에서 한국은 국제 외교에서 문간방 신세가 되었는데도 3무 정책을 고수하고 있다면, 그건 실용주의 정책이 아니라 무조건의 실허주의 정책이 아니겠는가?

남북이 함께 어울려야
통일 체감

　　　　　지금쯤 일반 국민이나 청소년들에게 통일을 지지하느냐고 묻는다면 '절대 지지'와 '조금 지지'한다는 응답이 기껏해야 20~30%에 불과할 것으로 추측해 본다. 만일 이런 결과가 나온다면 평소에 통일을 불편해 하던 분들이라면 국민이 통일에 무관심하니 국가도 통일 무관심 정책을 취해야 한다고 말할 지도 모른다.

　그러나 경험적으로 볼 때 분단후세대의 경우 통일의식은 광범위한 교육의 결과이다. 그런데 분단후세대의 통일의식은 학교 안의 요식적인 통일교육에 의해 생기는 것이 아니다. 교육의 효과가 가장 확실하고 영향력이 깊은 것은 이론교육이 아니라 바로 실물교육이다. 청소년들에게 이론을 통한 통일교육도 하지 않는 것보다 도움은 되겠으나, 직접 북한 친구들을 만나 이야기를 나누고 같이 놀아볼 때만큼 구체적으로 통일의 의미를 체감하게 될 기회는 없다. 책상 교육보다는 남측의 원더걸스가 북측에 가서 공연을 하듯이 북측 무용수 조명애 등이 상암축구장에서 춤사위를 벌이는 것이 더 확실한 통일 교육이 될 것이다.

　심지어 분단세대의 경우 오랫동안 반공교육에 의해 북한 사람을 혐오하게 싫어하는 의식이 무의식으로까지 자리 잡혀 있는데 갑작스럽게 북한과의 화해와 평화를 말하는 것은 혼동을 줄 수밖에 없다. 북한 사람들을 만나서 같이 이야기 나누고 먹고 놀며 같이 일해 보는 것만큼 오랜 선입견을 바꿀 수 있는 기회는 없다.

　교류를 통한 만남은 그저 물자를 지원하고 정보를 수집하는 것, 또는 '퍼주기'하는 것 이상의 의미를 가지고 있다. 오랫동안 제대로 된 만남 없이 반공교육에 의해 피상적인 이해만 해오던 우리로서는 만남 그 자체가 변화를 이끌어내는데 중요한 역할을 해왔다.

실례를 들어보면, 지속적으로 꾸준하게 남북 관계를 해온 층은 다름 아닌 대북 인도적 지원 사업 단체이다. 1990년대 후반 그들이 처음 방북했을 때만해도 경제난으로 피골이 상접한 얼굴의 북한 사람들이 "지도자의 은혜로 우리는 다 잘 먹고 잘산다. 세상에 부럼 없다"고 튕기며, 지원물품을 마지못해 받는 척하지 않았던가. 그러나 얼마 가지 않아, 세세한 필요물품까지 작성하여 지원해 달라며 신신당부했다. 다른 해석도 가능하지만, 그제서야 북측 사람들이 남측 민간단체 사람들의 진정성을 믿게 되었다는 신호로 읽힐 수 있다. 즉 남측 사람들도 북측 사람들에 대해 선입견을 바꾸게 되었다. 노예 같은 사람이기만 한 것도, 뼛속까지 빨갱이이기만 한 것도 아닌, 그들이 우리와는 다른 체제와 다른 사회에서 살지만, 우리와 비슷한 욕망을 가진 '인간'임을 알게 되었다. 그것에서 그치지 않고 그들도 남측 사람이 북한식 표현으로 '미제의 압잡이'도, 흡수통일할 사람도 아니라, 같은 민족임을 깨닫게 되었다. 이러한 맥락이 북한식 표현에 따르면 '우리 민족끼리'라는 말을 하게 된 배경 중 하나이다.

이것이 바로 사회문화적 통일 접근법이다. 사회문화적 접근법은 정치적 접근법처럼 주도적이지도 못하고 경제적 방법처럼 생산적이지 못할런지 모르겠다. 통일 과정에 사회문화적 접근법은 경제적 접근법에 비해 소모적일지 몰라도 광범위하게 가슴을 열어 놓고 사람들이 만나는 길을 열어 놓을 수 있게 하고 함께 살아가야할 사회문화적 공동체의 비전을 제시할 수 있다.

대북인도지원,
북한주민 대남 인식변화
일등공신

    2000년 전후 시기부터 2007년까지 사회문화적 교류의 성과는 이루다 말할 수 없을 정도로 많다. 사람들을 열광시켰던 축구, 농구, 서커스(교예) 등의 스포츠 교류에서부터 스타 교류와 같은 대형 공연 교류, 남북 합동 제작 드라마를 통한 방송 교류, 교향악단 교류, 나아가 한국학, 자연과학, 응용과학, 역사, 언어, 의료, 종교 등을 중심으로 한 학술 교류 등 다양한 교류가 진행되었다. 그중에 가장 명실상부하면서 지속적인 사업으로 진행되어 온 교류 사업을 꼽으라면 2005년부터 본격적으로 진행되고 있는 '겨레말큰사전 남북공동 편찬사업'과 '개성 만월대 남북 공동 발굴조사' 등을 꼽을 수 있을 것이다.

    이러한 주제별 교류와 함께 2001년 6·15남북공동선언 1주년 공동행사를 시작으로 하여 남북 각종의 시민단체, 즉 문예, 노동, 농업, 여성, 청년, 교육, 언론, 학술 등의 시민부문 단체들이 만나기 시작하였다. 공동행사와 별도로 부문별 상봉 행사도 개최되면서 남북의 사회단체들의 만남도 빈번해지고, 교류의 내용도 다양해졌다. 2006년경부터는 어린이들도 합류하여 북녘 들판을 푸르게 만들기 위해 나무를 심기도 했다. 이러한 시민사회단체들은 2004년부터 2005년 초반, 남북관계가 소강상태에 빠졌을 때 남북 당국을 연결하는 가교로서도 역할을 하기도 했다. 이러한 역할이 가능했던 것은 바로 그들이 초지일관과 인내심으로서 북측을 설득하고 신뢰를 줄 수 있었기 때문이다.

거인의 어깨 위에서
세상을 내려다보자

이러한 시민단체들의 교류 사업 뒤에는 대북 인도적 지원 사업이 같은 궤를 이루고 있다. 인도적 지원사업이야 말로 북한 사람의 남측에 대한 이해를 근본적으로 바꾸는데 일등공신이라고 할 수 있다. 반자본주의교육에 의해 북측 사람들에게 남측 사람은 돈밖에 모르는 욕망의 화신으로 그려져 있었다. 그러나 1996년 국내에서 가장 일찍 대북 인도적 지원을 했던 우리민족서로돕기운동본부, 김순권 박사의 국제옥수수재단이나 용천역 폭파사건 지원의 견인차 우리겨레하나되기, 어린이 지원 사업의 남북어린이어깨동무 등 수많은 단체들의 헌신과 인내, 수많은 사람들의 후원이 있었기에 2000년대 남북관계가 급진전을 이룰 수 있었다.

결국 6·15선언과 10·4선언이 가능했던 견인차는 다름 아닌 우리의 시민단체와 일반 국민들의 후원과 지지였다.

2008년 남북 당국은 지난 역사를 자기 식으로 해석하는 동안 지난 10년간 국민이 피땀 흘려 쌓아온 성과를 허무는 우를 범했다.

21세기 한반도가 변화되려면 강이 변하고 땅만 변해서는 안 된다. 가장 중요한 것은 사람이 변해야 하는 일이다. 사람과의 사업은 백년대계가 필요하다. 사람을 변화시키는 데에 가장 중요한 요소는 돈이 아니라 신뢰이다. 지난 10여 년간 남북이 교류를 하면서 어렵게 쌓아온 가장 중요한 성과는 낮은 수준일지는 몰라도 바로 '상호신뢰'이다. 신뢰는 한반도의 내일을 평화와 번영의 땅으로 만드는가, 중동 지역처럼 반목과 분쟁의 땅으로 만드는가를 가늠할 수 있는 열쇠이다.

남북의 사회문화적 접근은 당장은 엄청난 수출물자를 만들 수 있는 것도 아니고, 돈을 벌어들기는커녕 오히려 엄청난 돈을 소모할는지도 모른다. 그러나 왕성한 사회문화적 접근은 핵무기를 보습과 쟁기, 평화적 문명으로 만들 수 있고, 평화를 통하여 번영으로 이르게 해 줄 수 있다.

  현명한 자는 과거를 버리는 자가 아니라 역사라는 거인의 어깨 위에서 다음 세상을 내려다 볼 수 있는 사람이다. 6·15와 10·4선언이라는 어깨 위에 서는 것은 어느 정권에 끌려가는 것이 아니라 바로 우리 국민의 정성어린 정성과 헌신적 성과를 존중하는 것이며, 한반도 내일을 여는 약속임을 잊지 말아야 한다. 이명박 정부가 2년째 접어드는 이즈음 남북관계에서 샅바싸움은 그만두고 다시 한반도에 도도히 흐르는 평화로운 한반도 건설이라는 명운을 받아들여야 할 것이다.

  〈「통일한국」 2009년 2월호〉

철마는
달리고 싶다,
하나된 세상을

　　지난 5월 17일, 경의선과 동해선의 개통은 임시라는 단서가
붙었지만 너무도 벅찬 일이었다. 1906년 경의선이 부설된 지 101년 만
에, 한국전쟁으로 파괴된 지 57년 만에 제2의 개통을 한 것이다.

　이제야 한국이 사실상의 '섬'에서 벗어날 수 있게 되었다는 희망을 갖게
되었다. 학교 교육에서 한국의 지정학적 환경을 '반도'로서 설명하면서,
반도란 "한 쪽만 대륙大陸에 연결連結되고 삼면이 바다에 둘러싸인 육지"라고
배웠다. 그러나 1945년 8월 15일 이래로 한국은 배나 비행기가 아니면
어떤 다른 나라도 갈 수 없으니, 이게 바로 '섬'이 아닌가. 일제 강점기 청
운의 꿈을 품은 식민지 지식인, 이미륵 선생이 경의선을 타고 시베리아를
횡단하여 유럽을 갔다는 『압록강은 흐른다』를 읽으며 얼마나 가슴 설레 했
던지 모른다. 그러나 내가 태어난 이래로 나는 한 번도 육지를 통해서 다
른 나라, 다른 대륙을 가본 적이 없다. 한국이 섬 아닌 섬이 된 것은 바로
남북의 분단이 그 원인임을 말할 나위가 없다.

민족 분단은 해외 동포 사회에도
분열을 가져와

흔히 남북분단을 민족분단이라고 한다. 영토의 분단은 바로 사람의 분단으로 나타났다. 과거 김남주 시인이 노래했듯이 38선은 38선에만 있는 것이 아니라, 땅에도 하늘에도 있고, 우리의 가슴에도 있었다. 38선은 반공이라는 나침반을 모든 사람들의 머리에 집어넣어, 서로가 서로를 경계하고 의심하도록 만들었다. 사람의 분열은 남북으로만 일어난 것이 아니라, 남한 내에도 분열이 깊이깊이 잠복되어 2000년대 격렬한 남남갈등으로 나타나고 있다.

나아가 한민족이 있는 모든 곳에 이러한 분단과 분열이 나타났다. 미국이나 캐나다 동포 사회에서 1980년대 초중반에 고향방문 열풍이 불면서 방북하는 사람들이 생겨나기 시작했다. 양은식의 『분단을 뛰어넘어』 (1988)라는 책이 그 부산물이었다. 이 책은 미주 동포 사회가 친남한적인 사회만이 아니라, 그 사회 역시 민족 분열이 잠복해 있음을 입증해 주었다.

당시 민주평화통일자문회의 L.A.지역 협의회에서는 『미주 교포들의 통일 의식 구조』(1988)라는 소책자를 발간하였다. 이 책자에 따르면 1986년 4월부터 이듬해 9월까지 390명을 대상으로 여러 가지 질문을 통하여 재미 동포들의 통일 의식을 실시한 바 있다. 결론적으로 북한의 통일정책에 비해 남한의 통일정책이 더 잘 알려져 있고, 해외 동포 청소년을 대상으로 한 반공교육이 필요하다는 주장으로 모아졌다. 아무튼 재미동포 사회에서만 해도 느슨하게나마 두 개의 한국이 존재했고, 서로 경계하고 배척하는 일들이 존재해왔던 게 사실이다.

그런데 이러한 분단과 경계가 가장 극심했던 해외동포사회는 바로 일본의 재일동포 사회였다. 1990년대 초반까지만 해도 한국에서는 해외여권을 발급하기 위해서는 자유총연맹 기관이 개최하는 '소양교육'을 받아야했다. 한마디로 말해, 소양교육은 반공교육인데, 해외여행에서는 북한 사람 만나는 것을 조심하라는 내용이 골자였고, 특히 일본에서는 조총련 만나는 것을 극도로 경계하라는 얘기였다.

1991년 나의 일본 첫 여행 당시 소양교육의 효과는 자기검열로 작동하고 있음을 느꼈다. 동경 시내에서 만났던 개량한복 입은 여학생은 경계의 대상이었고, 행여 말을 걸어오면 어떻게 하나하는 불안감을 느끼게 했다. 나에게 재일조선인은 북한 사람과 거의 대동소이한 빨갱이로서 레드컴플렉스를 자극하는 존재였고, 경원의 대상이었다. 더 이상 재일조선인은 나에게 연민의 대상도, 관심의 대상도 될 수 없었다. 그런데 이상한 것은 나의 부모님, 조부모님도 해방이 되어 일본에서 한국으로 돌아온 귀환동포였던 것이다.

재일조선인의 문화적 자산인 민족교육의 위기

중학생 무렵 6 · 25 발발 시기에 즈음하여, 재일동포 학도병들이 한국전쟁에 참전했던 것을 배우며, 그들의 애국심에 뜨거운 동포애를 느꼈던 기억이 지금도 생생하다. 그런데 2002년 일본 리쓰메이칸立命館대학에서 열린 "아시아 평화와 인권 심포지엄"에서 당시 참석하였던 재일동포 할아버지 몇 분들로부터 1952년 일본에서 열린 반전평화

집회에 대한 증언을 듣고 엄청난 충격에 빠졌다. 당시 재일동포들은 한반도 전쟁을 반대하여 오사까에 있던 병기 창고를 기습하여 여러 사람이 구속되고, 다치는 일도 있었다. 60여만 재일조선인의 대다수가 오랫동안 우리 한국 사람들에게는 '북한사람'이라고 분류되며 관심의 지평에서 사라졌다.

그들은 1952년 미국과 일본 등간에 체결된 샌프란시스코협정에 의해 국적 없는 기호로서의 '조선적朝鮮籍'으로 남는 존재가 되었다. 재일조선인은 일제 강점기로부터 형성되어 대다수의 사람들은 해방 후 귀환을 하지만 해방 이후에도 간헐적으로 일본으로 건너갔다. 특히 제주도에서는 1948년 4·3항쟁의 피해자들이 숱하게 밀항선을 타고 도일을 했다.

해방되어 일본에 남은 사람들이나 해방 이후 일본으로 건너간 많은 재일동포들은 여러 가지 이유로 소위 '조총련계'와 인연을 맺게 되었다. 가장 중요하고 실질적인 이유가 자녀들의 교육 때문이었다. 1946년 당시 조선인학교는 529곳이었고 학생 수는 4만 2,000여 명에 이르렀다. 1948년 일본 정부는 조선인학교 폐쇄명령을 내렸고 이에 반대하는 '한신교육투쟁'이 일어나 급기야는 조선인 학생이 죽는 사건이 일어나기도 했다고 한다. 이후 1955년 조총련은 정식학교로 대우를 못 받고 있는, '각종 학교' 자격으로 '조선학교'를 설립했다.

그런 가운데 민족학교는 외국인, 특히 재일동포들을 극도로 차별해왔던 일본사회에서 수 만 명의 어린 학생들과 청년들에게 한반도의 역사와 문화, 언어, 민족의 얼과 자긍심을 가르쳐왔다.

냉전시대 그들은 틀림없이 친북적이었다. 냉정하게 따져 보면, 1960, 70년대 남북의 재일동포 사회에 지원한 교육지원금은 비교가 되지 않을 만큼 북한의 지원금이 압도적으로 많았다. 60년대 중반만 보면 북한의 지원금이 남한의 그것에 비해 20배 이상 많았고, 1950년대로부터 1970년대 초반까지 북한의 그것은 남한의 8배 이상이나 많았다. 그러한 분위기에서 재일동포들은 북측의 이러한 지원에 대해 감사하게 생각하게 되는 것은 자연스러운 귀결일 지도 모르겠다.

아무튼 1990년대 말까지 재일동포사회에 '민족학교'로 분류되는 학교가 160개교였고, 그 가운데 민단계로 분류되는 학교가 11개, 총련계 '조선학교'가 149개였다. 그랬던 것이 2002년경에는 120개로 줄어들었다. 특히 2002년 10월 평양에서 개최된 북일정상회담 이후 지금까지, 북한을 향한 대다수 일본인들의 적대감은 중세 마녀사냥을 방불케 하고 있다. 북한에 대한 적대감은 어린 재일동포 학생들을 향하여 쏟아져 나왔다. 치마를 찢기는 여학생, 놀림과 위협 속에서 이지메 당하는 아이들….

그런 과정에서 재일조선인들을 향한 적개감이 일본 동경의 민족학교를 겨냥해 왔다. 동경의 한때 쓰레기터였던 부지를 무상으로 빌려 1946년 1월 개교한 에다가와 조선학교인 '조선 제2초급학교(교장 송현진)'가 도쿄도 정부의 2003년 12월 반환 소송에 의해 문을 닫게 될 지경에 이르렀다.

그러나 그러한 사실이 알려지면서 "누구도 어린이들의 교육을 막을 수는 없다"는 목소리가 비등해져 한일을 가로질러 시민사회단체의 관심과 후원이 일어나게 되었다. 급기야 일본 법원은 3월8일 조선학교 측이 시가의 10%에 해당하는 1억 7,000만 엔으로 도쿄도 소유의 학교부지 4,000여 평을 매입토록 화해를 권고하면서, 지난 2003년 12월부터 끌어온 재판에 종지부를 찍었다.

그러나 재일동포의 교육 현실은 이것으로 다 해결된 것은 아니다. 어쩌면 냉전이 끝나고 있는 시점에서 일본 내 전국적으로 분포되어 있는 100

여개의 민족학교가 어떻게 살아남는가의 문제는 수 십 년 동안 냉전의 고립된 섬처럼 살아온 재일조선인들의 운명과도 비슷한지도 모르겠다.

남북 화해의 시대, 민족교육을 다시 생각한다

한반도 분단은 고스란히 국내외 모든 민족의 아픔과 상처로 남아 있다. 분단의 극복 방안은 통일이다. 그러나 제도적 통일 자체가 분열된 사람들을 하나 되게 만들어 주지는 않는다. 또한 제도적 통일이 되었을 때 비로소 사람의 통일을 위한 준비를 한다는 것은 갈등과 대립의 문제를 지연시키는 결과를 낳게 될 것이다. 사람의 통일은 마음의 통일이고, 서로의 차이, 존재 방식을 인정하는 통일이다. 이러한 통일을 가져오는 데에는 많은 시간이 필요하다.

그래서 우리는 교육을 생각하게 된다. 교육은 만병통치약도, 무소불위의 권능도 아니다. 다만 법·제도는 사람을 두렵게 만들 수는 있으나, 마음을 바꾸기는 어렵다. 반면에 일관성 있고, 지속적인 교육은 느리지만, 근본적으로 사람을 바꾸게 하는 효과를 갖고 있다. 그래서 많은 전문가들은 통일교육, 평화교육을 하지 않고는 남북의 기나긴 대결과 갈등구조를 해체하고 화해와 신뢰를 쌓는 터전을 만들 수 없다고 주장하는 것이다.

이제 재일동포들이 일본인들의 차별과 무시에도 불구하고 일궈온 민족학교는 그들만의 것이 아니라, 남북 모두의 것이며, 전체 해외 한민족의 다양한 문화의 일부이다. 이 민족학교야 말로 해외동포들의 분단을 극복하고 민족의 의미를 각성하고, 한민족의 미래를 밝힐 수 있는 강력한 도구이며 한민족 정체성의 일부이며, 다문화시대 다문화의 표상이다. 민족학교의 터전에서 자라난 미래 역량들이 한반도 청년들과 더불어 동북아를 넘어 세계 무대를 누빌 날을 상상해 보라. 동경에서 부산으로, 다시 서울로 평양, 신의주로, 시베리아를 횡단하여 유럽으로 뻗어나가 세계 청년들과 어깨를 견줄 청년들의 기상이 아름차지 않는가.

〈국정브리핑 2007.5.22〉

프로메테우스의
'불'과
핵문제

문명과 금기의 상징,
프로메테우스

어린 시절 겨울밤이면 그리스신화를 종종 읽었다. 그리스신화를 읽으며, 우주와 인간에 대한 수수께끼를 풀어나갈 수 있었다. 그 많은 이야기들 가운데 경이로웠던 것의 하나는 제우스의 불을 훔친 프로메테우스와 관련된 이야기였다. '미리 안다'라는 뜻을 가진 프로메테우스는 불과 금속문명을 훔쳐 인간에게 선물한 이유로 제우스의 노여움을 사, 날마다 독수리에게 간을 쪼아 먹이는 천벌을 받은 신이다. 그 후 인간에게 불이 허용되는 대신 '판도라의 상자'가 주어져 인간은 불과 동시에 인류의 온갖 재앙을 떠안고 살게 되었다고 한다. 이 신화는 수많은 사람들에게서 사랑을 받았고 오늘날에도 회자되고 있다.

프로메테우스가 훔친 불은 문명과 재앙의 이중체계를 가졌다. 또한 그것은 당대 최고의 지식이고 과학이며 금단의 지식이자 과학이고 나아가 최고의 선진 문명으로 독해되었다. 그 불은 한때는 철기문명으로, 또 한때는 산업문명으로, 또 한때는 정보문명으로, 현재는 생명과학쯤으로 보면 되지 않을까 싶다.

그렇다면 프로메테우스는 누구일까? 그는 존재이기도 하고 지식 그 자체이기도 하다. 역사 속에서 수많은 프로메테우스가 명멸했다. 비근한 예로 서구에서 기독교 신이 금지한 주장인 '지동설'을 설파한 갈릴레이, 우리 역사상의 프로메테우스로 유명한 이는 원나라가 금지한 면 문명을 훔친 문익점을 들 수 있다. 최근 현대판 문익점으로 자칭했고, 자연의 영역인 생명 복제의 꿈을 현실화시키려는 과도한 야망 속에 몰락의 길을 자초한 황모 교수도 그 반열에 들 수 있을까?

다른 차원의 프로메테우스와 불도 있다. 인류를 절멸시킬 수 있는 막강한 지식과 과학을 우주로부터 훔친 이들도 있다. 즉 원자력의 꿈과 지식을 발견한 과학자들, 아인슈타인이나 오펜하이머와 함께 원자탄을 만든 2,500여 명의 과학자들은 당대 최고의 과학적 지식을 원자력과 대량살상무기로 바꾸어놓았다.

핵은 20세기를 풍요와 전쟁이라는 극단의 시대로 만들었고, 21세기도 여전히 진행되고 있다.

핵의 양면성

핵은 근본적으로 원자력과 핵무기라는 이중성과 양면성을 갖고 있다. 인류에게 최고의 문명과 함께 최악의 불행을 가져온 핵을 선점한 미국은 구 소련과 중국, 영국, 프랑스 등이 이 문명을 갖게 되자, 더 이상(理想)의 확산을 막고 최선진국들만 그 과학과 무기를 독점하기 위해 핵비확산체제NPT를 만들게 되었다.

그로 인해 NPT체제는 태생적 모순을 갖게 되었다. 그 모순은 계속 확산되었다. 인도가 핵무기 실험에 성공하게 되자, 미국은 파키스탄이 핵무기를 갖는 걸 허용하게 되었다. 급기야 강력한 반미의 중심, 악의 축 국가들의 섬나라인 이스라엘이 핵무기를 갖도록 허용한 것은 모순의 극치가 되었다.

또한 이미 잘 알려진 대로 한반도 남쪽에 1950년대 후반에 미국의 핵무기들이 배치되었고, 그러한 사실이 1960년대 후반 미국의 군사전문지에 공개되었다. 그 사건이 계기가 되어 북측은 핵의 이상을 꿈꿔왔다고 알려졌다.

한반도 남과 북은 1970년대 모두 핵에 골몰해 있었다. 박정희 정부 시절에는 원자력의 장점이 널리 홍보되기 시작했고, 중, 고등학교 교과서와 각종 입시시험에도 그것이 등장하였다. 박정희 대통령의 이상은 김진명의 『무궁화꽃이 피었습니다』로 소설화되었다.

같은 시기 북측은 그들이 가진 풍부한 양의 천연우라늄을 바탕으로 한 원자력의 가치를 강조하며 소위 '대체에너지'산업의 확대일로로 갔다. 그 결과가 1993년 1차 북핵 위기로 가시화되었다.

한편 1990년대 초 세계적 탈냉전으로 세상에는 곧 평화가 수립될 것 같았다. 군축의 이상이 미소핵군축합의로 나타났고, 구소련이 주변국가에 배치한 핵무기를 철수하게 되자 미국도 1992년에는 한반도 남측에 배치했던 핵무기를 철수하게 되었다.

아직도 우리는 정확하게 한반도의 핵무기의 진상을 알 수 없다. 북한과 미국과의 핵 공방이 1994년 10월 북미기본합의서로 일단락되는 듯 했다. 그런데 1998년의 금창리 핵시설 의혹으로 다시 핵소동이 일어났고, 2002년 농축 우라늄 문제가 불거지며 결국 1994년 북미기본합의서가 휴지조각으로 되고 말았다. 북한에게 돌아온 말은 '악의 축'이었다.

강대국에게 핵은 평화인 반면, 약소국에게는 무기라는 이중 잣대의 원칙을 적용시킨 전형적인 예라고 할 수 있다. 비록 핵무기를 인류를 향하여 사용해본 나라는 지금까지 미국, 한 나라밖에 없지만.

비핵화와 군비축소야말로
핵의 재앙을 막을 수 있다

나는 핵을 반대하는 사람이다. 근본적으로 핵은 이중성, 양면성을 갖고 있기 때문에 무기로서의 핵뿐만 아니라 평화로서의 핵도 반대한다. 단순하게 얘기하면 석유자원을 대체할 수 있는 원자력의 부산물이 핵무기의 재료가 될 수 있다는 점에서 핵무기와 원자력은 동전의 안팎이라고 할 수 있다. 따라서 모든 평화적 이용으로서의 원자력발전소에 대한 칭송을 거절한다.

또한 내가 가진 핵은 평화이며 적이 가진 핵은 무기이라는 논리도 거절한다. 이제야 2차 세계대전을 핵무기 몇 방으로 종식시킨 것에 대해 아무런 의구심을 보내지 않았던 나(우리)의 지식체계를 부끄럽게 생각한다. 2차 세계대전 당시 독일의 나치 부대를 당시의 재래식 무기와 수많은 군인들의 힘에 입어 무찔렀다. 그런데 가미가제 특공대로 간신히 명맥을 잇던 항복 직전의 일본군국주의를 향해 세계 최강의 미국부대가 원자탄을 투하했던 것은 핵무기 실험에 다름 아니었다. 사실 미국은 1945년 8월 6일, 히로시마 원자탄 투하 3주 전에 원폭 실험을 했을 뿐이다(스티븐 워커의 『카운트다운 히로시마』 2005). 미국은 전쟁의 최종 승리라는 결과밖에 원자탄의 결과나 방사능의 대재앙 등에 대해서는 전혀 알고 있지 않았다. 21세기 일본도 미국의 핵우산 아래에서 핵무기를 갖는 것은 시간문제일 뿐이라고 한다.

가진 자의 논리로써 못가진 자를 구속하는 모순적인 논리를 근본적으로 안고 있는 NPT체제는 출범으로부터 수많은 악의 축 국가, 불량국가 등을 낳을 수밖에 없게 되어 있다. 핵으로써 핵을 제압하려 하지 않고, 평화로써 핵을 제압하려 한다면 핵을 가진 자가 먼저 핵을 내놓을 수밖에 없다. 핵협상이 이런 정신에 기반 하지 않는다면, 어렵더라도 힘의 논리로 미봉책을 내놓을 수는 있으나 현실적으로 그 미봉책은 그림의 떡이 되기 십상이다.

북핵과 관련한 6자회담은 동북아와 세계 평화를 위한 헌장을 만들 수 있다. 그 헌장에는 참가국 모든 나라의 비핵화의 실현과 군축의 정신과 실천방법이 제시되어야 한다. 그러한 6자회담의 결과야 말로 한반도에 되돌릴 수 없는 평화를 실현시킬 수 있다. 나아가 한반도 허브의 꿈을 현실로 만들고, 한반도 번영과 발전을 기반으로 한 동북아 평화 공동체의 이상을 실현할 수 있다.

프로메테우스의 꿈, 문명을 향한 꿈을 독점하려 하는 한, 이란이건, 북한이건, 리비아건, 남아프리카공화국이건, 끊임없이 이단아 프로메테우스가 등장할 수밖에 없다. 원하는 자는 모두 다 불을 사용하도록 하던지, 모두가 갖지 않고도 행복한 길을 찾던지.

현재는 이란의 핵문제에 관심이 쏠려 있지만, 조만간 다시 북핵이 도마위에 오를 것이다. 북핵문제를 해결하기 위한 6자회담은 머지않아 재개되어야 하고 재개될 것이다. 모든 핵협상은 비핵화와 군축회의로 바뀌어야 한다. 프로메테우스의 불에 빗대어 핵문제 해결에 거는 원칙과 희망을 독백해 본다.

〈국정브리핑 2006.2.17〉

북한에 대한
인도적 지원이
왜 필요한가

2006년 여름 홍수와
인도적 대북지원

2006년 7월 한반도에는 엄청난 비가 퍼부었다. 남녘의 홍수와 태풍의 피해도 엄청난 것이지만, 북녘에는 대략 4,000여 명이 한 달도 안 되는 시간에 사라졌다고 한다. 돌아보면 1995년 북한이 말하는 '큰물'이 들어 온 땅과 산, 도로와 철도가 수마에 휩쓸려 나갈 때도 죽은 사람이 100여 명—물론 엄청나지만—이었던 것을 생각하면 이번 피해자의 규모는 어마어마하다고 말할 수밖에 없다.

1995년 이래로 연거푸 3년간의 천재지변과 에너지난, 식량난으로 북한은 일대 위기에 빠져 이후 수십 만 명이 기아와 영양실조에 따른 각종 질병으로 사망에 이르렀고 수백 만 명이 영양실조에 빠졌다. 또한 영유아들의 영양 상태는 빈약하기 짝이 없어, 통일후세대들로서 민족의 미래를 짊어져 나갈 수 있을 지 우려가 될 정도이다.

한편 이번 홍수로 4,000여 명의 피해자를 낳은 것은 지난 10년간 북한이 원래 구조적으로 안고 있는 각 방면의 문제점과 1995년 이후 피폐

화된 사회간접시설을 전혀 복구하지 못한 탓으로 보인다. 그 문제와 남북 관계, 북미관계, 북핵 문제나 미사일 문제 등에 대해서는 이글에서 구체적으로 언급하지 않겠다. 아무리 국제 관계가 북한에게 불리하다고 하더라도, 북한도 정상적인 국가로서 짧은 기간 홍수로 그만한 숫자의 인명을 잃어버렸다면 최고책임자들에게 책임을 묻지 않을 수 없을 것이다.

우리겨레하나되기운동본부 홈페이지

아무튼 2003년 2월 참여정부가 출범한 이래로 남북관계에서 새로운 전기, 즉 평화체제의 성립을 가져오지 못한 결정적인 이유가 북핵 문제 때문이라는 점은 주지의 사실이다. 그때로부터 2005년 9·19베이징선언을 낳기까지 참여정부가 부심한 과정을 남북문제 전문가의 한 사람으로서 보자면, 참을 인(忍)자 한 마디로 요약할 수 있다.

그러던 차에 7월 5일 북한의 미사일 발사 문제로 북한에 대한 배신감과 국제적 관계에서의 곤혹감을 느낀 것으로 짐작되는 정부 당국과 통일부가 쌀과 비료 지원을 유예하겠다고 선언하기에 이르렀다. 국민의 한 사람으로서 정부의 이 같은 결정에 대해 이해할 수 있다. 그러나 과연 진정한 국익이 무엇인가를 생각하지 않을 수 없는 대목이 있다. 차라리 이번 북한의 수해는 안타깝기는 하지만 어색해진 남북 관계를 풀 수 있는 호기일 지 모른다. 마침 이번 수해에 대해 정부 당국에서는 민간단체를 통하여 우회적으로나마 수해 지원을 할 것으로 보여 그 결정이 오늘, 내일 발표될 것으로 보인다.

인도적 대북 지원은
퍼주기인가

그런데 이즈음 과연 인도주의적 대북 지원의 의미가 무엇인지 생각하지 않을 수 없다. 우리는 왜 북한에 대한 인도적 지원을 해야 하는가? 현재 국민의 정서 속에서는 10년 동안의 '퍼주기 논쟁' 속에서 북한에게 퍼주는데 지쳤다는 인상이 짙고, 우리 문제도 급한데 북한의 수재 문제의 진상에 대해서는 관심을 가질 여유도 없다는 분위기가 강하다.

최근 가시적으로는 퍼주기 논쟁은 잠복되어 있으나 정부 당국에서는 퍼주기에 대해서 신경을 많이 쓰는 것으로 보인다. 지난 7월 하순 모 방송 프로그램에 출연했던 이종석 통일부장관이 "우리가 과거에도 무조건 퍼준 것은 없다"고 전제한 뒤 "끊임없이 긴장 완화 노력을 했고 그 과정에서 북한을 지원한 것은 사실"이라고 지적한 것도 이러한 배경 때문이다. 그러나 정작 국민의 정부 이래로 최근까지 우리 정부가 북측에 지원한 금액을 국민 일인당으로 따지면 1만원 남짓이다. 우리가 수재의연금이건 불우이웃돕기성금과 같은 직접적 나눔비용과 간접적 나눔비용을 따져도 연간 최소 1만원은 넘지 않을까 싶다. 그런데 5년여 동안 1만원 남짓이라면 퍼주기라는 말을 사용하는 것이 부끄러울 지경이다.

그럼에도 불구하고 수구보수언론을 포함한 수구보수세력에 의해 주도된 퍼주기 주장은 국민들 사이에 상당히 파고들어 있는 듯하다. 금강산 관광만 해도 그렇다. 많은 일반인들은 현대가 북한에 무진장 퍼주기를 하며 금강산 관광사업을 하고 있다고만 생각하고 있다.

그러나 냉정하게 실상을 들여다보면 다른 관점이 보인다. 만일 제주도에 침을 흘리고 있는 일본이나 중국 사업가에게 제주도의 서귀포를 빌려준다는 것을 상상할 수 있을까? 우리는 제주도 서귀포가 가진 관광 이상의 가치를 잘 알기에 아무리 서귀포를 세계 최고 수준의 지역으로 발전시켜 준다고 해도 천문학적인 가치를 보상받지 않고는 빌려주지 않을 것이다. 금강산도 그렇다. 금강산의 가치도 관광 이상의 의미가 있다. 일제강점기 전후부터 중요한 군사 기지였고 동해안의 천해 항만이다. 그곳을 식민시대도 아닌 상태에서 다른 나라에 빌려준다면 얼마만한 가치를 치러야 할까? 대답이 필요 없을 듯하다. 시장가격이 형성되지 않는 문제이므로 필요로 하는 사람은 소유한 사람이 원하는 보수를 치를 수밖에 없다. 그러므로 금강산 사업에서의 적자 여부는 해당 기업의 경영 사정이다. 오히려 현대는 금강산 관광 사업으로 인해 세계적 주목을 받아 엄청난 광고효과를 누렸다.

인도적 대북 지원의
실사구시적 의미

　　　　　　따라서 퍼주기 논쟁은 현재 우리에게는 소모적일뿐이다. 그렇다면 이제 인도적 대북 지원이 어떤 가치를 가지고 있는가를 냉정하게 살펴봐야 한다.

　인도적 대북 지원은 우선 인권국가로서의 대한민국의 지위를 세계 무대에서 확실하게 인식시켜 발언권을 높이고 있다는 점에서 중요성이 있다. OECD국가로서 GDP에서 일정 부분을 반드시 제3세계 지원와 개발에 사용하도록 되어 있는 현재 국제 질서에서 한국은 인도적 대북 지원을 함으로써, 제3세계 지원에 대한 약속을 이행할 뿐만 아니라, 북한 문제에 대한 가장 많은 지원을 하는 국가로서 평가받게 되었다. 또한 이러한 연장선상에서 미국이 2004년 10월 '북한인권법'을 발표했음에도 불구하고 북한에 대한 인권 상황 개선에는 대단히 소극적인데 반해 한국은 지속적인 대북 지원을 통하여 한반도 문제에 대해 발언권을 확보할 수 있게 되었다. 그 결과의 하나로서 한국의 주도하에 2005년 9·19베이징 성명서를 채택할 수 있었다.

　둘째, 인도적 대북 지원은 남북 관계에 화해와 신뢰를 진작시킨 힘이다. 과거 냉전시대 '인도주의'는 정치적 수식어였던 측면이 강했다. 내가 하면 인도주의이고 네가 하면 정치적 술수로 평가되었던 시대는 지났다. 이제 정치는 정치의 논리로, 인도적 지원은 지원의 방식으로 풀어야 할 시대가 되었다. 이것이 진정한 의미에서 탈냉전의 정신이자, 실사구시적 정신이다.

　2000년 6·15남북공동선언 이래로 남북경협이나 대북지원, 민간교류는 보다 더 활성화되었다. 그러나 남북 관계에 있어서 정치적으로는 단절과 냉각, 활성화를 반복하고 있다. 가장 큰 위기는 2004년 7월 말 한국

정부가 대량의 탈북자 467명을 입국시킨 사건으로 빚어져 1년 정도 남북의 정치적 대화는 공식적으로 중단되었다. 그러나 그런 과정에서도 남북의 의사소통을 가능하게 했고, 군사적 긴장을 완화시킨 것은 민간 차원의 교류와 인도적 지원이었다.

셋째, 인도적 대북 지원은 남북경협을 활성화시키는 원동력이다. 남북경협 문제가 한미FTA 문제에 있어서 하나의 쟁점이 되고 있는 것은 민족적 가치 때문이 아니라, 철저하게 경제적 가치 때문이다. 앞으로 남북경협이나 개성공단은 남한의 중소기업이 죽지 않고 활로를 찾아나가는데 메카가 될 터이다. 경협에 중소기업이 참여하는 여러 가지 요인 중에 하나는 북한이 확보한 양질의 노동력 때문이다. 그런 양질의 노동력은 어디서 나오는가? 못 먹고 못 배우는 환경에서는 양질의 노동력을 만들어 내기 어렵다. 남북의 공통점 중의 하나는 교육에 대한 많은 투자가 아니던가? 남한에 비한 북한의 교육적 특징은 가족의 전폭적인 지원에 의해서만이 아니라 국가에 의한 사회복지의 일환으로 교육이 이루어져왔다는 점이다.

최근 인도적 대북지원이 의료사업이나 교육사업에 초점이 맞춰졌던 점을 주목해야 한다. 영양부족으로 인한 허약한 체질을 근본적으로 바꾸지 않고, 교육기재자나 자금의 부족으로 취약해진 교육환경을 바꾸지 않고는 지속적인 양질의 노동력을 확보한다는 것은 가능하지 않다. 의도했건 않건, 결국 인도적 대북지원은 남북경협의 성공부의 관건이 된다.

넷째, 가장 중요한 문제는 인도적 대북지원은 결국 평화통일을 위한 투자라는 점이다. 10년 동안 어렵게 민간단체에서 견인해온 인도적 지원이 미사일 정국으로 인해 끊긴다면 결국 우리의 평화통일의 길은 더욱 요원해 질 것이다. 평화통일은 긴장되어 가고 있는 동북아와 세계 정세 속에서 우리 민족의 21세기 성공의 중요한 방책이다. 인도적 지원은 한반도에서 전쟁의 긴장감을 없애나가며 평화를 정착시키는데 중요한 역할을 해오고 있다. 나아가 현격한 격차가 나고 있는 경제적 상황을 완화시켜 한반도 통일을 준비하는 길이다.

　이제 인도적 대북 지원이 퍼주기라는 인식을 탈냉전적 실리주의 인식으로 바꿀 필요가 있다. 하나를 버림으로써 열을 얻는 길인데, 왜 이 길을 피하겠는가? 통일은 당위의 길도, 진보주의자의 주장도 아니다. 21세기 신자유주의의 거친 격랑 속에서, 중국의 경제력과 정치력은 커져만 가고 일본의 군국주의적 재무장의 주장도 커져가고 있다. 사실상 대국에 포위된 섬과도 비슷한 한반도가 남북으로 갈라져 대국들에 좌지우지 당했던 20세기의 운명에 계속 처해 있겠는가? 이것이 우리가 인도적 대북 지원을 체계적이고 지속적으로 해야 하는 이유이다.

〈국정브리핑 2006.8.9〉

통일환경 구축을 위한
교류 · 협력
정책과제
−'손해 보는 장사' 아닌 대북 인도적 지원

제17대 이명박 대통령 호의 출범을 앞두고 새로운 많은 기대와 함께 우려감이 커지고 있다. 특히 대북정책과 남북통일 전망에 먹구름이 끼고 있는 것이 아니냐는 불길한 징조들이 나오고 있다. 그 가운데에도 국가예산과 직, 간접적으로 관련이 있는 대북 인도적 지원의 규모와 폭이 훨씬 줄어들게 될 것이라는 추측성 소문이 무성하다. 실제 지난 1월초에는 대북 지원 단체들 가운데 여러 곳이 감사를 받았다고 한다. 이러다가 통일부도 문 닫고, 남북관계도 소강상태에 접어드는 것이 아닌가 하는 위기감에 지난 1월 18일에는 대북협력민간인단체협의회는 긴급기자회견을 한 바 있다.

2006년 대북원조액
GDP의 불과 0.03%

1995년 북한이 국제 사회에 구원의 손을 내민 이래로 2007년까지 북한은 과거 어느 때보다도 많은 변화를 거치고 있다. 비록 대북 지원 사업이 '퍼주기논쟁'에 휘말려 종종 구설수에 오르기

도 했으나, 북핵문제로 인해 남북관계가 뜸해지거나 간혹 급속하게 냉각
될 때, 남북간의 대화 채널로 착실히 역할을 해 왔던 것이 대북 인도적 지
원 단체들이었다. 1990년대 중, 후반 대북 지원 민간단체들이 지원물품
을 가지고 북한에 갔을 때만 해도 거만하기 짝이 없던 북한 당국자들이
2000년 이래로 차츰 겸손해지고, 간혹 솔직하게 자신의 현실과 문제들을
고백하며 요구사항을 진솔하게 털어놓는 변화를 보이고 있다. 이게 바로
불신을 넘어 신뢰를 쌓아가는 변화가 아니겠는가. 사람의 변화는 아래로
부터 체제를 변화시키는 조건이 됨을 잊어서는 안 된다.

한편 지난 1995년부터 2006년까지 12년간 정부 및 민간차원 무상지
원 총액은 17,837억 여 원은 2006년 한해 명목GDP의 847조 8,764
억 여 원의 0.2%에 불과한 금액이다. 2006년 한해 대북 지원 총액은 같
은 해 명목GDP의 0.03% 남짓하다. 한편 OECD 국가의 1인당 소득
GNI 중 정부원조 비중은 평균 0.33% 수준인데 우리나라의 해외 원조비
중은 0.10%로서 상당히 낮지만, 대북 지원은 그것에도 훨씬 더 못 미치
고 있는 게 현실이다. 한국도 장기간 해외의 지원과 원조에 의해 배고픔
을 극복했고 이만한 경제 성장을 이룩한 나라로서 다른 나라도 아닌 제 민
족 도와준 것에 대해 조금은 겸손할 필요가 있다.

이제 햇볕정책 10년이 되는 해, 새 정부 출범에 앞서 남북의 번영과 통
일 지향적 대북 인도적 지원에 대한 성찰과 제안을 하고자 한다.

국가간 또는 사회간 지원은 지원자와 피지원자 간의 상생을 가능하게
하는 방법이다. 흔히 지원은 일방적 희생과 헌신으로 생각하는 경향이 있
다. 심리학적이나 사회문화적 측면에서뿐만 아니라 지원은 경제적 측면에
서도 중요한 의미가 있다. 지원을 통하여 피지원자의 구매력, 노동력 등
을 회복시키게 되어 지원자에게 당장은 손해인 것 같지만 중장기적으로는

커다란 실익을 줄 수 있다. 쉽게 말하여 인도적 지원은 빈 펌프에 물을 끌어올리기 위한 '마중물'이라고나 할까?

인도적 지원은 남북 모두에게
중·장기적 이익

한국전쟁 이후 한국에 원조라는 장기간의 마중물이 투여된 적이 있다. 미국의 대한 원조가 그것이 아니겠는가? 해방 이후 미국의 대한 원조는 계속되어 전시 구호물자로 대표되는 인도적 지원이 1950년대 한국을 먹여 살렸다고 해도 과언이 아니었다. 그런데 2007년 한국은 미국과 FTA를 체결하게 될 만큼 한국 경제는 미국 시장뿐만 아니라 세계 시장에서도 무시하지 못할 위상이 되었다. 미국의 입장에서 본다면 1950년대 한국에 대해 퍼주기(?)를 한 결과 미국 시장에서 중요한 위치가 된 것이 아니겠는가? 그래서 미국은 1980년대 한국을 '한강의 기적', '아시아의 4마리 용'으로 부르면서도 미국 자신의 공로를 잊지 않고 강조했다.

하물며 남북의 특수한 민족관계에서 인도적 지원은 과연 누구를 위한 지원이라는 말인가? 좁게 생각하면 그야말로 동족애를 발휘하여 굶주리고 헐벗은 같은 민족의 일원을 도와준 것이고 좀 더 넓게 생각하면 인류애를 발휘하여 생사의 기로에 선 사람을 구해준 것이라고 할 수 있다. 그런데 지원을 경제학적으로 살펴보면 햇볕정책Sunshine Policy의 정신처럼, 취약해진 북한 경제의 바탕에서 노동력과 구매력을 증진시켜 북한의 변화를 아래로부터 가져오도록 하여 남북의 경제적 격차, 제도적 격차를 좁혀나갈 수 있는 가장 자연스럽고 확실한 대안이다. 그런 점에서 볼 때, 단기적으로는 북한 주민에게 더 큰 이익이 될 수 있겠지만, 중장기적으로는 남북 모두에 이익이 될 뿐만 아니라, 경우에 따라서는 남측에 더 큰 이익이 될 수도 있다.

따라서 인도적 지원은 지원자의 도덕적, 양심적 행위에만 기초하는 것이 아니라, 도덕적 명분을 쌓으면서도 쌍방 모두 경제적 실익을 얻을 수 있는 것이므로 누구에게도 손해가 아니다. 그러기에 퍼주기주장이야말로 근시안적, 단기적, 비경제학적 주장일 수밖에 없다.

1950년대 미국의 대한 원조는 밀가루, 설탕, 의류 등과 같은 직접 소비할 수 있는 소비재가 주종을 이루었다. 만일 우리에게 편하게 쓸 수 있는 소비재가 계속 지원되었다면 우리에게 오늘과 같은 미래가 있었을까? 또한 배부르게 먹었더라도 마음으로는 지원자에게 욕을 했을지도 모른다. 또한 영원히 일방적인 지원만 한다면 그것은 지원이 아니라, 노예화이다. 주지하듯 진정한 지원은 상대방을 예속시키는데 있는 것이 아니라, 자활하도록 돕고, 머지않아 상호 협조할 수 있는 체계와 정신을 만드는 데 있다.

북한 개혁·개방 촉진시킬 경협과 인도적 지원의 확대

2000년대 들어 "물고기가 아니라, 낚시대"를 지원하자는 주장들이 대북 지원 민간단체들 사이에서 나왔다. 북한에서도 쌀 지원보다도 비료 제공이나 차라리 기존의 비료공장을 가동하고 재건하도록 도와달라고 호소하기 시작하였다. 실제로 지원품목이 쌀, 담요, 분유, 식용유, 라면, 의약품 등에서 비료, 농기계, 농자재, 씨감자, 의료설비, 농업용비닐 등으로 바뀌고 있다. 뿐만 아니라 여러 대북 지원단체에서는 아동급식용 콩우유공장이나 빵공장, 국수공장, 학용품공장 등으로 사업을 확장해 나가고 있다. 이러한 인식과 정책이 바로 긴급구호성 지원에서 개발원조 정책으로의 방향 전환이다.

예컨대 빵을 지원하는 것과 빵공장을 지원해 주는 것은 어떤 차이가 있을까? 빵은 한 번 먹어버리면 그만이지만, 빵공장과 기계 설비 공여는 남북 간의 지속적인 관계를 파생시켜 나가는 조건이 된다. 남측의 기계와 자재, 기술, 기술자, 북측의 노동자들의 지속적인 결합 과정에서 북측 노동자들은 자연스럽게 남측의 기계와 일하는 방식, 기술 등에 적응하게 된다. 그 결과 빵과 같은 긴급구호품을 지원하는 것은 일회적이지만 사회간접자본을 지원하는 개발원조는 남북경협과 유사한 효과로 이어지면서 자연스럽게 남북 경제 통합의 과정으로 진입하게 된다.

작년 12월 초 뉴스에서 알려졌듯, 세계식량계획WFP 랄프 쥐드호프 대변인은 지난 1일 "독일과 노르웨이 등 유럽국가들이 대북지원에 잇따라 참여함에 따라 내년 5월까지 대북지원 목표액 1억 223만 달러의 50%에 이르는 5천 95만 4천 달러(11월 27일 현재)가 모금됐으며, 앞으로 대북 식량지원에 동참하는 국가가 계속 늘어날 것"이라고 전망한 바 있다.

또한 금년초 유럽연합은 북한의 양질의 노동력을 호평하며, 북한과의 경제협력을 증대시킬 계획도 밝혔다. 대북 인도적 지원에 있어서도 유럽연합은 1995년 대북 지원을 시작한 이래 가장 일관성 있고 지속적으로 북한을 지원해 왔다. 그래서 유럽연합은 1997년부터 2003년까지 북한에 총 2억 3,100만 유로의 식량을 지원하였다. 세계식량계획을 통한 식량 지원 이외 자체 프로그램이나 민간단체를 통해 북한에 식량을 지원하고 있는 EU는 특히 민간단체를 통한 대북 식량지원 방식을 취하고 있다. 그러한 민간단체에는 CESVI(이탈리아), Concern(아일

랜드), Children's Aid Direct(CAD, 영국), Action Contra La Faim(ACF, 프랑스), MSF(프랑스), Triangle(프랑스), German Agro Action(독일) 등이 있다. 유럽연합의 대북 식량 지원 중 2/3은 단순 식량지원이며 1/3은 농촌개발, 비료지원, 협동농장 개선을 위한 시범 프로젝트 및 기술지원으로 구성되어 있다.

이러한 사실은 북한의 외교 관계와도 같이 가고 있다. 2000년대 들어 유럽의 영국(2000), 이탈리아(2000), 네덜란드(2001), 벨기에(2001), 스페인(2001), 독일(2001), 룩셈부르크(2001), 캐나다(2001) 등과도 수교하였다. 본격적인 시장의 개방까지 가기엔 시간이 걸리겠지만, 1970년대 북한이 대외교류를 확산시킬 초기 단계에서 석유파동을 맞아 안으로 움츠려 들게 되었던 것을 생각해 볼 때, 북한이 세계 무대로 나갈 수 있도록 하는 데에는 대외 경협과 함께 대북 인도적 지원이 한몫을 단단히 할 것으로 예견할 수 있다.

북한인권 문제의 첫걸음은
경제난 해소

한국의 입장에서 볼 때, 북한의 개발 원조나 경제 회생을 일국이 전담하는 것은 거의 불가능에 가깝다고 할 수 있다. 교훈적으로 볼 때, 서독이 동독을 흡수통일하고 한 후, 휘청거렸던 사실을 기억해야 한다. 북한 주민을 제대로 먹여 살릴 수 있고, 남북 경제 공동체로 나가게 하기 위해서는 다양한 국제기금이 적절히 투입될 필요가 있다. 국제 개발 원조 기금이 투입되기 위해서도 북한의 개방은 필수조건이다.

한국의 경제력은 세계 10위를 넘나들고 있다. 경제력이 이만큼 크기까지 한국민들의 피땀 어린 노력과 함께 외국의 인도적 지원과 원조가 있었던 것을 잊어버리는 것은 올챙이 적을 잊어버린 개구리격이다. 역사는 반드시 일직선 방향으로 진화되는 것이 아니라 나선형을 그리고 있다. 음지가 양지되고 양지가 음지되는 것이 세상의 이치가 아닌가 싶다.

건국 60년은 사실상 분단정부 수립 60년을 의미한다. 분단은 남북 사회에서 엄청난 질곡이고 한계로 작용했지만 좁게 보면 냉전시대 남북의 경쟁적 관계가 급속한 경제 성장에 이바지했다고 말할 수 있다. 그러나 넓게 보면 분단은 치르지도 않아도 될 천만금의 분단비용을 치르게 했다.

더욱이 분단은 한반도의 지정학적인 분단만이 아니라, 남한을 '섬 아닌 섬'이 되도록 강요했다. 비행기나 배가 아니면 도로나 철길로는 남한을 한 발자국도 벗어날 수 없도록 함으로써 지난 60여 년 동안 남한은 '반도' 국가가 아니라, '섬'이 되었다. 우리는 섬으로 위치지어지지 않았지만 섬을 강요당했던 것이다. 이러한 기형적 섬을 벗어나기 위한 노력이 시작된 지 불과 얼마 되지 않았다. 60년을 이렇게 산 것도 억울한데, 우리의 후손에게도 대를 이어 분단비용을 치르고, 기형적 섬에 살도록 하는 업을 물려줄 수는 없다.

이러한 분단비용은 한반도 주민의 인권적 상황에 위기를 야기시키는 조건으로 작용할 수밖에 없다. 경제력이 클 때에는 나눌 수 있는 떡의 크기가 일정한 정도 보장되어 비인권적 상황이 감소될지 모르지만, 분단체제 하에서 분단비용, 사실상의 군사비가 유지 또는 증대되는 형편에서는 경제적 상황이 어려워지면 인권적 조건이 우선적으로 위협 당하게 됨을 지난 역사에서 배울 수 있다. 특히 1990년대 북한의 경제난이 이러한 문제를 단적으로 보여주는 것이다. 결국 한반도의 완전한 평화, 통일이야 말로 한반도 주민을 행복하게 만들고 평화롭게 살 수 있도록 하는 제일의 조건이다.

정치적 단서는
인도주의의 가장 큰 적

이런 관점에서 볼 때, 현재의 대북 인도적 지원은 북한 주민의 생명권을 보장하는 적극적인 방식이고, 인권을 회복시키는 길이며, 나아가 한반도 평화통일로 나아가는 길이다. 인도주의 앞에는 좌도 우도, 적도 아도, 그 구분이 없다고 했다. 이제 탈냉전 화해의 시대, 대북 인도적 지원은 한반도가 새로운 평화 시대로 접어들 수 있도록 하는 열쇠이자 시금석이다. 정치적 단서가 붙는 한, '인도주의'는 설 자리를 잃는다. 또한 대북 인도적 지원은 도덕적 명분만을 쌓는 손해 보는 장사가 아니라, 경제적으로도 남북이 상생할 수 있으며, 북한으로 하여금 개방의 길로 나갈 수 있도록 하는 가장 자연스러운 길이다. 진정한 인도주의 앞에 적(敵)은 없다.

〈통일한국 2008년 2월호〉

한반도
민중의 눈으로
북핵 문제를 보라

      10월 9일 북한의 핵실험과 그 이후의 진행과정을 보는 마음이 착잡하기 그지없다. 지난 8월, 북한 민화협 관계자를 만나 선군정치와 핵억지력을 통한 한반도 평화론을 들었고, 토론 과정에서 7월 미사일 실험 발사에 이어 새로운 무언가가 나올 것이라는 암시를 받았다. 선군정치의 위력을 강조하면 할수록, 평화가 멀어진다는 진리를 모르는 그들에 대해 답답함을 누르기 힘들었다.

  핵실험 후 신문, 방송은 연일 핵실험 관련 보도가 톱뉴스로 나오고 있다. 미국의 대북봉쇄정책의지는 너무도 단호하여 한발의 양보가 없을 기세이며 곧 이어 미국은 유엔에서 대량살상무기확산방지구상PSI도 관철시키는 데 타협의 여지가 없는 분위기이다. 여느 때나 다름없이 한국에서는 PSI에 한국정부도 참여해야 한다, 안 된다는 설전이 여야 간에, 진보-보수세력 간에 이전투구식으로 벌어지고 있다. 미국 부시대통령은 인민을 굶기는 정권은 사실상 붕괴되어야 한다는 취지를 담은 북한 정권 교체설을 주장하고 있다. 한 술 더 떠, 미국의 추가적 대북 제재 방식은 어떨 것이며, 북한의 붕괴 방식은 어떨 것인가 하는 얘기들이 무성하고, 포스트 김정일체제에 대한 시나리오들이 나돌고 있다.

이 모든 입장이나 주장에는 중요한 것이 빠져 있다. 부시와 김정일, 유엔이나 정치인들의 목소리들만 있지, 한반도 구성원의 관점에서 북핵 문제를 이해하고 바라보며 해결하려는 태도가 결여되어 있거나 있더라도 부족하다.

대북경제제재는
전쟁보다 무서운 재앙

전쟁보다 무서운 것은 경제제재이다. 돌아보면 사담 후세인 정권을 무너뜨린 것은 1991년에 이은 2003년의 대이라크 미국 침공이었지만, 구조적으로 영향을 미친 것은 1992년 한 달 만에 전쟁이 끝난 후 가해진 7년간의 경제제재이다. 1991년 한 달 간의 전쟁에서 죽은 사람이 30여만 명인데, 7년간 유엔결의의 완화된 경제제재를 통하여 대략 150만 명의 이라크 민중이 죽음에 이르렀다. 그런데 극도의 영양결핍상태에서 더욱 기가 막힌 것은 과거에는 별로 눈에 없었던 암환자가 군인들은 말할 것도 없고, 어린이나 여성들 사이에서 급증한 것이다. 소위 'Gulf Syndrome'이 열화우라늄탄의 방사성물질의 누출에 따라 발생하게 된 것이다. 그런 상황에서도 세계 제2의 석유보유국인 이라크는 석유나 돈은 있어도 항생제 한 알, 계란 한 알 수입하기 어려웠다. 생활필수품이라고 할지라도 '전쟁물자'가 아님을 입증해야 수입이 가능했다. 전면 봉쇄가 아닌 상황에서 이러한 일이 일어났다.

지난 시기 1990년대 북한도 이와 유사한 상태에 빠졌었다. 미국의 대북경제제재정책이 지속되는 상황에서 소련이 해체된 데다가 중국마저 등 돌렸을 때, 수십만 명이 굶주림과 영양결핍에 의해 사망사태를 맞게 되었다.

한편 2005년 9월 19일 한반도 문제를 둘러싼 염원, 즉 평화 정착의 염원이 이루어질 실마리가 6자회담에서 마련되었다고 기뻐하였다. 그러나 그러한 기쁨도 잠깐, 증거도 불충분한 북한의 위폐문제가 불거져 나오더니, 미국은 대북금융제재를 선포하였다. 그로 인해 우리로서는 상상하기 어려운 풍경이 빚어졌다. 한 예로 금융권 송금을 봉쇄당함으로써, 석유를 구입하기 위해서는 석유대금을 은행을 통하여 송금하지 못한 채, 북한의 관료들이 직접 현금뭉치를 들고 다녀야 한다.

사태가 이러할진대, 북한이 그러한 국제경제제재에 의한 참혹한 결과를 모른 채, 또는 최악의 시나리오(미국의 선제공격)를 도외시한 채, 이번 핵실험을 했으며, 일련의 강경한 발언을 할 리는 없다. 북한의 '비공식 대변인'을 자처하는 김명철 박사의 주장대로 "외부와의 연락 없이도" "6년 정도"는 버티겠다는 각오를 하고 있는지도 모르겠다.

그러나 내 귀에는 1990년대 북한식 '고난의 행군' 당시 처참했던 북한 주민의 고통과 아비규환의 울부짖음이 들려와, 그러한 시나리오나 주장들에 대해 참을 수가 없다. 북한 민중도 우리의 동족이고 더 크게는 우리와 같은 인간인데, 누가 그들에게 굶어죽을 자유를 선택하라고 강요할 수 있는가?

인권 개선을 위한 실천 없는
미국의 인권 의식

그동안 부시대통령은 틈만 나면 북한의 인권을 염려하고 북한 민중의 생존권을 걱정해왔다. 급기야 2004년 10월에는 '북한인권법'까지 제정하였다. 그 덕분(?)인지 2005년 북한에는 풍년이 들었고, 오랜만에 식량배급도 어느 정도 이루어졌다. 그러나 잘 알려진 대로 미국의 북한인권법에서 북한의 인권을 실제로 향상시키는 내용은 거의 없다. 붕어빵에 붕어가 없는 격이다. 오히려 북한인권법의 진정성은 북한체제교체에 있거나 붕괴에 초점이 맞춰져 있을 뿐이다.

북한의 1990년대 식량난, 에너지난, 경제난의 원인이 무엇인가에 대해 논할 수 있고, 그동안 많은 주장이 있다. 그 원인의 하나로서 북한의 천재지변과 함께 북한 계획경제의 내부적 모순이 사회주의권 해체와 동요라는 상황에서 엎친 데 덮친 격이 되어, 폭발한 결과라고 볼 수 있다. 그러나 1980년대까지 풍족하지 않을지는 몰라도 민중들이 아껴 먹으면 그럭저럭 나눠먹었던 북한이 1990년대 들어 혹독한 경제난을 맞게 된 원인을 북한 내부적인 데에서만 찾기는 어려울 터이다.

여기에 미국이라는 외부요인을 배제하고는 설명하기 어렵다. 북한이 붕괴되리라고 상정하며 미국은 1994년의 '북미기본합의서'를 북한과 체결하였으나 그것을 불이행함으로써 북한 민중에게 식량과 의료품, 전기와 비료를 앗아 가는데 치명적인 역할을 하였다. 특히 북한은 그러한 과정에서 선군정치를 앞세웠던 군사적 자주권만이 민족의 생존권이라는 입장을 강화시켰다. 그 결과의 하나는 1998년 8월 31일 북한이 발사한 소위 '광명성1호'였다.

부시 정권은 출범 이래로, 북미간의 긴장과 한반도의 긴장을 완화시켰고, 급기야 북한으로 하여금 2000년 말 미사일개발 동결의 가능성을 가져오는데 결정적인 역할 1998년 페리보고서체제를 완전히 뒤엎기 시작했다. 그 빌미로 사용한 것 중 하나가 북한의 인권문제였다. 탈북자 지원단체가 미국의 NED의 지원을 받아 활동을 본격화하던 2002년 무렵, 중국에 있던 탈북자들의 인권 상황은 더욱 열악해졌다. 그전까지만 해도 대대적으로 일어나지 않았던 탈북자에 대한 강제북송사건들이 발생했던 것도 이 문제와 연관을 맺고 있다. 2002년 겨울에는 그나마 지급하였던 중유마저 끊고, 경수로 건설도 중단하고 말았다.

과연 부시 정권은 목조르기식 대북제재를 통하여 무엇을 얻으려 하는가? 대북제재를 하는 원인이 김정일 정권의 존재이기 때문에 북한의 민중들은 굶어죽고, 병들어 죽어도 좋다는 말인가? 유엔인권협약의 절반 밖에 조인하지 않은 미국에게는 정치적 인권, 종교선교의 인권만 중요하고 생존권적 인권은 도외시되어도 된단 말인가? 세계 제1의 대량살상무기 보유국이자 최대의 무기 수출국인 미국은 혹시 세계 민중을 볼모로 잡고 패권을 휘두르려고 하는 것은 아닌가?

빈 밥그릇 놓고
사회주의 우월성을
말하지 말라

"빈 밥그릇 놓고 사회주의(체제) 우월성을 말하지 말라." 이 말은 다름 아닌 김정일 국방위원장이 1984년에 했던 말이다. 실제로 1990년대 북한은 밥과 광명성1호를 바꾸었다. 이제 최근 몇 년간의 경제적 성과, 그것도 포용정책에 따른 전폭적인 남한의 인도적 지원으로 이룬

성과를 바탕으로 북한 경제는 밑바닥에서 치고 올라오고 있다. 그런데 이제 다시 핵무장에 의해 줄어들 대로 줄어든 북한 민중의 밥그릇을 빼앗는 것은 실로 범죄적인 행위로 간주될 수밖에 없다.

북한 주민의 입장에서 일시적으로는 이번 핵실험을 미국의 '대북압살정책'에 대한 쾌거라고 볼 수 있는 측면이 있다. 그러나 그들이 말하는 대로 대북경제제재가 1, 2년이 넘어 장기화된다면, 생명권을 잃게 되는 결과를 낳으리라는 것은 명약관화하다. 더 이상 민중적 생존권이 보장되지 않는 채, 민족 자주권인들 온전할 수 있겠는가?

결과적으로 북한 정권 또한 민중을 담보로 하여 미국과 한 판의 핵 대결을 벌이고 있는 것이다. 일시적인 승리감에 취하는 동안 결과적으로 민심도 완전히 떠날 수밖에 없다. 미국이나 외세가 '압살책동'을 벌리지 않더라도 그 정권은 내파되는 길로 가고 말 것이다.

북한은 더 이상 플루토늄과 민중의 밥을 바꾸려 하지 말아야 한다. 민중이 있고, 한반도 평화도 있고, 통일도 있다. 북한 정권은 민중의 생명권을 담보로 자주권을 행사할 수 있다는 환상에서 벗어나야 한다. 국제 사회와의 대화와 교류만이 북한의 안녕을 지켜주는 평화의 무기가 됨을 깨달아야 한다. 대화를 하기 위해서는 북한과 미국 모두 손에 든 무기를 놓아야 한다.

포용정책의 진정성을 퇴색시키지 말라

노무현 정부의 대북포용정책의 출발은 햇볕정책에 있다. 그리고 햇볕정책의 진정성은 정경분리정책에 있다. 다시 말하면 정치적 논리와 경제적 논리, 또는 사회문화적 논리를 분리하여 남북의 긴장을 해소하고 화해를 이루어나가겠다는 취지이다.

이러한 취지와 정신이 남북의 신뢰를 이 정도로나마 회복할 수 있었다고 본다. 정치적 수준에서 본다면 신뢰를 평가하는 기준이 다를 수 있으나, 시민사회 수준에서 본다면 신뢰 형성에는 커다란 진전이 있었다고 본다. 1995년 처음 대북 지원할 때만 해도 북한은 자존심을 내세울 줄만 알았지, 지원을 해도 고마움을 몰랐다. 그러나 이제는 고마워하고, 부끄러워도 한다. 그리고 남한의 시장경제, 자본주의를 배우려고도 한다.

느린 걸음이지만 북한 사람들에게 이러한 태도의 변화를 가져온 데에는 햇볕정책이 결정적이었음은 누구도 부인하기 어렵다. 그러나 햇볕정책은 근본적인 한계를 갖고 있다. 이 정책은 북미간의 대화 속에서 진정한 꽃을 피울 수 있다는 점이다. 다시 말해 햇볕정책 자체가 북미화해정책이 아니라는 점이다. 이런 점에서 북한의 핵실험은 햇볕정책은 직접적인 연관은 존재하지 않으며, 햇볕정책은 기본적으로 민족 내부의 정책이라는 성격이 분명하다.

10월 9일, 북한이 예고했던 핵실험을 했을 때, 설마 했던 우리로서는 당황할 수밖에 없었다. 정부 당국에서는 당장에라도 포용정책, 햇볕정책을 철회한다는 둥, 완전한 포기는 아니라는 둥 갈팡질팡한 입장을 보이고 있다. 여기서 포기한다거나 부분 철수를 한다는 것은 지금까지의 햇볕정책의 정신 자체를 부정하는 결과밖에 되지 않는다.

더구나 미국이 바라보는 북한 민중과 우리가 바라보는 북한 민중은 성격이 다르다. 이라크 민중의 해방을 부르짖었던 미국이 정작 후세인 정권을 해체하고 나자 민중의 생명에 대해서는 모르쇠로 일관하고 있다. 미국에게 민중이나, 민중의 인권은 수사에 불과했다.

그러나 설령 미국에게는 민중이 '수사'에 불과할지 몰라도, 우리에게 그들은 끊어 내려야 끊을 수 없는 동족인 것이다. 미국에게는 북한 정권을 붕괴시키면 목표가 달성되는 것이 될지 모르나, 우리에게는 절반의 동족을 잃어버리게 되는 결과를 낳게 된다. 나아가 핵선제공격과 같은 최악의 사태는 한반도 전체의 비극적 종말이다.

이제 한반도 민중, 전체 구성원의 입장에서 북핵 사태를 바라보고, 그 처방을 가져와야 한다. 국제 사회에 대하여 대화와 외교만이 한반도 안녕과 세계 평화에 기여하는 길임을 설득하는 데 우리 정부는 신명을 다해야 한다. 평화의 수단으로 평화를 실현하기 위해 노력할 때 비로소 세계인들로부터 신뢰를 받을 수 있다. 그러한 노력만이 핵 없는 평화의 한반도를 만들 수 있다.

〈국정브리핑 2006.10.12〉

우리는
금강산에서
만났다
– 금강산 남북학술토론회 참관기

　　　　지난 21일부터 23일까지 남북공동학술토론회 참석차 금강
산을 다녀왔다. 이제 금강산 관광이야 별로 얘깃거리가 되지 않는다. 지
난 몇 년 내로 금강산 관광은 우리의 관광문화로 깊숙이 자리 잡고 있는
탓이다. 또한 금강산은 일종의 국제관광 특구로서 현대아산의 땅이나 진
배없다. 1998년 이래로 최근까지 금강산 관광환경은 남북 관계의 변화
속도이상으로 변화되고 있다.

　그러나 미사일 파동 탓에 예년 같은 시기와 비교하면 관광객이 많이 줄
었다고 한다. 가뜩이나 미사일문제로 남북 정세가 찌푸려있는데, 북한 직
파간첩이 체포되었고, 남측이 실시한 을지포커스렌즈UFL 연습으로 남북
의 심기는 각각 대단히 불편하다. 21일 오전 강원도 고성으로 가던 6번
국도에서 줄지어 서울 방향으로 움직이던 탱크를 보니 마음이 심란했다.
아무튼 미사일파동의 여파로 8·15남북공동행사를 비롯한 각종 민간인
행사들이 취소되고 있다.

그런 와중에 '남북교육협력추진위원회'가 북측 민족화해협의회(약칭 '민화협')와 공동으로 추진하고 있는 '6·15공동선언 실천을 위한 남북학자 통일토론회'마저 취소되지 않을까 금강산으로 떠나는 아침에도 불안했다. 21일 내설악을 통해 진부령을 넘어 고성으로 가면서 홍수로 길이 훼손되어 갈 수나 있을까 염려를 하였으나 다행히 별다른 지장은 없었다. 남측 학자들은 그럭저럭 제 시간에 맞춰 금강산에 도착했으나, 오히려 평양에서 출발한 북측 학자들은 홍수로 훼손된 길 사정 때문에 여정이 지체되어 늦은 8시나 되어 금강산에 도착할 수 있었다.

금강산에서 개최된
역사적 나노 토론회

이번 '6·15공동선언 실천을 위한 남북학자 통일토론회'는 두 개의 토론회로 이루어져 있었다. 1부 토론회의 주제는 '남북의 나노Nano 연구 현황과 과제'이고 2부 토론회는 '남북교육협력'이었다. 후자의 경우 그간 남북 교육자들의 모임에서 언급되어온 문제들을 교류와 지원이라는 관점에 맞춰 토론을 전개해 온 것으로서 새삼스럽지만은 않은 문제였다. 그런데 반해 나노 문제는 남북 학자들이 한반도에서는 처음으로 머리를 맞댄 자리여서 너무도 새로워 제대로 진행될 수 있을 지 걱정이 이만저만 아니었다.

그간 중국에서는 나노 문제를 둘러싼 남북학자들의 교류가 있었다고 한다. 그러나 남측의 경우 나노 관련 정부 투자 연구기관과 북측 학자 및 연구기관의 접촉이었기 때문에 정식 남북의 대학에 기반을 둔 학자들의 직접적인 교류는 처음이었다. 이번에 참가했던 서울대학교의 나노 전문 학자들의 경우 북한 학자들과 교류가 없던 분들이 태반이었고, 심지어 금강산 방문도 처음인 분들이 대다수였다. 그런 사정으로 우리측의 학자들은 금강산으로 가기 전까지만 해도 북측의 나노 연구 수준에 대해서는 궁금해 했지만, 속내를 들여다보면 큰 기대감은 없었던 것으로 보인다.

한편 우리 같은 나노의 무지랭이들은 '나노' 하면 기껏해야 은나노세탁기, 나노치료기, 나노치약과 같은 전자기계나 생활용품에 대한 상품의 광고를 통한 인지 정도이다. 나와 같은 남북문제 전문가들이 설령 북한의 나노 연구 수준은 잘 모르더라도 북한의 생활용품의 수준을 잘 알고 있기에 북한의 발표 수준이나 남북의 전문가들이 만나 마이동풍을 하지나 않을까 표현은 하지 않았으나 염려가 되었다.

그런데 22일 아침 9시부터 그날 오후 6시까지 계속된 나노 토론회는 기대 이상의 성과를 거두었다. 남북의 자연과학자들과 공학자들간의 토론은 냉랭하기 짝이 없으리라는 기대는 단 몇 시간 만에 완전히 일소되었다. 행사 전까지만 해도 남북 학자들은 말할 것도 없고 참석한 모든 사람들에게 짙게 감돌았던 긴장감이 더해지고, 남북 학자 모두 만족스런 표정이 절로 우러나왔다. 과연 이번 토론회는 무엇을 얻었고, 어떤 과제를 남기고 있는가?

금강산 토론회가 거둔 성과

이번 금강산 학술토론회에서는 기존의 토론회와는 차별되는 몇 가지 성과를 거두었다고 생각된다.

첫째, 지금까지 남북의 과학기술 협력 세미나의 개최 방식과는 전혀 달랐다는 점이 중요한 성과이다. 다시 말해 지금껏 세, 너 차례 있었던 이 방면의 세미나는 우리측 정

4.7금강산남북학술토론회–북측 과학자의 발표 (촬영: 김귀옥)

부 출연 연구소가 중심이 되어 중국이나 일본의 관련 연구기관을 중개 삼아 북측 학자를 제한된 범위에서 만나는 방식을 취하였다. 그러나 이번 금강산 토론회에서는 외국의 중개기관의 역할은 전혀 없이 순수하게 남북 학자들이 직접적으로 만났다. 그런 점에서 남북과학기술 협력의 새 차원을 열어나갈 수 있는 계기를 만들었다고 평가할 수 있다.

둘째, 이러한 성과를 거두어내는데 남북의 비정부기구NGOs가 중추적인 역할을 했다. 남북교육협력추진위원회의 산파역과 실무역을 수행해온 우리겨레하나되기운동본부와 북측 민화협이 중심이 되어, 기존에 분리되어 진행되어온 지원과 교류 사업을 결합하여 전문가들을 주역으로 내세워 토론회를 성사시킬 수 있었다.

셋째, 이번 토론회의 최대 성과는 남북 양측의 최고 수준의 대학 교수들이 처음으로 만나 학술토론회를 개최한 점이다. 참가한 대학은 남측

의 서울대학교와 북측의 김일성종합대학과 김책공업대학이다. 김일성종합대학에 공과대학이 없는 점을 고려하면 김책공업대학이 사실상 공과 계통에서는 북측 최고 수준임을 짐작할 수 있다. 돌아보면 2006년은 서울국립대학교와 북측의 김일성종합대학이 창립된 지 60년이 되는 해이다. 이 두 대학은 남북 분단의 상징이자, 남북 인재 배출의 본산이라는 점은 언급할 필요도 없다. 그런 두 대학에서 학문적 기량을 견주어 토론한 것은 사상 처음이라는 점에서 이 토론회는 역사적인 자리라고 아니할 수 없다.

넷째, 남북의 학술 수준에는 격차가 있고, 나노의 폭넓은 분야의 하위 분야에는 남북의 강조점에서 차이가 있으나 학술 토론회는 시종일관 진지함 이상을 과시하였다. 용어의 불일치로 인하여 토론이 중단되는 일은 전혀 발생하지 않았다. 서로의 연구 업적에 대한 진지하고 꼼꼼한 점검과 실험실 상황에 대한 질문과 대답, 실험 환경과 실험 중에 발생한 문제와 해결 방식에 대한 정보 교류 등 토론 시간이 끝나가는 지도 모른 채 토론은 열띠게 진행되었다.

다섯째, 토론 후 평가 모임에서는 이러한 첫 만남의 진지한 발표와 열띤 토론이 가능했기에 향후 장기적 교류와 공동 사업에 대한 수많은 아이디어들이 제시되기도 했다. 나노와 같은 과학기술분야야 말로 남북 통일의 길에 전문가들이 서로의 장점을 교류하고 접목시킬 수만 있다면 엄청난 성과를 거두어 들일 수 있는 분야임을 확인할 수 있었다.

북한 교육
현대화를 위한 과제

비록 금강산 토론회는 언론에 제대로 알려지지 않았으나 참가자 전원이 기대 이상의 성과를 거두었다고 자부하였다. 그러나 이러한 성과를 통일의 길에, 또한 남북의 과학기술 발전의 전망을 밝히게 하려면 풀어야 할 문제가 적지 않다.

첫째, 학술토론회는 학술교류의 첫발이다. 학술교류가 제대로 되려면 의당 대학 및 연구기관을 상호 방문하여야 한다. 자연과학 및 공학의 경우에는 실험실 방문을 하는 일은 학술교류의 '가나다'라고 할 수 있다. 일차적으로 상호 교수진이 실험실을 방문하고, 이차적으로 더욱 중요한 것은 학생들이 상대방의 실험실을 방문하며 서로 배우고 연구 결과를 공유하도록 발전하여야 한다.

둘째, 이번 토론회는 지금까지 내가 참여한 남북 학자들의 어느 토론회보다도 자유로운 분위기에서 전문성을 과시하였다. 그러나 남측 학자의 풍부한 경험에서 보면 아직 부자유스럽고 제한의 문턱은 높다고 할 수 있다. 상호 연구 과정과 결과가 보다 구체적으로 공개되고 문제점들도 짚어나가며 상대방의 방식이나 결과에 대한 보다 냉철한 검토와 평가도 진행되어야 한다.

셋째, 남측의 높은 연구 수준과 풍부한 자원을 바탕으로 연구 환경이 우월한 반면, 북측의 경우 실험설비 구비나 최신 정보 및 기술 공유와 같은 기본적인 연구 환경이 열악하기 짝이 없다. 남측 학자의 관점에서 보자면 그러한 열악한 연구환경에서도 북측의 나노 과학의 기초 부분이 탄탄한 것은 기적과 같은 일일 수 있다. 현재 세계적으로는 나노 기술을 비롯한 정보과학 기술은 하루가 다르게 진화하고 있다. 나노의 세계를 들어가기 위해 최첨단현미경을 자체 제작하기 위해 최고급 인재를 투입하고 있는 북한의 지금까지 방식을 벗어나가야 한다. 이미 세계적으로 공유되고 있는 실험설비들을 공유한 바탕위에서 더 높은 질의 연구가 가능할 때 남북의 과학기술혁명의 창이 활짝 열릴 것이다.

햇볕정책이 열린 이래로 우리는 보다 구체적으로 한반도 평화와 통일을 꿈꿀 수 있게 되었다. 통일은 정치적으로 제도적으로만 가능하지 않다. 남북이 같은 기술을 사용하고 같은 용어를 쓰는 것조차도 구체적 통일의 한 모습이다. 그 길을 앞당기는 데 이제 교육이 앞장서야 한다. 한반도 미래를 책임질 통일의 인재를 만드는 것이 바로 북한 교육 현대화 사업의 기본 취지이다. 북한 교육 현대화 사업은 북한만을 위한 투자가 아니라, 한반도 청사진을 설계하고 백년대계를 실천해 나갈 지름길이다.

〈국정브리핑 2006.8.24〉

2007년
해맞이,
희망을 비는 연

연말연시가 되면 동해안은 한여름 휴가철 못지않은 인파로 북적인다. 몇 해 전 새 천년맞이를 하자던 가족들의 등살에 못이긴 체 하며 원단 해맞이에 합류한 이래로 다시는 그러한 행렬에 휩쓸리지 않으리라 다짐했다. 왜냐면 해는 어디에서나 뜨는 법이므로.

그런 서약을 모처럼 어겼다. 지난 11월 하순 미국에 사는 친구로부터 8년만의 모국 방문길에 연말연시 여행을 독촉 받았기 때문이었다. 그러나 연말 여행은 어디에서나 푸대접 받기 일쑤여서 길을 나서는 게 걱정스러워, 어디를 가야할까 망설였다. 마침 6·15공동선언실천 남측위원회가 주최하는 새해맞이 행사프로그램을 받고, 2007년 원단맞이는 금강산에서 하리라 마음을 먹게 되었다.

2007년 1월 1일, 새벽 6시 여명이 터오기 직전 해금강을 향해 호텔을 나섰다. 눈 위에 굴러도 괜찮을 정도로 옷을 단단히 입었지만, 춥기는커녕 새벽공기가 훈훈하기까지 했다. 버스를 타고 30여분을 달려 마침내 도달한 동해바다. 1천 5백여 명의 해를 찾는 사람들이 해금강가를 가득 메

왔다. 그런데 여명이 짙어올수록 간밤의 맑던 하늘은 어디로 갔는지 사라지고, 구름이 가득 차 있어서, 바다 위로 떠오르는 해를 못 보게 될까봐 지레 걱정이 앞섰다. 그런 중에도 해맞이를 기다리는 가락과 희망가와 한반도 평화와 통일을 기원하는 노래들이 흘러나왔다. 하늘 높이 액맞이연, 소망연, 두 줄기가 위풍당당하게도 뻗어 올라 있었다.

7시 반을 넘어 8시가 다가와도 해는 돋지 않았다. 아니, 시간상으로 볼 때, 이미 해는 돋았을 터이니, 구름 속에 갇혀 있는 게 틀림없었다. 진행자의 사회로 해맞이행사가 시작되었다.

백낙청 6 · 15공동선언실천 남측위원장과 북측 6 · 15 관계자의 신년 인사를 절정으로 하여 새해맞이 행사를 마쳤다. 돌아오는 길에 먹구름 낀 동녘하늘을 바라보며, 올 한해 한반도에 몰아닥칠 불운을 의미하는 게 아니냐며 수군대는 목소리도 들렸다. 돌아보면 60여년 한반도가 한시라도 평화로운 날이 있었던가? 그래도 태양은 지고 떴다.

희망을 비는
연을 날린다

평소 신년이라 하여 나의 꿈은 거창하지도 장엄하지도 않다. 초등학생 시절 방학 계획표가 번번이 수포로 돌아간 이래로 소박한

2007 새해 맞이 연 날리기 (촬영: 김귀옥)

꿈이 자신을 행복하게 만든다는 것을 깨달은 서생에 불과하므로. 그러나 많지 않은 시간을 살아오면서 경험적으로 나라(?)의 평안이 일신의 행복과 비슷하게 가는 것을 깨달은 것은 우연일까?

10, 20대 중반을 살았던 70, 80년대는 세상이 우울하고 힘든 탓인지, 개인사로 너무 고단하였던 것 같았다. 세상이 민주화되면서 개인적 소망이 자라게 되었고, 우리 사회에 대한 희망이 커져왔다. 이런 기억 때문에 2007년 희망을 몇 자 적은 연에 띄워본다.

우선 가까이에 있는 이들의 눈물을 닦아주고, 시름을 나눠야 하리라 다짐해 본다. 비정규직의 새가슴을 한 사람들은 텔레비전 뉴스에 있는 게 아니라, 우리 주위에 포진되어 있다. 조만간 배출될 펄펄 끓는 지식인 청년들이 직장을 못 찾아 거리로 내몰리는 일을 해나가기 위해 좀 더 혼신의 노력을 기울여야 한다. 여성이라고 하여, 장애인이라 하여, 얼굴색이 다르다고 하여 사회적, 심리적 차별받고 있는 이들의 고통이 우리 모두의 고통임을 깨달아야 한다. 우리 사회가 20:80의 사회도 부족하여 10:90의 사회로 치달아 가도록 방치할 수는 없을 것이다. 일자리도 나누고, 자본도 나누고, 임금도 나누고 권력도 나눠야 한다. 나눔의 공동체는 '저기, 다음'에 실현되는 게 아니라, '지금, 여기'에서부터 만들어 나가야 한다.

좀 더 많은 민주주의를 꿈꾼다. 안일한 소리일는지 모르지만, 격언처럼 '등 따습고, 배부르면' 왕이 누구인지 내가 알아 뭣 하리요. 모든 사람들이 안전하게 살 수 있고, 빈곤에 내몰리지 않고, 내일을 염려하지 않고 살 수 있다면, 나는 그것이 역사와 사회의 진보요, 이상이라고 생각한다. 그러나 지금까지 내가 살아본 세상에는 항상 인구의 절대 다수가 춥고, 배고프게 살아가며, 내일의 생존을 불안하게 여겨오고 있다. 그래서 나는 더 많은 민주주의를 꿈꾼다.

나의 생존을 특정한 집단이나 외세가 좌지우지 하지 않고, 일한 만큼, 노력한 만큼 책임지고, 조금 더 가진 것이 있다면 나누는 것이야말로 민주주의의 본질이 아닌가? 그런 이유로, "민주주의를 남몰래 쓴" 이래로, 대통령을 뽑는 대의제 민주주의가 최고라는 생각을 해본 적이 없다.

사실 대통령은 누구여도 좋다. 민중들의 눈물을 닦아주고, 희망을 나눠주고, 그들에게 세상을 같이 만들 수 있는 책임을 나눠주는 이야말로 진정한 민주적 지도자가 아닌가? 그래서 나는 아직은 진정한 우리들의 지도자를 뽑는데, 눈을 부라리며 지켜보고 거짓된 지도자가 허장성세하는 것을 비판하고, 역사의 방향을 자신들의 역사로 되돌리려는 지도자를 나무라는 일에 나설 수밖에 없을 것 같다.

나아가 한반도 위장평화를 종식시키고, 진정한 평화를 만드는 일에 좀 더 앞장서야 할 것이다. 의도했건 의도하지 않았건, 지난 시기 한반도 분단과 냉전은 남북의 최고지도자 각각에게 정당성을 부여했던 명분이 되었다. 그러나 한반도 민중에게 분단시대는 생존권의 위기를 지속적으로 가져다 주었다.

특히 2006년 북핵실험은 한반도에 진정한 평화란 여전히 요원함을 보여주는 사건이었다. 돌아보면 1950년 한국전쟁 당시 한반도에는 핵무기가 한 발도 없었지만, 미국 트루먼대통령과 맥아더사령관에 의해 원자탄 투하의지가 고려되면서 사실상 한반도의 핵위기는 1950년 이후 항상 있어 왔음을 알 수 있다. 한반도 구성원 중 어느 누구도 공멸을 원치 않아도 공멸의 길이 열려 있었던 것이다.

한반도의 진정한 평화는 위정자 누구의 치적을 위해 필요한 것이 아니라, 이 땅의 모든 사람들의 생존을 위해 절대적으로 필요한 충분조건이다. 진정한 평화의 길 위에 통일이 놓여 있고, 그 길 위에서 한반도의 번영과 동북아의 공고한 유대가 이뤄질 수 있다.

21세기는 더 이상 이념의 시대가 아니다. 더 많은 민주주의와 열린 민족주의로서 세계와 나란히 호흡해야 한다. 한반도 평화통일의 노력이 세계의 보편적 평화와 개인적 일상의 평화와 일치될 수 있다.

적어본 몇 가지 꿈들은 너무 거창하여 나 혼자 힘으로는 아무것도 이룰 수 없음은 자명하다. 하지만 꿈이라도 꾸지 못하랴. 2007년 연타래를 계속 풀어 연초에 품은 많지 않지만, 포기할 수 없는 꿈을 계속 가꾸어 나갈 것이다.

〈국정브리핑 2007.1.7〉

2·13합의, 한반도의 진정한 봄을 위한 시민사회의 역할

꽃샘추위 속 한반도

　　　　　한반도의 봄은 올 듯 오지 않고, 오지 않을 듯 오고 있는가. 급물살을 타고 있는 듯 보이는 2·13합의는 한반도의 진정한 봄을 가져올 것인가.

　1994년 10월의 북미제네바합의서와 2005년 9·19선언은 오랫동안의 갈등과 대립의 칼날을 거두고 화친과 평화가 오리라는 기대로 부풀게 하였다. 그러나 돌아보면, 1994년 제네바 합의 이후 북한과 미국은 오랫동안 불신을 키웠고, 북한의 입장에서는 경제난을 초래하게 되어버렸다. 1998년 이후 제네바합의서가 다시 제 역할을 할 때가 되자마자 클린턴 정부가 끝나고 부시 정부가 출범하면서 북미간의 대립각이 다시 예리해지기 시작하더니 급기야 2차 북핵 공방이 불거졌다.

　2차 북핵 문제를 풀기 위한 6자회담이 어렵사리 구성되어 가까스로 2005년 9·19선언을 가져왔다. 9·19선언으로 한반도 평화체제를 가져오기 위한 일정이 뜨는가 싶었으나 위폐문제가 불거지면서 9·19선언은 공염불이 되는 듯했다.

한반도에는 봄이 온다고 기대할 무렵 겨울보다 더한 추위가 몰아닥치곤 한다. 핵실험 후 극한의 위기를 거쳐 얻어낸 2·13합의가 전철을 밟지 않기 위해서는 우리는 지난 경험을 비추어 교훈을 찾아야 한다.

한반도 위기 상황에서
시민사회의 역할

1994년 제네바합의서와 2005년 9·19선언을 비교하면 공통성과 차이를 발견할 수 있다. 우선 둘 간의 공통성을 보자면, 첫째, 둘 모두 북미간의 파국 국면에서 극적인 대화 국면으로의 전환을 시사하는 공통성이 있다. 둘째, 둘 모두 합의를 내자마자 공수표가 되었다는 점도 들 수 있다. 셋째, 전자에서는 한국 정부의 역할은 거의 미미했던 반면, 후자에서는 한국 정부는 산파역을 했음에도 불구하고 파국에 이르는 데서 한국 정부는 맥 놓고 있을 수밖에 없었다.

다음으로 둘 사이에는 여러 가지 중요한 차이점이 있다. 우선 들 수 있는 차이점은 앞에서 말한 대로 각각이 합의되는 과정에서 한국 정부의 역할의 차이를 들 수 있다. 더 커다란 차이점은 시민사회의 위상에서 찾아질 수 있다. 1994년경에만 해도 정부 당국 간의 냉각 국면이나 대화 단절 국면에서는 시민사회의 역할은 거의 찾아보기 힘들었다. 평화통일관련 시민사회단체들은 '창구단일화' 논리 속에서 1994년 6월 전쟁위기에 대처할 수도 없었고, 북미제네바기본합의서 이행 요구에 대한 목소리도 내기 어려웠다. 그러나 2005년 9·19선언 전후해서는 시민사회의 위상과 역할은 무시할 수 없게 되었다. 정부당국의 공식적 대화가 끊겼을 때 물밑에서 남북의 대화를 유지했고, 교류와 협력을 최소한이나마 지속시켰던 것은 바로 시민사회의 힘이었다.

2006년 미사일발사 소동 당시에도 홍수에 따른 최소한의 인도적 대북 지원을 하도록 요구함으로써 남북 정부 당국간 대화의 중단을 가까스로 막은 것도 시민사회였다. 그렇다면 시민사회는 왜 남북 대화와 인도적 대북 지원에 관심을 갖고 있는가? 혹자는 이러한 시민사회단체들을 두고 '친북단체'니 원색적으로 빨갱이니 하는 폭언을 퍼붓기도 한다.

시민사회는
한반도 평화를
희망한다

시민사회단체는 남북 대화와 대북 지원 문제에 관심을 갖고, 수구냉전세력들로부터 '퍼붓기'의 혐의를 쓰면서도 10여 년간 대북 교류와 지원에 집착해 왔는가?

첫 번째는 한반도의 전쟁 위기를 막기 위해서임을 힘 줘 강조하고 싶다. 주지하다시피 한반도 전쟁 위기는 1994년 6월 전쟁 위기는 처음도 끝도 아니었다. 1953년 7월 27일 정전협정 체결 이후에도 꾸준히 반복되었고, 1960, 70년대에도 크고 작은 전쟁 위기가 되풀이되었다. 우리가 지난 한국전쟁 당시 재래전 하에서, 인명 피해 추정자가 450여 만 명인데, 그 가운데 민간인 피해자가 300여 만 명이 된다. 그런데 핵전쟁을 기본으로 하는 현대전이 한반도에서 발발한다면 과연 온전히 살아남을 사람을 상상할 수 있을까?

재래전이라고 했던 1991년 걸프전 직후 참전했던 미군 사이에 걸프전 증후군Gulf War Syndrom이 퍼졌던 것은 잘 알려진 사실이다. 주요 증상은 건망증, 기억상실증, 만성피로, 근육통, 관절염, 우울증, 주의력 결핍, 불면증, 피부발진, 두통 등 광범위하다. 이 질병을 앓고 있는 참전 군인들의 수는 정확하게 알려지지 않고 있으나, 약 30만 명에 이를 것으로 추정된다고 한다. 심지어 참전 군인의 2세들이 선천성 기형, 면역결핍, 호르몬 이상, 감각기관 마비 등의 결함을 갖고 태어나는 사례들도 있었다. 그 원인으로는 사린가스Sarin gas 등의 화학무기, 화학무기 방독 코팅 제재, 열화우라늄탄 등을 꼽고 있다. 물론 이러한 무기들이 집중 투하된 이라크의 민간인들, 특히 어린아이들에게 이 증후군은 걷잡을 수 없는 재앙이 되었음은 두말할 나위가 없다.

전쟁의 제일의 피해자는 군인이 아니라, 민간인이었음을 우리는 잊지 말아야 한다. 이것이 우리가 전쟁이 아니라 평화를 원하는 제일의 이유이다.

두 번째, 시민사회가 전쟁 위기를 막고 한반도에 진정한 평화를 갈망하는 이유는 미국이나 일본, 중국 등의 군비 확장 조짐과 동북아 신냉전의 기류를 막고자 함이다. 신냉전이나 군비 확장 국면에서 일시적으로는 군수산업의 발전에 기반을 둔 경제의 파급효과를 통한 성장을 가져올 수 있을지 모른다. 그러나 중장기적으로는 군수산업의 발전과 군비 확장은 일반 경제의 균형 발전과 성장과 분배의 원리를 파괴시킨다.

별들의 전쟁Star Wars을 획책했던 1980년대 초반 레이건 정부는 휘청거리는 미국 경제를 살리기 위해 신자유주의 프로그램 속에서 레이거노믹스를 내놓을 수밖에 없었다. 아버지 부시에 이어 아들 부시 대통령에 이르는 전쟁 정책의 강화는 결국 2006년 중간선거에서 공화당의 대패를 가져왔다. 신자유주의 프로그램은 서구 복지 정책의 위기를 가져왔고, 소위 선진국들로 하여금 20:80의 사회의 길을 걷게 하고 있다.

한국은 OECD국가 가운데 복지 수준은 여전히 최하위 수준이다. 한국의 교육비나 의료비의 막대한 부담의 원인은 결국 방대한 군사비에 기인한다. 군사비를 낮추고 군비 감축을 가져오지 않는 한 한국 경제의 성장은 제한적일 수밖에 없다. 10여년의 북한 경제 위기에서 이러한 사실을 불 보듯 보아 왔다.

따라서 한반도 경제 성장과 복지의 실현을 위해서도 우리에게 한반도 평화의 실현은 필수조건이 아니라 충분조건임을 잊지 말아야 한다.

세 번째, 평화와 통일은 국가적 노력만으로 이루어지지 않는다. 다른 나라들의 경험을 통하여 국가간 평화협정이 반드시 전쟁의 종식이나 평화의 확산으로 나타나지 않았음을 보았다. 또한 21세기 신자유주의적 세력이 강대해짐에 따라 초국적기업은 국가 이상의 권력을 갖고 세계를 국경 없는 자본의 세상으로 만들어가고 있다. 민족국가가 기업에 전횡을 행사할 수 있던 시대는 이미 사라지고 당분간은 돌아올 것 같지 않다. 한반도 평화와 통일의 문제에 대해 어느 집단보다도 강력한 힘을 발휘할 수 있는 집단은 초국적기업이 될 것으로 예상된다. 그러기에 초국적기업에 의해 한반도가 통일되는 것은 분단보다 더 큰 재앙이 될 것으로 예상하는 주장이 나오기도 했다.

그렇다면 이러한 기업에 저항하고 진정한 평화의 통일을 만들 수 있도록 견제할 수 있는 집단은 시민사회의 성숙밖에 없는 것으로 보인다. 물론 시민사회는 하나가 아니라 다양하고 복잡하기 짝이 없다. 시민사회단체들의 주의주장도 천양지차이며, 색깔의 편차도 좌에서 우까지 너무도 다양하다. 일부의 시민사회단체를 제외하고 많은 단체들의 경우 평화의 한반도를 제일의 과제로 삼고 있다.

또한 한반도의 평화로서의 통일은 결과적으로 동북아와 세계의 평화에도 기여함으로써 시민사회를 통한 세계시민사회와의 의사소통구조를 확대할 수 있다. 한국의 평화통일문제와 관련된 시민사회단체들은 일본군 위안부 문제를 통한 국제적 연대 운동에서 교훈을 받아야 할 것이다.

2 · 13합의 준수를 위한
시민사회의 역할

2 · 13합의는 미국과 북한 당국 간의 타협의 산물임에 틀림없다. 급물살을 타고 있는 한반도 안팎의 변화가 평화체제 형성을 향한 되돌릴 수 없는 길이 되도록 하기 위해서는 정부 당국은 말할 것도 없고 시민사회도 이 기회를 놓쳐서는 안 된다.

2000년 6 · 15남북공동선언 이래로 한반도 탈냉전을 가져오는 데 혁혁한 역할을 해온 것이 시민사회단체들임은 명약관화한 일이다. 남북 정치적 상황이 교착되더라도 인도적 지원과 이산가족 상봉은 지속되어야 하고, 남북 경협도 정상적으로 가동하도록 시스템을 만들어 놓아야 한다. 사회문화 교류, 특히 교육, 방송, 체육, 언어, 대중문화 등 각종의 교류 사업의 원활한 소통이 될 수 있도록 하는 일들에 대해 시민사회가 감시자 · 촉진자의 역할을 해야 한다.

더 중요하게는 한반도 평화 프로세스를 주변 국가들을 포함한 남북 당국이 합의하도록 하여 그 과정에 대해 남북의 시민사회가 감시, 감독하는 일에 나서야 한다. 심지어 북미관계의 정상화, 북일관계의 정상화가 이루어지도록 미국이나 일본의 건전한 세력들과 연대하여 국제 평화 시민사회가 그 목소리를 더욱 높일 수 있도록 시민사회가 나서야 한다.

〈국정브리핑 2007.3.7〉

10 · 4선언
1주년 유감

공든 탑이 무너지랴. 그러나 속담과 달리 현실에서는 공든 탑이 무너지는 일이 종종 있지 않던가? 2007년 10·4선언, "남북관계 발전과 평화번영을 위한 선언"이 2008년 1주년을 앞두고 휴지통에 처박히기 일보 직전이다.

사실 '실용'을 앞세운 현 정부의 논리에 따르면 10·4선언은 살려져야 하고 나아가 남북관계가 일보 전진되어야 마땅하다. 왜냐면 많은 남북관계 전문가들이 지적해왔듯이 10·4선언에는 그간 남측이 주장해온 북한의 비핵화와 한반도 평화, 경제 협력에 주안점이 맞춰져 있었기 때문에 그 선언은 현 정부가 기대하는 실용의 논리와도 상통될 수 있다.

'퍼주기' 논란을 안고 있는 남북관계 저변에는 실용성이 깔려 있다. 예컨대 1997년 12월 국제통화기금의 관리체제를 2001년 8월에 조기 졸업하였던 여러 가지 요인에는 1998년 미국의 페리 프로세스와 2000년 6·15남북공동선언이 작동하였다. 즉 6·15선언은 한반도의 긴장을 완화시켜 유동하는 세계 자금을 한반도로 유입되게 하는 배경으로 작동하여 한국의 경제 재도약과 국제 사회에 한국의 외교력을 제고시키는 데에도 기여하였다고 할 수 있다.

그러나 현 정부는 남한 주도의 새로운 남북질서를 주장한 결과 6·15와 10·4선언 모두를 부정한 현상을 낳고 있다. 남북 대화마저 단절되고 있다. 지난 7월 금강산 총격사건은 남북 당국간 대화를 할 수 있던 기회였으나 아무 일이 없었다. 또한 북한은 절박한 식량난에 직면하여 국제기구에 식량원조를 요청할지언정 한국 정부와는 대화하려 하지 않고 있다. 지난 8월 예정되었던 북한의 테러지정국 해제 불발 이후 북한의 핵 불능화 조치마저 차질을 빚고 있다. 지난 정부에서라면 북미간의 닫힌 문을 여는데 남측 정부가 주도권을 행사할 수도 있었을 테지만, 이제 우리 정부는 강 건너 불구경하듯 속수무책이다.

남북관계의 구체적인 부문에서 상호주의와 인도주의 원칙이 동시에 작동하기는 어렵다. 그러나 인도주의적 사업이 잘 수행될 때 남북 간의 상호주의 원칙이 작동하였음을 발견할 수 있다. 즉 남북관계가 좋고, 인도주의 사업이 잘될 때 남북경협도 잘되고, 개성에 진출한 남측 중소기업의 사업도 활개를 치게 된다는 점에서 인도주의와 상호주의는 큰 틀에서는 연계되어 있다. 그런데 2008년 들어 지난 7월까지 집행된 남북협력기금 중 경상사업비를 보면, 예년 동기 대비 41%에 불과하다. 그 중 2008년 7월말까지 인도적 지원사업비는 예년 동기 대비 24% 정도밖에 되지 않는다. 현재 남북 관계에서 낙관적 전망은 불투명하고 6자회담도 위기에 봉착해 있다.

이에 시민사회는 10·4선언과 6자회담 이행을 촉구하고 있다. 우선 당국간 대화가 막혀 있는 경색 국면을 풀기 위하여 이번 10월에는 많은 대북지원단체들이 방북을 계획하고 있다. 또한 한국이 주도하는 GPPAC

동북아 네트워크도 2005년부터 동북아 평화 정착 문제 해결에 6자 당국들이 진력을 기울이도록 주장하였다. 또한 지난 9월초 6자 당사국 중 한국 포함 5개 지역 여성들이 "2008, 동북아여성평화회의"를 개최하여 문제 해결에 나섰다.

분쟁지역으로 분류되어 있는 한반도의 운명은 북한 주민뿐만 아니라, 한반도 주민 누구에게도 행복과 생존권을 보장하지 못한다. 10 · 4선언 이행은 한반도와 동북아 평화에 있어서 유일한 충분조건은 아닐지 몰라도, 최소한 필수조건임에는 틀림없다. 더 늦기 전에 지금이라도 남북 정부 당국은 10 · 4선언 이행과 남북 대화에 발 벗고 나서야 한다.

〈여성신문 2008.9.29〉

"김정일,
김정은을 욕해봐"
2012년 진보진영의 대위기, 매카시즘

1.

2012년 종북 논란의 2라운드가 열렸다. 2012년 종북 논란은 지난 4, 5월의 격렬함은 약화되었으나 새로운 양상을 띠면서 계속 확산되어 가고 있다. 즉 SNS를 통한 종북 논란이 그것이다. SNS를 통해 종북 논란이 확산되면서, 일종의 사상 검열로까지 확대되고 있다. 한 예로 청소년, 대학생들 사이에 김정일, 김정은에게 특정한 욕설을 하지 못하면 '종북'으로 찍히게 되면서 친구들에게 놀림이나 왕따를 당하는 일까지 발생하고 있다. 소위 신공안정국이 정치사회를 넘어 일반인들의 생활 세계 깊숙이까지 파고들고 있다.

한편 1라운드 종북 논란은 2008년 발생했다. 2008년 종북 논란은 구 민주노동당을 분당시키는 구실이 되었다. '종북좌파' 논쟁은 결국 민주노동당을 분당시키고 진보를 분열시키는 사건으로 치달았다. 종북의 실체는 무엇인지도 제대로 밝혀지지 않았고, 진보는 상처를 입을 대로 입었으나 제대로 치유되지 않은 채 봉합되는 것 같았다. 미봉상태에서 상채기가 곪아 터진다면 다음에는 더 큰 상처를 남기게 될 것은 명약관화한 일이었다. 2012년 급기야 터졌다. 역시 2012년 통합진보당의 내부 분열만이 아니라 정치권의 위기와 진보 진영의 대위기를 가져오고 있다.

1995년 박홍 전 서강대 총장이 주도한 매카시 냉전적 선풍이 떠오른다. '한총련 뒤에는 주사파가 있고, 주사파 뒤에는 사로청이 있고, 사로청 뒤에는 노동당, 노동당 뒤에는 김정일이 있다'는 박홍의 말은 급기야 공안정국을 열었다. 1950년대 미국의 매카시 광풍이 탈냉전시대가 도래한 1990년대 중반에도 진보 진영을 휩쓸어 학생운동권과 지식인 사회를 소위 '주사파'에 대한 마녀사냥터로 변모시켰다. 1987년 민주화 직후 어느 정도 합법화된 분위기에서 성장하기 시작했던 시민사회단체, 민족, 민주 세력들에 대해 사상검열이 이루어졌다. 이미 세계의 시계는 탈냉전을 가리키고 있으나 한반도는 여전히 냉전의 시각에 고착되어 있었다.

돌아보면 1948년 8월15일, 대한민국 정부가 출범한 직후 수립된 반민특위 사건도 그랬다. 일제 35년의 과거를 청산하고, 정의를 세우기 위해 '반민족행위특별조사위원회'가 설립되었다. 그러나 역사는 정의의 순방향으로 흐르지 않았다. 친일반민족행위자들을 조사하고 법정에 새워야했던 반민특위의 위원장으로부터 수많은 위원들이 친일파 세력과 합작한 반공 세력으로부터 빨갱이라는 역공을 당해야 했다. 이승만 전 대통령도 가세하여 빨갱이를 제외하고는 모든 국민이 대동단결해야 한다는 담화를 발표했다. 반민특위 개시 1년도 안되어 반민특위 사무실은 극우 반공 청년들이 불법난입한 난장터로 바뀌었다.

친일반민족행위자를 청산하기는커녕 친일파가 친미파로 변신하며 득세하는 세상이 오면서 세상의 정의는 죽은 듯했다. 1960, 70년대 생사람이 간첩으로 빨갱이로 구속되고, 사형을 당할 때도 극소수 양심적인 사람을 제외하고는 국민 대다수가 반공주의의 덫에 걸려 침묵하거나, 반공주의 대열에 동원되었다. 빽 없고 돈 없는 국민들은 행여 실수로 반공의 덫에 걸릴까봐, 또는 집안에 불온한 혐의자가 있을 경우에는 '빨간 줄이 그일까 봐' 반공의 망에 걸리지 않기 위해 살얼음판을 걷듯 했다.

그때나 지금이나 사상검열에서 벗어나기 위한 유일한 처방이 있다. 즉 '북한 욕하기'이다. 진실이 뭐건 상관이 없다. 북한 정권의 핵심인 북한 체제 및 김정일, 김정은을 욕함으로써 자신이 자유민주주의자, 또는 반공주의자임으로 입증할 수 있다. 현재 한국 사회 분위기 상 반공 검열 기제가 작용하는 맥락에서 북한 욕하기를 하지 않게 되면 곧 종북으로 매도될 가능성이 심대해 졌다. 통일부에 따르면 종북이란 "대한민국 헌정질서와 자유민주주의체제를 부정하고 북한의 주체사상 및 선군 정치를 무분별하게 추종하는 것"이라고 정의내리고 있다. 오늘날 청소년, 청년들이 SNS상으로 종북 게임을 하고 있다. "소원을 말해봐"가 아니라 "김정일, 김정은을 욕해봐."

2.

얼마 전까지만 해도 한국 사회에서 국가보안법은 초법적인 것이었다. 21세기 가까스로 헌법이 제 지위를 되찾으면서, 헌법재판소는 권위를 회복하기 시작했다. 그런데 한국 사회는 여전히 강압적인 철거반원들을 향하여 "김일성(김정일)만 못한 ×아!"라고 했다고 하여 국가보안법으로 실형을 받아야 했던 시간에 멈춰 있는 걸까? 뉴라이트 세력이 주장하듯 반공·반북주의를 절대 이성으로 여기고 있는 시간에 살고 있는 걸까? 또한 천안함의 진실을 물으면 곧 종북좌파인가? 극우세력이 종북좌파라고 명명한 사람이나 사건에 대해 회의하면 회의하는 자는 종북좌파인가? 종북 또는 반북보다 더 중요한 가치관, 도덕은 없는가? 진보가 말하는 진실은 종북주의자의 허상에 불과한 것인가? 다시 말해 종북이나 반북과 무관한 또는 그것을 초월한 사람 중심의 사고, 이성은 없는가? 세상에는 사랑, 평화, 정의, 나눔, 복지, 사회적 약자에 대한 배려, 공평함, 환경 보호 등 종북이나 반북적 가치관보다 훨씬 더 소중한 사상이나 가치관, 도덕이 존재하지 않는가? 신자유주의 사회에서 자본주의적 정글의 법칙을 비판하고, 나눔의 공동체를 강조하는 가치관을 갖고 세상이나 사람을 보는 것은 종북적 태도인가?

우리는 근대를 이성의 시대, 민주주의의 시대로 호명해 왔다. 근대 이성과 민주주의는 절대 종교, 신분제 등이라는 봉건적 주술의 세상에서부터 사람을 해방시켰다. 그러나 한반도에서는 봉건시대이래로 현대에 이르기까지 진정한 이성의 시대를 맞이할 수 없었다.

과거 종교의 이름으로 이단자를 화형시키고, 유배시켰다. 신분의 이름으로 사람에게 굴레를 씌웠다. "왕후 장상의 씨가 따로 있겠느냐"는 고려 조 노비 만적의 주장은 신분제라는 사슬 속에서 허용될 수 없었고, 조선조에서 역시 마찬가지였다. 어떤 사람은 신분 때문에 아무리 노력해도 가난을 벗어날 수도 없고, 아무리 능력이 있어서 능력에 맞는 일을 할 수 없으며, 아무리 돈이 많아도 맛있는 음식, 좋은 집에서 살 수 없고, 그런 자유와 권리를 박탈당해야 하는 세상이 강요되었다. 또 어떤 사람은 아버지의 신분 때문에 능력에 상관없이 벼슬과 재산을 세습 받을 수 있고, 노력에 상관없이 호의호식할 수 있고, 자신보다 신분이 낮은 사람을 발밑에 둘 수 있는 세상이 주어졌다. 그런 시대에는 양반이 아니고서는 인간일 수 없었고, 세상을 분별할 수 있는 능력으로서 이성을 가질 수 없었다.

그런데 시대마다 그 시대의 질서를 흔들려는 사건들이 드물지만 있었다. 고려조는 말할 것도 없고, 조선조 역시 마찬가지였다. 조선조 후기의 종교 박해 사건의 배경에는 기독교가 있었다. 기독교는 '만민평등사상'으로 유교적 신분제 질서를 흔들려 했다. 1894~95년, 몰락해 가던 조선왕조의 몰락을 가속시켰던 동학농민혁명에도 '인내천사상'과 만민평등사상이 신분제적 주술을 허물어뜨리려고 했다. 즉 기나긴 신분제적 억압 시대에도 민중들 속에서 스스로 인간임을 선언하고 세상을 분별할 수 있는 이성을 가지려는 끈질긴 노력이 있었다.

일제 강점기에도 일제는 조선인을 '엽전'이니, '맞아야 말을 듣는다', '조선인은 해도 안돼'는 등 조롱하고 폄하하려 했다. 일본의 경우에 1868년 메이지유신 이후 1889년 일제 헌법을 공포하면서 의회제 민주주의를 선포한 소위 민주주의 국가를 가장했다. 1910년 대한제국과 늑약勒約을 체결한 이래로 일제는 '내선일체內鮮一體'라는 위선 속에서 조선민들을 일제의 최하등국민으로 만들었고, 어떠한 자유와 평등의 제도나 정신도 주지 않았다. 황국신민, 대동아공영권의 거짓 기치 속에서 청년들이 끌려나가고 어린 여성이 일본군위안부로 공출되어 나가야 했던 그런 분위기 속에서도 독립운동, 민족해방운동이 그치지 않고 일어났던 것은 국권회복을 넘어서서 인간화를 회복하기 위한 눈물겨운 노력이라고 할 수 있다. 또 다른 말로 해서 인간성 회복을 위한 저항 운동이라고 할 수 있다.

이러한 이성 회복을 위한 저항의 움직임은 일제 강점기에는 말할 것도 없고, 한국전쟁 직후 그 참혹한 극우 반공, 냉전의 세상에서도 꿈틀거렸다. 1960년 4·19혁명 직후에도 한국전쟁 전후 빨갱이사냥에 의해 개죽음을 당했던 유족들이 진실규명과 명예회복을 외치면서 전국 방방곡곡에서 유족회를 구성하며 억울한 죽음을 알렸다. 1961년 5.16쿠데타에 의해 유족회는 흩어지고, 유족회 대표는 사형선고를 당하고 말았다. 소위 혁명재판소는 정의에 사형선고를 내리는 곳으로 변모했다. 유족들은 침묵하고 잊기를 강요당했다. 그러나 그 유족들은 침묵 속에서도 소설도 쓰고, 자녀들에게 억울한 사정을 얘기하기도 하고, 민주화 국면에 진상 규명을 위한 지침 없는 활동을 했다. 반공독재 권력은 민중에게 죽음을 강요하고, 이성의 침묵을 선고할 수 있었으나 최종적인 집행을 할 수 없었던 것이다.

국가보안법이 무소불위의 칼날을 휘두를 때도 그 칼날을 맞을지언정, 휘거나 도망치지 않으려 했던 사람들이 있었다. 한반도에 싸우지 않고 평화롭게 살도록 호소하기 위해 임진강을 건넜던 게 계기가 되어 네 번이나 조작 간첩이 된 후에 1992년 다섯 번째 만에 진짜 간첩이 되었던 김낙중은 80살의 노인이 되어서도 평화 통일의 신념을 굽히지 않았다. 폭력과 공포는 사실을 왜곡하고 조작할 수 있지만, 진정한 마음을 굴복시키지는 못한다.

3.

현재 우리 사회에서 휘몰아치는 종북의 선풍도 과거 반공의 광풍에 비하면 약해졌는가? 결코 아니다. 20세기 반공의 광풍은 야만적인 냉전 시대의 산물이라고 한다면, 21세기 탈냉전 시대에도 나와 다른 사람을 종북으로 몰아가는 사회는 결코 이성이 살아 있는 사회라고 말할 수 없다. 여전히 야만의 시대를 살고 있고, 적응하고 있는 것이 수치스럽다. 종북으로 찍히지 않을까 두려워하는 지식인들을 보면 역겹지 않을 수 없다. 아니, 내 안의 사상검열 자체가 역겹다.

진실이 불편한 것이라고 하여 손바닥으로 해를 가릴 수 없다. 종북 선풍이 사회를 휩쓸어도, 신자유주의 시대를 살아가는 민중들의 삶은 펴지기는커녕, 여전히 어렵기만 하다. 한반도 분단 구조의 70년 간 대결 세력들은 계속 새로운 단어를 제조하고 있다. 반공, 멸공, 빨갱이, 간첩, 좌경용공, 좌빨, 종북좌파 등의 단어들은 사실은 같은 개념이다. 즉 이성의 죽음이다. 식민의 시대와 냉전분단의 시대를 포함한 20세기 100년간 지배집단은 이성의 죽음을 통하여 민주주의의 싹을 자르고, 평화와 통일, 정의와 인권의 깃발을 꺾으려고   시도했다.

고장난 시계처럼 한반도의 시계는 냉전과 탈냉전 사이를 계속 동요하고 있다. 탈냉전이 강해지면 남북은 화해가 되고, 냉전이 강해지면 대결의 분위기로 치닫게 된다. 그 틈새에서 민중들은 죽어나고, 지식인들은 영혼을 팔았다. 이성의 무덤이 한반도 곳곳에 솟아 있다. 어느 버려진 무덤 가운데 돋아난 들풀 하나가 말한다. "너희가 아무리 내 몸통을 짓밟아도 내 뿌리, 내 영혼마저 갖지는 못해"라고. 이성과 민주주의의 뿌리는 서구와 미국이 주입시켜 준 것이 아니라 자유와 평등을 갖고 싶어 했던 이 땅 민중들의 수 천 년된 희망이다. 이성의 죽음을 통하여 이성은 더 깊게 민주주의의 땅에 뿌리를 내려 부활할 것이다. 그게 바로 민중이다.

〈프레시안 2012.7.23〉

5부

이산가족과 해외동포는 우리의 과거와 미래

남북 대화를 이끌어낸 2009 이산가족 상봉행사 | 메아리 없는 '고향의 봄'… 이 겨울의 끝은? | 누가 이산가족의 고통을 치유하는가 | 납북자·납남자도 이산가족이다 | 월드컵 함성에 파묻힌 14차 이산가족 상봉 단상 | 국적 없는 사람들… 계속되는 재일동포의 시련 | 쾰른의 택시운전사 | 정대세, "나에게 조선은 분단되지 않은 '통일 조선'"

남북 대화를
이끌어낸
2009 이산가족 상봉행사

한 마리의 제비가
봄을 불렀다

　　　　분단 60여 년간 이산가족 교류가 이루어진 것은 정치적 타결의 부산물이었다. 1985년 이산가족 고향방문 사업이 이루어질 수 있었던 것은 지난 5공화국 하에서 남북 양측이 세 차례에 걸친 실무대표의 접촉이 이루어진 결과였다. 그에 따라 고향방문단은 서울과 평양을 오고 가면서 상봉을 했고, 예술단 공연도 2회 가질 수 있었다. 2000년 8·15일 이산가족 상봉 행사가 전격적으로 이루어져 2007년 10월까지 16차례 지속될 수 있었던 것 역시 남북정상회담과 6·15남북공동선언의 선물이었다.

　이산가족 문제는 이론적이건 현실적이건 '인도적 문제'임에 틀림없다. 그러나 현재와 같은 남북 관계에서 이산가족 문제가 풀리는 방식은 정치적 해법이 선행될 수밖에 없었다. 뿐만 아니라 정부 당국자의 직·간접적인 관리와 통제가 없는 모든 이산가족의 상봉은 불법이 될 수밖에 없었던 현실이 남아 있다.

남북 대화 단절 속
2009년 이산가족 상봉

그런데 지난 9월 하순의 추석 이산가족 상봉 행사는 종래 이산가족 상봉행사와 중요한 차별성이 있다. 바로 현대아산 현정은 회장과 북측 당국과의 합의에 의해 전격적으로 치러진 점이다. 북측에서는 이런 점을 들어 이번 행사는 제17차 상봉이 아니라, 김정일 국방위원장의 '시혜'에 의해 가능했던 점을 강조하였다. 현실적으로는 맞는 주장이다. 그러나 반드시 짚어야 할 점은 현정은 회장이 북행을 결정하여 7일간 극도의 인내심을 발휘하여 대화를 이끌어내지 않았다면, 국방위원장이 시혜를 베풀려 해도 받을 사람이 없었다는 사실이다. 그 이후 북미간의 접촉과 대화와 함께 남북, 북일 간 물밑 접촉이 활발하게 전개되고 있다.

물론 이산가족 상봉 행사 자체가 이러한 일들을 만들어 냈다고 말하기는 어렵다. 그럼에도 불구하고 남북 당국 간 대화가 끊긴 상황에서 당국 간 대화를 할 수 있는 계기를 마련했다는 점에서 이번 이산가족 상봉 행사는 가히 '봄을 부르는 전령사'로 보아 마땅할 것이다.

10년 이산가족
상봉 행사의 성과

2000년 6·15 남북공동선언 이래로 2007년 10월까지 16차례의 상봉 행사를 가졌다. 즉 연 평균 2회 행사를 치른 셈이다. 2007년 10·4 선언에 따르면 2008년부터는 연 4회를 앞두고 있었다. 그러나 2008년 2월 25일 이후 상황은 주지하는 대로이다. 상황이 이러하다 보니 평소 남북문제나 통일에 무관심하던 시민들조차도 현 정부의 대북 소극적 태도에 대해 불만이 많아졌다. 심지어 남북 대결적 상황에 의해 조성된 한반도 긴장 상태에서 전쟁이 일어나지 않을까 하는 우려감 마저 커졌다.

1년 8개월 이상 남북 관계가 동결되는 가운데 이산가족 신청자 중 고령자가 급속하게 감소하였다. 이산가족정보통합센터에 상봉 신청자 127,268명 중 2008년 7월말까지만 해도 27.8%인 35,483명이 사망하였다. 2009년 10월말 현재 사망자는 4만 명을 상회한다. 신청자 가운데 90세 이상이 3.9%, 80~89세 30.2%, 70-79세 40.4%를 차지하여, 앞으로도 자연 사망자는 급증하게 될 것이다.

그렇다면 지난 10년의 이산가족 교류를 통해 얻은 것은 무엇일까?

우선 이산가족의 입장에서 보면, 가장 큰 장점으로 꼽을 수 있는 것은 이산가족 누구라도 신청할 수 있게 된 점이다. 과거에 이산가족 상봉을 위해 민간단체들에 의뢰할 수 있는 사람은 '돈'이 있어야만 가능했다. 엄청난 경제적 부담 때문이다. 이산가족 상봉 브로커들은 탐색 과정에서 실패할 가능성이 높아, 이산가족으로서는 높은 위험 비용까지 치러야 했다. 설상가상 고비용에도 불구하고 성사가 되지 않는 가능성도 높았다. 그러나 당국 간 상봉이 추진되면서부터 이산가족들의 경제적 부담은 한결 덜어졌고, 불안감도 훨씬 낮아졌다.

다음으로 이산가족 교류 사업은 이산가족 당사자에게 정신적 치료의 효과를 낳고 있다. 물론 상봉을 하고 난 후에도 재이별의 아픔은 여전히 크고, 그리움도 더 커질 수 있다. 그러나 실제로 상봉자를 면담했을 때, 이산가족 상봉 후 그리움은 구체적으로 커지지만, 평생의 죄책감, 불안감 등으로부터 일정 정도 해방감을 느낀다고 말했다. 또한 이산가족 상봉의 자리에 참관했을 때, 이산가족들이 상봉하기 전의 불안, 초조한 얼굴이 상봉 후 다소 편안해지는 얼굴을 접할 수 있었다. 그러나 그들의 소망은 더 커진다. 지속적으로 서로 소식 주고받고 상호 방문하며, 집안 대소사를 같이 지낼 수 있기를 바라는 마음은 더 구체화된다. 과거에는 경원시했던 가족과의 연대의식이 싹트고 있다. 바로 이런 게 진정한 의미의 가족 공동체가 아니겠는가.

다음으로는 당국의 입장에서 살펴보면 이산가족 교류는 남북 관계자들이 서로 일하는 방식을 배우고 실천하는 장이 되었다는 점을 꼽을 수 있다. 이산가족 상봉 과정에는 통일부만 움직이는 것이 아니라 아래에서는 지방 행정 기관, 경찰, 각종 사회단체들이, 위로는 통일부, 적십자사, 정보 관계 기관, 보건 의료, 방송 등 다양한 기구들이 망라되어 교류 과정에 참여한다. 심지어 나와 같은 연구자들도 자원봉사자로 참여하기도 한다. 남북의 대화는 참으로 지루한 과정을 거쳐 성과를 낳게 되는데, 이런 과정을 거쳐 남북이 상생하는 통일의 방법을 만들어 나갈 수 있다. 따라서 이산가족 교류의 현장은 '통일 만들기'의 '학교'이다.

또한 이산가족 교류 사업은 통일 인프라 구축 사업과 연계되어 있다. 이산가족 교류가 성사되려면 우선 남북 각각에 흩어진 이산가족의 생사를 파악해야 한다. 그러기 위해서는 필연적으로 인구 조사와 소재 조사가 이루어져야 한다. 남측에서 신청 받은 12만여 명의 이산가족의 북측 가족의 생사 및 소재를 파악하기 위해서는 북측의 온라인 행정망이 가동되어야 한다. 그러나 알다시피 북측은 현대적 온라인 행정망 인프라가 제대로 구축되어 있지 못한 실정이다. 지난 정부에서 지원한 화상상봉 시스템덕분에 7차례의 화상상봉이 가능했다. 또한 이번에 상봉 장소로 사용된 금강산 이산가족면회소는 총 객실 200여실을 갖춘 이산가족을 위한 상봉의 공간으로 건립되었다. 이 역시 통일 인프라로서 이산가족 상봉과 교류를 위한 각종의 프로그램으로 계속 사용될 수 있을 것이다.

이산가족 교류
활성화를 위한 과제

이상적으로 말하면 이산가족 교류 사업은 빨리 끝날수록 좋다. 다시 말해 통일의 길에 확실히 들어서거나 통일이 되면 현재와 같은 이산가족 상봉 행사나 교류는 더 이상 필요가 없을 것이다. 그러나 현실적으로 통일의 과정에서 당분간 이산가족 교류 사업은 계속될 수밖에 없다. 이산가족 교류에 있어서 아직 많은 과제들이 남아 있다.

첫째, 절대 다수의 이산가족의 규모와 생사가 밝혀지지 못했다. 이산가족들이 가장 먼저 바라는 것은 이산된 가족의 생사여부만이라도 확인하는 것이다. 우선 상봉 신청자들의 생사 여부만이라도 알기 위해서는 북측에 행정 전산망의 현대화를 위한 지원을 해줘야 한다. 왜 행정 전산망을 남측이 해줘야 하는지 물을 사람이 많을 것이다. 그건 전적으로 우리가 목이 타기 때문이다. 현재의 경제 형편에 북측에서 행정 전산망의 현대화에 소요되는 비용을 우선적으로 투입하기에는 버거운 실정이다. 그러나 남측은 다른 부문의 남북교류에 앞서 이산가족 교류를 해야 전체 교류의 의미가 살 수밖에 없는 입장이다. 또한 남측은 북측에 비해 경제적 대국이 아닌가? 그래서 통일 인프라를 남측이 투자함으로써 남측이 통일 이니셔티브를 주도할 수 있다.

또한 교류 과정에서 남북분단 이후 한 번도 실시해본 적이 없는 남북 동시 이산가족 규모를 조사하는 방안을 마련할 필요가 있다. 이는 남북 인구조사의 하위 부문이기도 하고, 역으로 이산가족 실사를 통해 남북 인구조사의 효과를 가질 수 있다.

둘째, 아직도 남아 있는 이산가족 상봉 미신청자들이 신청하도록 만들어야 한다. 이산가족 조사를 하다보면 아직 이산가족 상봉 신청을 하지 않은 상당수의 이산가족들을 만나게 된다. 남북 화해지수가 상당히 높았을 지난 정부 하에서도, 서울에서 느끼는 통일 체감지수는 지방에 내려가면 상당히 떨어지는 것을 느낄 수 있었다. 미신청자들은 '남북 관계가 앞으로 어떻게 될지 몰라서', '신청하면 북측 가족에서 불이익을 돌아갈까봐' 등과 같은 이유를 제기했다. 그런데 그들의 마음 한 쪽에는 '신청 시 자기 자신이 이산가족이라고 하여 정부로부터 불이익을 당할까봐'라는 이유가 남아 있다. 이게 바로 이산가족들의 '침묵의 목소리'이다.

오랫동안 많은 이산가족들은 정부—경찰, 지방 행정기관, 사회단체 등—로부터 감시받았고, 연좌제로 인해 공무원이나 교사, 사회 진출에 부당한 대우를 받았다. 이제 이산가족들이 냉전적 피해를 극복할 때 우리 사회도 냉전 문화에서 벗어날 수 있다.

셋째, 이산가족 문제와 같은 인도적 문제를 인도적으로 해결할 수 있어야 한다. 다시 말해 이 문제가 더 이상 정치적 논리에 휘둘리지 않고, 고령 이산가족들이 사라지기 전에 부지런히 교류하도록 해야 한다. 지금까지 이산가족 문제를 주도해온 정부 부처이고 통일부이다. 2008년 현 정부는 이산가족 전반적인 과정을 적십자사가 담당하도록 했으나 아직 실효성은 없다. 이산가족 문제가 남북의 적십사자에 의해 해결되도록 하기 위해서는 남북 관계가 안정적이 되고, 통일의 길에 비가역성이 보장되어야 한다.

넷째, 이산가족 상봉 면회소의 추가 건설이 불가피하다. 어렵게 이산가족 상봉면회소가 금강산에 마련되었으나 이산가족 담당 요원들의 수가 제한되어 있고, 객실이 200여밖에 되지 않는 현실에서 10만여 명이 되는 이산가족 신청자를 매월 한 차례씩 상봉하게 해도 수십 년 걸리는 현실이다.

다섯째, 이산가족 교류 방식이 다양화되어야 한다. 단기간에는 현재의 틀에서 모든 이산가족들이 생사확인을 하고 서신교환도 할 수 있으며 상봉도 할 수밖에 없을 것이다. 그러나 남북관계가 성숙되면 이산가족이 소망하는 방식대로 교류가 추진될 수 있도록 교류방식이 다양해져야 한다. 국군포로나 납치자 가족 등과 같은 특수 이산가족 문제를 무조건 탈북과 재결합으로 해결할 수는 없다. 제2, 제3의 이산가족을 양산하는 것은 반통일적이기 때문이다.

이산가족 문제 해결은 인류적 보편성 회복

그런데 왜 우리는 이산가족 문제에 연연해야 하는가? 그 답은 간단하다. 이산가족들은 분단과 냉전의 제1의 피해자이고, 그 문제를 푸는 것은 분단을 극복하는 길이자, 인류 보편성을 회복하는 길이기 때문이다. 인류가 지구상에 출현한 이래로 기본적으로 인류는 가족을 형성하게 되면, 같은 공동체 의식을 갖고 살아옴으로써 문명을 건설할 수 있었다.

21세기 다문화 시대, 기러기 가족이 만연되어 있는 한국 사회에서도 가족은 자신의 존재를 확인하며 삶을 소중하게 만드는 원동력이다. 가족이 가족으로서 연대의식을 갖고 만날 수 있는 권리를 누리는 것은 너무도 당연한 보편적 권리이다. 보편적 권리를 보장할 통일의 길을 누구도 끊을 수 없다.

〈『민족화해』2009년 11 · 12월호〉

메아리 없는
'고향의 봄'…
이 겨울의 끝은?

유럽 동포와 함께한 6 · 15 행사

**현대로 거듭나는
전통의 라인 강변과
6 · 15행사**

　　5월 말~6월 초 푸르른 라인 강은 잔잔하게 빛나고 있었다. 라인 강 너머 평원과 언덕의 수많은 포도밭에서는 태양빛을 받아 포도가 익고 있었다. 뤼데스하임Rüdesheim은 프랑크푸르트에서 2시간여 떨어진 관광지로 유명한 곳이다. 뤼데스하임에는 수많은 독일이나 유럽의 명사들이 다녀갔다. 그래서 그곳의 아름다운 숲의 곳곳에는 명사들이 다녔던 자취가 표지판으로 기억되고 있었다. 주변 라인 강가의 수많은 중세 고성古城들은 현대인들의 발길을 끌어당기고 있다. 또 인근의 로렐라이 언덕에서는 관광객−특히 한국 관광객들이 부르는 〈로렐라이Lorelei〉노래가 흘러나오고 있었다.

　　뤼데스하임은 인구가 1만 명 내외의 유네스코에 등재된 도시이다. 중세풍의 목조 가옥과 좁은 거리에는 레스토랑과 기념품 가게가 들어차 있었다. 어른 한 사람이 팔을 쫙 펴면 손에 닿을 듯한 수백 년 된 145미터 길

독일 라인강변의 뤼데스하임 (촬영: 김귀옥)

이의 좁다란 골목길이 개발되지 않은 채 전통을 간직한 관광 명소로 재탄생했다. 또 1000년 전 마인츠 대주교가 소유했다는 브룀서부르크(Brömserburg)는 거대한 포도주 박물관으로 변했다.

뤼데스하임의 니더발트 고지 꼭대기에는 1871년 보불전쟁의 승리와 독일 통일을 기념하는 게르마니아 동상이 있다. 12세기 힐데가드 수녀원장에 의해 세워졌다고 하는 언덕 위의 성 힐데가드St. Hildegard 수녀원은 음악과 책, 포도주로 유명한 관광 명소 중 하나이다. 이 곳 수녀원의 포도주 시음회에 참여할 수 있었던 것은 이번 여행의 기쁨 중 하나가 아닐 수 없었다.

한 폭의 그림과 같은 라인 강변의 작은 호텔에 2박 3일간 머물게 된 것은 6·15공동선언실천유럽위원회(위원장 박소은)가 개최하는 6·15 행사에 강연자로 초청받았기 때문이다. 5월 30일부터 6월 1일까지 실시된 이번 6·15 행사의 큰 주제는 "해외 동포와 통일"이었다. 이번 행사에는 독일 각지와 네덜란드에서 50~60여 명의 해외 동포들이 참가하였다.

이 행사에서는 해외 동포들이 자신의 현장에서 보는 통일에 대한 전반적인 의견과 세계화 시대 해외 동포들의 정체성 문제, 나아가 세계화와 열린 민족주의 등의 주제에 초점이 맞춰져 있었다.

재독 동포들이 보는 한국 상황과
동포 사회의 위기와 과제

　　　　　　5월 30일 저녁 행사는 노무현 전 대통령의 죽음을 애도하는 묵념으로 시작되었다. 프랑크푸르트 소재 한국 영사관에는 고 노무현 전 대통령의 분향소가 있었으나, 재독 동포들의 적지 않은 사람들은 그곳에 가길 꺼렸다고 한다. 그래서 프랑크푸르트 인근에 살고 있는 유럽공동위원회의 몇몇 뜻있는 분들이 프랑크푸르트 주변 지역의 '정토사'에 분향소를 별도로 마련해 두었다. 마치 서울 시내의 정부가 설치한 공식 분향소와 대한문 앞 시민 분향소를 연상시켰다. 프랑크푸르트의 동포 자체 분향소에는 인근 동포들뿐만 아니라 차로 몇 시간을 달려온 일시 체류 한국인들도 있었다.

　애도로써 시작된 6 · 15 행사의 첫 주제 발표는 독일 유학생인 오제욱 씨의 '위기 극복과 통일을 향한 소통과 연대를 꿈꾸며'로 시작되었다. 그는 노무현 전 대통령의 자살을 '정치적 타살'로 규정하며 그 배후에는 신자유주의자

독일의 고 노무현대통령 분향소 (촬영: 김귀옥)

와 조 · 중 · 동과 같은 극우 보수 세력 등이 있다고 예각을 드러냈다. 또한 노무현 전 대통령의 죽음이나 현재 한국 사회의 위기에 대해 진보 세력 또는 좌파 세력들도 책임으로부터 자유로울 수 없다고 꼬집었다.

　노무현 전 대통령의 죽음은 현재 한국 사회가 안고 있는 위기의 표출이며, 그러한 위기와 남북의 반목 상태를 극복하기 위해서는 어느 때보다도 사회적, 정치적 소통이 절실하다고 보았다. 이러한 소통과 관용을 위해서

는 좌우, 보수, 진보로부터 자유로운 '경계인'의 역할이 중요하다고 지적했다. 그는 수많은 흩어진 경계인들이 관용과 연대로써 소통하게 된다면, 위기와 갈등의 화해자로서 역할을 할 수 있다고 주장했다.

2003년 송두율 교수 사건 이전부터 이미 '경계인'으로서 운명을 살았던 재독 동포들이기에 경계인 논의는 너무도 익숙하면서도 여전히 고통스러운 것으로 보였다. 경계인이 관용과 연대의 주체가 되기 위해서는 더 많은 화해와 탈분단적 환경이 필요하다고 참석자들은 목소리를 모았다.

5월 31일 오후 행사의 1부에서는 중국 『흑룡강신문』의 논설위원인 재중 동포 김범송 씨(한국학중앙연구원 사회학 박사)가 '재중 동포 정체성의 다변화'라는 주제로 발표를 했다. 또 원래 발표자로 예정된 재일 동포 림혜영 씨(전 희망제작소 연구원)가 불참하게 되어 글쓴이가 평소 공부와 일본 동포 사회에 대한 참여 관찰을 바탕으로 하여 '재일 조선인의 역사와 정체성'이라는 주제로 대신 발표하였다. 부언하자면 글쓴이는 1995년부터 '재외한인학회' 회원으로 활동해 오고 있다.

아무튼 두 편의 논문에서는 재중 동포와 재일 동포의 역사적, 사회적 특수성에 대한 설명과 함께 공통성이 논의되었다. 물론 가장 중요한 주제는 결국 한반도 분단이 중국과 일본의 재외 동포 사회에 미친 영향과 문제로 집약되었다. 그러한 문제의 해결과 동포 사회의 자유로운 이동과 본국과의 원활한 소통을 위해서도 동포 사회 내부의 이질성을 극복하면서 서로의

뤼데스하임의 6 · 15토론회 모습

차이를 관용하는 노력이 필요하다는데 대부분의 참석자들이 공감하는 것으로 보였다.

2부 발표에서 글쓴이는 본 발표 주제인 '세계화 시대의 열린 민족주의'를 중심으로 민족문제와 열린 민족주의를 발표했다.

불편하지만 극복해야
할 민족문제

금융자본 2조 달러가 하루 24시간 동안 전 지구를 돌아다니는 시대가 이른 바 세계화 시대이다. 이미 자본에는 국적이 없고, 국가도 없다. 2007년 미국발 '서브프라임모기지론' 사태는 전 세계 구석구석에 영향을 미쳤다. 북핵 위기뿐만 아니라 경제 위기조차 국가 간의 공조로 대응하는 시대에 과연 민족문제나 민족주의는 무슨 의미가 있는 것인가?

더구나 냉전도 아닌 탈냉전 시대 남북에 화해의 기운이 높아져갈 무렵인 2003년. 어렵사리 방문한 송두율 교수의 체포 구속 사건은 남북 동족의 어디에도 서지 못하는 '경계인'의 비극적 숙명을 다시금 환기시켰다. 과연 그들에게 같은 민족은 무슨 의미를 지닌 것일까? 더구나 수많은 외국인 노동자들과 국제 이주 결혼 여성으로 인해 다문화 사회와 다문화 가족이 만들어지고 있는 한국 사회에서 민족주의는 다문화 사회로 이행하는 데 오히려 걸림돌이 될 뿐이 아닌가? 실로 세계화 시대 민족주의나 민족문제는 시대착오의 대명사로 비쳐지고 있다.

그럼에도 불구하고 분단된 민족으로서, 만들어진 경계인의 운명을 넘어서기 위해서는, 또는 초자본과 신자유주의의 횡포에 대항하여 복지국가와 통일의 과제를 완성시키기 위해서는 민족문제는 반드시 풀어야 하며, 그

문제를 풀어나가는 데 열린 민족주의가 필요하다는 취지의 발표였다.

이 발표를 둘러싼 긴 토론이 있었다. 그 토론은 유학생과 고학력자들이 많은 독일 동포사회답게 다양한 이론을 갖추고 있어서 어느 학술 토론회에 못지않은 열기를 띠었다. 그러나 토론을 뒷받침한 것에는 그들의 30년간 조국 민주화 운동으로 다져진 토론과 남북으로부터 상처 입은 경험이 아니었을까 싶다.

상처 입은 이방(異邦)의
비전향 장기수

참가자들은 크게 보아 세 군으로 나눠져 있었다. 일군은 1960~70년대 파독 광부 출신과 간호사 출신이다. 둘째 군은 유학생 출신이고, 셋째 군은 상사 주재원 출신이나 주재원들, 동포2세대 청년들과 아이들이다. 광부 출

2009.6.15 토론회 기념촬영

신 가운데에는 1960년대 취업 상황이 좋지 않았고, 정치적 상황을 비판하여 고학력자들이 꽤 많이 포함되어 있었다. 그러다 보니 이들의 학력은 어느 해외 동포 사회보다도 높은 편이다.

6·15유럽공동위원회의 주축은 재독, 재유럽 동포 사회에서 1970~80년대 한국 민주화 운동을 주도했던 사람들이다. 그들은 소위

'68세대'들의 문화혁명 속에서 혁명적 분위기의 영향을 받았다. 그런 가운데 1974년 3월 1일, 재독 동포 지식인 사회에서는 '민주사회건설협의회'(이하 민건회)가 만들어졌다. 이날 박정희 "유신독재 타도"를 외치는 성토대회 및 시위와 함께 '민건회 제1선언'이 발표되었다. 여기에 55명의 서명이 있었다. 서명자의 일부를 보면, 김길순 박사(한국학술원 원장, 간병으로 병사), 박대원(현 민건동지회 공동대표), 송두율 교수와 정정희 여사, 윤이상 교수, 이영빈 목사와 김순환 여사, 이화선 목사, 임희길(현 민건동지회 공동대표), 이삼열 교수(숭실대교수), 이경택과 박소은(현 6·15유럽공동위원회) 등.

그 후로도 그들은 남한 내 현안이 생기면 프랑크푸르트 시청 앞 성 바오로 교회Pauls Kirche 광장에서 시위를 했다. 이 광장은 2006년 독일 월드컵 대회 당시 재독 한인들의 축제의 장이자, 2008년 촛불 집회에서의 촛불의 광장으로 한국에도 알려졌다. 1970~80년대 그들은 남한이 민주화가 되는 게 자신들의 모든 꿈이자 미래라고 여겼다. 그들은 사재를 털어 연구소를 건립하고 자료집, 백서를 만들었다. 1980년 5·18 당시에는 외신을 통하여 신군부의 등장과 5·18의 실상을 상세하게 해외 동포 사회에 알리는 선봉장이 되었다. 또한 이영빈 목사와 이화선 목사 같은 분은 '조국통일해외기독자회'를 열어 남과 북, 해외 동포 간의 대화와 교류를 열어가는 데 앞장섰다.

그러나 1987년 민주화 이후 한국은 그들을 잊었는지도 모르겠다. 주지하듯 윤이상 선생은 동백림 사건 이후 고국의 땅을 밟지 못한 채, 혼백으로 고향에 올 수 있었고, 송두율 교수는 2008년 무죄 판결을 받았으나 국내 일반인들에게는 여전히 '간첩 김철수'로 기억되어 있다. 2005년 8·15 행사 당시에는 망명객으로 타국을 떠돌던 12명이 고향 땅을 밟을

수 있었다. 그러나 일본의 정경모 선생뿐만 아니라 독일의 박대원 선생
(서울대 문리대 철학과 출신)이나 김용무 선생(서울대 문리대 철학과 출
신)은 아직도 꿈에서나 고향을 만날 뿐이다. 그들이 바로 6·15유럽공동
위원회의 시인 김원호 선생이 말하는 '이방異邦의 비전향 장기수'이다.

끝나지 않은
고향의 노래

　　　　　6월 1일 행사의 끝은 '고향의 봄'으로 장식되었다. 세계화
시대 돈도, 물자도 국경을 모른 채 지구를 떠돈다. 세계화 시대, 능력 있
는 사람들은 '노마드nomad 정신'을 외친다. 미국 월가의 큰 손들, 보보스
족, EU의 유로파들에게는 민족주의는 정신 빠진 헛소리에 불과할지도 모
른다.

　그러나 여전히 복지에는 국경이 있고, 국가 안보에는 국경이 있다. 사
회적, 정치적 약자에게 국적이 없다면, 투명인간이 되고 만다. 송두율 교
수와 함께 경계인의 삶을 살고 있는 이들에게는 민족이란 너무도 불편한
이름일 수밖에 없다. 그러나 그들이 경계를 자유롭게 넘어서기 위한 조건
역시 민족 문제의 해결이고, 민족주의의 회복은 긴 분단과 냉전으로 인한
상처의 치료제가 될 수밖에 없다.

　아직도 경상도 사투리를 진하게 쓰는 박대원 선생이나 쾰른의 택시운전
사인 김용무 선생이 더 이상 눈물 젖은 '고향의 봄'을 부르지 않아도 되기
를 빌어본다. 그들이 자유롭게 고향을 왕래하고 헤어진 가족들과 상봉할
수 있는 날이 바로 통일의 날이다.

〈프레시안 2009.6.29〉

누가
이산가족의 고통을
치유하는가

"아버지를 꿈에서 뵈었어요. 이제 다시는 아버지를 뵐 수 없을까요?"

2006년 이산가족 상봉 행사 때 금강산에서 만난 뒤 이따금 연락을 주고받았던 이산가족 한 분이 한 달여 전 내게 전화를 걸었다. 그해 이산가족 상봉 행사에 대한적십자사의 도우미로 따라나섰다가 만난 분이다.

그분은 1950년 한국전쟁 때 4살의 나이에 헤어진 아버지를 당시 금강산에서 만났다. 속초에서 금강산을 가는 내내 그는 아버지의 모습을 그리며 사뭇 가슴 설레어 했다. 그러나 정작 만나자 부녀 사이에는 세월의 강

13차 이산가족식 부녀의 헤어짐 (촬영: 김귀옥)

이 흐르는 듯했다. 2박 3일의 소중한 시간을 데면데면하게 보내고는 헤어지는 시간이 되어서야 그는 아버지를 붙들고 "아버지, 가지 마" 하며 통곡하는 게 아닌가.

서울로 돌아와서는 아버지가 준 선물들을 친척이나 지인들에게 자랑하기 위해 몇 번의 잔치를 벌였다. 그리움에 더 마음이 아팠다. 그래도 언젠가는 아버지로 인해 새롭게 생긴 북쪽 형제자매들을 만나게 되기를 손꼽아 기다린다고 했다. 그런 그가 최근 어지러운 남북정세에 마음이 뒤숭숭하여 꿈에서 아버지를 보았나 보다.

2010년 8월 15일은 남북 이산가족 상봉 행사를 한 지 10년이 되는 날이다. 그날 세계적인 언론들이 연일 이 행사를 대서특필했다. 십년 전 그날, 많은 사람들은 이산가족들의 뜨거운 눈물과 포옹과 함께 남북의 분단이 끝나가고 있는 게 아닌가 착각을 했다.

이제 남북관계가 1990년 이전으로 후퇴하고 있다. 악화 일로로 치닫고 있는 남북관계에 대해 남북 당국 누구도 그 책임에서 자유로울 수 없다. 남북 당국이 기싸

2006년 13차 이산가족 상봉 (촬영: 김귀옥)

움, 명분싸움을 하고 있는 동안 이산가족들이 죽어나가고 있다. 지난해만해도 이산가족 찾기 추가 신청자는 685명이지만, 사망자는 다섯 배나 되는 3,197명이다. 이산가족정보통합센터가 상봉 신청을 받은 이래로 12만 8,000여 명 중 벌써 4만 4,000여 명이 별세했다. 앞으로 남은 고령자를 놓고 볼 때 가속이 붙게 될 것이다. 이러다 보니 마음 급한 이산가족들은 북녘 하늘을 바라보며 한숨만 지을 뿐이다. 어렵게 완공된 금강산면회소는 개점 후 휴업상태이다.

이산가족 문제에 대해서는 남북 당국이 아무리 대결 국면으로 치달아도 풀어내야 할 절체절명의 책무를 느껴야 마땅하다. 예컨대 북핵 문제로 긴장 국면의 북한과 미국은 대화를 통하여 한국전쟁 때 북한 지역에 남은 미군의 유골을 발굴하여 미국으로 송환하지 않았던가. 이게 바로 인본주의 정신이고 국가가 국민에 대한 책임을 다하는 자세이다. 최근에도 북한은 제스처이건 아니건 국군포로 송환 제안을 한 바 있다. 이런 인도적 의제에 대해서 당국은 정치적 입장과 분리하여 접근해야 한다. 그것을 계기 삼아 북한을 이산가족 문제 해결의 장으로 이끌어낼 만한 아량과 관용을 남쪽 당국은 가져야 하지 않을까 싶다.

또한 이산가족 문제에 대해서는 미국이나 구 소련, 일본, 중국 등도 책임이 크다. 즉 남북 이산가족 문제는 냉전시대의 유물 중 하나이다. 이 문제에 대해 유관 국가들의 책임을 호소하며, 국제사회의 관심과 해결을 위한 공조를 호소할 필요가 있다. 마침 국제인도법의 중요한 내용에도 이산가족 문제 해결이 포함되어 있다. 국제적십자위원회의 중재를 요청하여 남북 · 해외 이산가족 교류의 새로운 접점을 마련해야 할 때이다.

우리는 독일 통일의 교훈을 잊어서는 안 된다. 1960년대까지 서독의 동독 적대시 정책하에서는 동서독 관계의 진전은 전혀 없었다. 그러나 1970년 '동서독 기본합의서'를 체결하고 인도적 지원과 이산가족 교류정책을 확대함으로써 서독의 자유와 풍요가 동독의 변화를 이끌어낼 수 있었다. 통일의 기초가 될 수 있었다.

2010년은 경술국치 100년이 되는 해이다. 경술국치로 인해 남북이 분단되었고, 이산가족의 고통이 시작되었음을 상기해야 한다. 이산의 고통을 어루만지고 치유하려는 지도자가 아쉽다.

〈한겨레신문 2010.8.13〉

납북자·납남자도
이산가족이다

　　지난 주 제5차 이산가족 화상 상봉이 3일간 있었다. 2·13 합의에 힘입어 지난해 2월 제4차 화상상봉이 있었던 지 13개월 만에 재개되었다. 제5차 화상상봉에서는 120가족 865명이 화상을 통해서나마 생사를 확인할 수 있었다. 또한 조만간 남북 적십자회담이 예정되고 있고, 해묵은 의제들이 다시 제기될 것이다.

　작년 6월의 제14차 이산가족 상봉 이래로 모르긴 몰라도 여러 분의 이산가족이 이산의 한을 품은 채, 세상을 떴을 것이다. 이산가족의 상봉장은 당사자들에게는 잊으려 했던 가족의 생사를 확인하고 60년 이산의 서러운 한을 조금이나마 풀 수 있는 기가 막힌 자리이다. 그러나 그곳을 지켜보는 사람들에게는 통일과 평화의 절박함을 가장 확실하게 배울 수 있는 평화통일의 교육장이 될 것이다.

　그러나 이산가족의 기대와 설렘 속에 개최된 2박3일 동안 이산가족 화상상봉은 기대 이하로 언론의 주목을 받지 못했다. 통신사나 뉴스전문 유선TV, 인터넷신문이 관련 뉴스를 주로 보도했고, 정규 방송사는 간혹 보도했던 반면, 종이신문은 보도횟수마저 두 손으로 꼽을 정도이다. 어떤

신문사는 화상상봉 소식에 대해서는 거의 보도하지 않다가, 북측 이산가족의 정치적 발언을 유독 보도하는 전형적인 선정적 보도태도를 취하기도 했다.

더 이상 납북자 문제를
냉전의 시각으로는 풀 수 없다

이산가족 문제를 풀어나가는 데 장애로 작용하는 문제들이 적지 않다. 하나의 걸림돌 가운데 하나가 '납치자' 문제이다. 이산가족을 만난 현장에서 납치 문제에 접근하면서 많은 의문을 품게 되는데, 그 대답은 분단과 냉전 상황이 아니라면 풀 수 없음을 발견한다.

우선 휴전선 이북으로 납치된 '납북자' 문제를 살펴보자. 납북자 문제를 보면서 가장 혼란스러웠던 점은 납북자의 존재를 둘러싼 모순 때문이었다. 지난 남북의 대결 국면에서 남측의 입장에서 볼 때, 정치적으로나 도덕적으로 납북자만큼 북한의 비인도성과 야만성을 비판하기 좋은 소재는 별로 없을 것이다. 동시에 국가적 수준에서도 국민에게 반공주의를 선전하기 가장 좋은 증거의 하나일 것이다. 이런 이유로 국가는 납북 이산가족을 보호에 앞장서야 했다.

그럼에도 불구하고 납북 이산가족들은 납북 당사자로 인해 긴 세월 고통 속에 살아야 했다. 2000년 9월 2일 비전향 장기수 62명이 북한으로 돌아갔을 때 납북 이산가족들은 통한의 울음을 터뜨리며 북한 당국을 원망하고, 남한 당국에 배반감을 토로했다. 왜일까?

납북자는 한국전쟁 당시와 그 이후로 나눌 수 있을 것이다. 6·25 개전 직후 서울에서는 독립운동가, 정치가, 문필가 등 유명 인사들 포함하여 상당수의 사람들이 소위 북한의 '모시기공작'에 의해 납치된 바 있다. 그 과정은 이태호와 신경완의 『압록강변의 겨울 : 납북요인들의 삶과 통일의 한』에 상세하게 그려져 있다.

그중에는 2000년 1차 이산가족 상봉행사 당시 북측 이산가족단장으로 내려왔던 류미영의 아버지 류동렬柳東說, 1877~1950 선생도 포함되어 있었다. 또한 그의 시아버지이자 남편 최덕신의 아버지인 최동호崔東旿, 1892~1963 선생도 마찬가지였다. 류동렬 장군은 임시정부 요인들과는 달리 미군정에 참여해 통위부장으로 한국군 창설의 산파역을 했던 분이니 납치라는 문제는 보다 분명해 보이는 듯하다. 그런데 그 두 분은 이후 북한 정권이 세운 애국열사능에 묻힘으로써 강제 · 자원이라는 문제가 애매모호하게 되었다. 급기야 1978년에는 전직 외무장관이었던 최덕신이 먼저 자원 월북하였고, 이어 류미영 역시 그랬다. 그들은 각 아버지를 성묘하러가는 길이었다고 했다.

2000년 1차 북측상봉단을 이끌고 서울로 온 류미영 씨는 서울의 아들 최인국 씨와 극적 상봉을 할 수 있었다. 최인국 씨 입장에서는 부모의 자원 월북으로 자신과 가족의 인생은 파탄에 이르렀기 때문에 원망의 마음이 가득할 수밖에 없었다. 월북자 가족이라는 이유만으로 직장만도 최소한 10번 이상을 옮겨야 했다. 권위주의 국가 시절 지독했던 연좌제의 너울과 사회적 낙인으로 인해 최인국 씨의 미래는 사실상 끝난 셈이 되고 말았다.

부모를 성묘하기 위해 북으로 갔던 사람들과 그로 인해 버려진 사람들…. 20여년만의 이들의 만남을 냉전의 잣대로만 얘기할 수 있을까?

납북어부 가족들이
서러운 까닭

그럼 정전협정이 맺어진 이후, 사실 상 두 개의 분단국가 체제 하에서 일어났던 납북자 문제는 어떻게 이해해야 할까? 일본여성 메구미의 남편 김영남의 1978년 납북사건이나 동진호로 대표되는 납북어북 사건 등의 문제와 같은 전후 납북자 문제들은 이산가족관련 남북대회에서 항상 첨예한 문제로 불거졌다.

예컨대 2006년 6월, 14차 이산가족 상봉의 현장에서 남측 가족과 만나기 위해 나온 김영남 씨를 통하여 그의 납북 사건은 강제도 자원도 아닌, 제3의 월북사건으로 판명되었지만, 오랫동안 납북이라는 한 방향에 맞춰져 문제가 제기되어 왔다.

10년 동안 이산가족 문제를 조사하는 과정에서 소위 납북어부나 그 이산가족들을 여러 명 만날 수 있었다. 다를 것이라고 전제되었던 납북되었다고 알려졌던 어부의 귀환 이후의 삶이나 귀환하지 못한 채 이산당한 가족들의 삶은 별로 차이가 나지 않음을 알고 처음에는 이해할 수 없었다. 수시로 말단 행정 및 경찰 기구, 심지어 동네 사람들의 감시를 받는 것, 종종 경찰관의 보호(?)를 받아야 하는 것, 이사를 가고 올 때면, 지역 책임자에게 반드시 보고하도록 되어 있는 것, 신원조회에서 번번이 걸리는 것, 자식들까지 요시찰명부에 올려져 점검을 받는다는 것, 납북 사건에 연루되고 나면 당사자는 말할 것도 없고, 이산가족까지 같은 운명에 처해져야 하는 것은 무슨 연유인가?

그렇게 되는 데에는 극도의 민감한 문제가 깔려 있었던 것을 발견하게 되었다. 다시 말해 진상과 무관하게 납북 당사자를 둘러싸고 '간첩'의 문제가 연관되어 있었고, 간첩까지는 아니더라도 빨갱이 가능성에 대한 혐의를 받게 되었던 것이다.

몇 해 전에 속초에서 어부인 김씨 할아버지를 만난 적이 있었다. 1960년대 후반 그가 탄 배가 조업 중 북측 경계를 침범하여 북측 해안경비대에 체포되어 청진에서 몇 달 간 조사를 받고, 남한에 살면서는 받아본 적이 없는 극진한(?) 대우를 받은 후 고향으로 귀환하였다. 귀환한 즉시 조사를 받았다. 합동조사팀에서 조사를 받는 과정에서 북한에 대한 고무찬양 혐의로 7개월 형을 살게 되었다. 석방되어 고향에 돌아온 후에는 그는 경찰관이나 사회적 보호망(?)에 둘러싸여 거의 20년을 살게 되었다. 또 다른 어부 출신의 사람은 이중간첩 혐의로 긴 세월 말할 수 없는 고생의 나날을 보내게 되었다.

또한 납북 이산가족 역시 마찬가지 삶을 살아야 했다. 가족을 잃어버린 고통에도 불구하고 정부로부터 보호를 받기는커녕 요시찰인 범주로 분류가 되어 일상적으로 감시와 통제를 당하였다. 그러는 가운데, 친척이나 친구, 동네 사람들도 등을 돌렸다. 확실한 이유는 알 수 없으나 언제 북측 가족이 남측 가족을 몰래 '간첩'으로서 방문할 지도 모른다는 이유가 아니었을까 싶다.

납남자도
이산가족이다

이산가족을 언급하는 데에서 가장 언급하기 어려운 존재가 소위 '납남자拉南者', 즉 전쟁 당시나 이후 휴전선 이북의 사람이 이남으로 강제로 이주된 사람이다. 전쟁 당시에는 엄청난 사람들이 납남자 문제도 복잡하게 얽혀 있지만 더 문제가 되는 것은 전후 납남자 문제이다. 예를 들면 2005년 간행된 북파공작원의 아버지로 불리는, 김동석 대령의 회고록이나 북파공작원 관련 자료들에 따르면 전후 북파공작원의 주요 임무 중 하나는 요인 살인 및 납치이다. 물론 요인 가운데에는 민간인도 포함되었다. 실제 조사과정에서 휴전협정 이후에 김동석 부대원들에 의해 납치당해 내려온 사람을 만날 수 있었다.

그는 북파공작원의 오인(?)에 의해 3명의 친구들과 같이 납치당하여 이남으로 내려와서 1년간 영문도 모른 채 재판도 판결도 없이 지하 감옥에서 수감되었다. 석방 후 그의 인생은 살아도 산 것이 아니었다. 그의 일거수일투족은 보고되어야 했다. 1980년대 후반 정치적 민주화 이후가 되어서야 조금은 자유로워졌지만, 그 사이에 형성된 자기검열은 친구에게도 자신의 과거사를 털어놓지 않도록 만들었다. 낯선 사람은 무조건 의심하도록 하는 코드가 그의 머리 깊숙이 형성되어 있었다.

이산가족 문제를
푸는 해법

나는 납북자, 납남자를 푸는 방식을 이원화시켜야 한다고 본다. 즉 납북자와 납남자 당사자에 대해서는 정치적·학술적으로 접근해야 한다. 진상과 책임 소재를 규명하고 책임자의 사과를 받고 학술적으로 전후관계를 기록해야 한다.

그러나 그들의 가족들과의 관계의 문제는 이산가족의 틀 속에서 풀어야 한다. 이산가족 틀 속에서 풀어야 하는 가장 중요한 이유는 현재와 같이 탈북자관련 단체 주도로 문제에 접근하게 되면 제 2, 3의 이산가족을 만들기 때문이다. 또한 이러한 문제는 '돈'과 '정보'라는 문제가 얽히고설키면서, 결국 이산가족에 대한 사회적 불신감을 높일 수 있다.

이산가족 해법에는 기본원칙이 있다. 생사확인을 하고 서신을 교환하며, 상봉을 하고 고향방문을 하면서 종국적으로 자연스러운 선택을 통한 재결합의 방식이 그것이다. 납북자 이산가족이건 납남자 이산가족이건 인도주의적, 사람의 관점에서 보면 그들도 여타의 이산가족들과 똑같은 이산가족이다. 나아가 '새터민(북한이탈주민)'도 이산가족으로 간주해야 한다. 현재 이산가족 상봉 신청을 한 10만 명이 넘는 사람들이 눈감기 전에 만나기 위해서는 지금보다 더 많은 이산가족 상봉이 정례적으로 일어나야 하고, 이산가족 면회소가 준공이 되면 거의 매주 이산가족 상봉 행사를 해야 한다.

이러한 이산가족의 상봉이 일상화되고 정례화 될 때 사람의 통일이 한 발자국 가까워 질 수 있다.

〈국정브리핑 2007.4.5〉

월드컵 함성에 파묻힌
14차 이산가족상봉
단상

현재 한국은 월드컵 시계에 맞춰져 다른 모든 게 정지되어 있다. 아니, 시간이 흐른다면 월드컵 함성에 묻혀 다른 목소리들이 들리지 않는다. 그 덕분에 6·15남북공동선언 6년맞이 특별 이산가족 행사의 소식들도 거의 보도되고 있지 않다.

그런 와중에도 언론방송사들이나 일부 단체, 정부에서 이번 행사에 대단한 신경을 쓰고 있다. 4진으로 구성된 상봉 이산가족의 규모와 기간 때문만도 아니다. 관심이 큰 것은 제4진 상봉 때 일본인 피랍자이며, 죽은 시체로 2004년 일본으로 돌아간 메구미 씨의 남편으로 추정되는 김영남 씨가 상봉 명단에 있고, 그의 어머니가 상봉을 위한 절차를 마쳤기 때문이다.

'납치'문제의 세계화

현재로서는 당일 상봉 현장의 분위기를 예단하기는 쉽지 않다. 만일 상봉하게 된다면, 누군가가 기대할 것과 같이 '납치' 여부를 확인하기 보다는 오히려 반대의 결과를 낳게 되지 않을까 싶다. 또한 일본의 정부는 말할 것도 없고, 언론이나 극우단체들이 몇 년째 추적하고 있는 13건의 피랍자 중 한 명이며 김영남 씨의 처로 추정되는 일본인 메구미 씨 문제와 관련해서도 이들이 듣고자 하는 대답을 듣게 되리라고 기대하기가 어렵다. 오히려 이산가족 상봉의 진정성만 도전받게 될 우려도 있다.

최근 몇 년 동안 피납 사건이 언급되면 될수록 진실이 분명해지기 보다는 복잡해지며 새로운 양상으로 번져가고 있다. 메구미 씨 문제를 포함한 13건의 일본인 피랍자 문제가 2001년 10월, 평양에서 개최된 북일정상회담에서 불거져 나오면서 당시 북일수교가 이뤄질 것으로 내다봤던 예상에 시커먼 구름이 몰려들기 시작했다. 곧이어 북미 간에 '농축우라늄' 공방이 오고가면서 1994년 10월 어렵사리 체결된 북미기본합의서가 백지화 되었다. 북핵문제는 끝이 불투명한 미궁에 빠지게 되고, 북핵 타결의 조건으로 일본은 피랍자 문제를 내걸고 있다.

곧이어 일본의 피랍자 가족 모임과 한국의 납북자관련 시민단체들 간의 연계가 이루어지고, 나아가 탈북자 관련 단체들도 연대의 양상을 띠면서 화두는 '북한인권'으로 모아지게 되었다. 1990년대부터 북한민주화와 인권문제를 핵심어로 삼고 있던 미국의 민간 CIA라고 하는 "민주주의를 위한 전국재단The National Endowment for Democracy NED"나 미국의 공화당의 샘 브라운백 상원의원이나 보수적인 기독교계 등과도 한국이나 일본의 단체들 간에 범세계적 연대와 후원의 체계가 형성되어 갔다.

북한민주화에 대한 알리바이를 입증할 증거로서 북한에 의한 일본인 피납 문제가 등장하고 한국의 납치자 문제와 탈북자 문제가 복합적으로 얽히면서 북한에 의한 납치 문제는 세계화의 양상을 띠고 있다.

납치 문제는
냉전 시대의 산물

한국의 납북자 관련 단체들이 한편으로 북한에 대해 혐오해마지 않으면서 또 한편으로 우리 정부에 대해서도 분노하는 문제의 발단은 2000년 6·15남북공동선언으로 붉어졌다. 남북공동선언에 의해 빨치산출신과 함께 남파공작원 출신 장기수들이 송환되자, 동진호 피납어부 가족들이나 한국전쟁 당시 납북자 가족들, 북파공작원들이 들고 일어났다.

납북 가족들이 겪어온 고통과 아픔은 이루다 헤아릴 수 없다. 그 가족들은 피해자가 제 2, 3의 피해를 받아온 성폭력피해자와 유사한 바 있다. 납치 사실만으로도 가족들은 감당하기 어려운 이산의 고통을 당했을 터인데, 그들은 당시 정부로부터 충분한 보호와 해결방안을 보장받기는커녕 오히려 감시의 대상이 되어야 했다. 심지어 많은 북파공작원들은 기본적인 인권도 보장받지 못한 것은 고사하고 1972년 7·4남북공동성명 이후 북파공작원들은 완전히 사회적으로 비가시적인 존재가 되고 말았다.

그런데 한 가지 놓칠 수 없는 점은 한국전쟁 이후에도 납치의 문제는 그치지 않고 일어났다는 사실이다. 유감스럽게도 세계적으로 보면 그것은 북한만도, 남한만도 한 일이 아니라는 점이다. 남한에도 한국전쟁 이후 북파공작원에 의한 정확한 수를 알 수 없는 납남拉南자들이 존재하고 한국전쟁 당시는 말할 필요도 없다. 내가 직접 만난 어부출신의 할아버지도 정전협정 이후에 북파공작원에 의해 납치당해 내려와 미군 첩보대에서 조사를 받은 후 그 관할의 감옥에서 1년을 살다가, 석방된 후에도 평생 감시를 받으며 살아야 했다. HID 북파공작원 출신의 박부서 씨나 내가 직접 만났던 여러 명의 HID 출신도 북한 요인 납치를 무용담으로 얘기하곤 했다.

20세기 냉전의 시대 분단구조 속의 한반도에는 수를 헤아릴 수 없을 만큼의 악행들이 저질러졌다. 가장 천형을 받아 마땅할 악행 가운데 하나는 살아있지만, 다시는 가족에게 돌아갈 수도, 만날 수도 없는 고통과 공포를 준 행동이 아닐까 싶다. 북한 당국이 저지른 행위를 용서할 수 없듯이, 과거 남한 당국이 저지른 행위 역시 마찬가지가 아닐까 싶다. 냉전 시대, 이러한 범죄 역시 준 전범準戰犯으로 보아 마땅하다.

국가가 동원 가능했던 모든 국가폭력을 자행했던 냉전시대가 낳은 사건들 가운데, 메구미 씨와 김영남 씨 사건도 존재하는 것으로 보인다.

탈냉전시대,
탈냉전적 해법을 찾자

현재의 우리 사회나 동북아, 세계를 돌아보면, 현재가 탈냉전시대인가 의심스러울 때가 종종 있다. 물론 탈냉전시대라고 하여 냉전시대의 모든 문제를 없는 듯이 하자는 말이 아니다. 오히려 냉전시대의 모든 문제를 천천히 객관적으로 해결 가능한 방향에서 제기하여 풀어나가야 한다.

냉전시대에는 상대방에게 모든 원인을 떠넘기고, 상대방만을 악마화시키며, 자신은 어떤 경우에도 잘못을 시인하지 않았다. 현재 일본이 보이는 태도에는 그러한 요소가 없어 보이지 않는다. 일본은 일제 강점기 수많은 강제징용과 강제징용에 의한 일본군위안부, 사실상의 납치 문제에 대해서 제대로 사과하지도 않았을 뿐만 아니라, 최근에는 그러한 역사적 사실 조차도 은폐하려고 해왔다.

이미 2001년 10월 북일정상회담에서 북한 측에서는 과거의 잘못을 사과했고, 일본 측도 모르고 있었던 추가 납치 사실까지 알려주기도 했다. 진실로 일본 당국이 이산가족의 관점과 피랍자의 관점에서 이 문제를 풀려고 한다면, 우선해야 할 일은 피랍자의 신원을 확인하고 최대한 빠른 시간 내에 이산가족의 상봉을 하도록 돕고, 나아가 가능하다면 이산가족의 재결합을 위하여 모든 노력을 경주하는 데 있지 않을까 싶다. 사람의 문제를 일차적으로 해결한 위에 진상에 대한 문제에 접근해도 늦지 않을 뿐만 아니라, 오히려 첩경일 수 있다.

그러나 일본 정부는 이러한 해결의 방법으로 가기 보다는 문제가 꼬이는 방향으로 일이 진행하도록 자유방임한 인상이 강하다. 북한 악마화를 외치는 일본 내 극우세력들에 의해 일본 내 재일동포들이 테러당하도록 방임했고, 그 결과 재일동포 사회가 아래로부터 흔들리고 정체성이 흔들리도록 하는 일도 방임했다. 그런데 역설적으로 일본 정부는 이러한 분위기를 합법적으로 정규군을 보유하기 위하여 '평화헌법'을 폐기하고 군비증강의 방향으로 몰고 가고 있다는 목소리마저 일본내 진보적인 시민사회에서 나오고 있다.

현재 남북의 이산가족 문제 해결이 순탄하거나 충분하지는 않지만, 비교적 탈냉전의 해법으로 풀기위해 노력하고 있다고 보여 진다. 다른 정치적 사변으로 인해 이산가족 상봉 일정이 훼손당하는 일은 차츰 사라지고 북한의 고질적인 고압적 자세도 바뀌고 있다. 지난번 13차 이산가족 상봉 당시 납북자 문제로 남측 취재진에 대해 억하심정을 품었음에도 불구하고 14차 이산가족 상봉행사에 취재 활동을 인정한 점에서도 변화의 결을 읽을 수 있다.

이제 냉전시대 이산가족이 흘린 눈물을 닦아 주어야 한다. 6·15남북 공동선언에 의해 남한 정부가 비전향장기수 63명을 송환했듯이, 북측도 남측이 해결하기 원하는 납북자와 그 가족 문제에 대한 대답을 해야 한다. 또한 우리 측에서도 납남자 문제에 대한 해법을 제시해야 한다. 해법은 우리가 찾고 만들어 나가야 한다. 한반도의 운명을 다른 누군가가 져주고, 풀어주지 않듯이 우리 스스로 이산가족의 고통을 끝내기 위해 노력해야 한다. 나아가 이산가족이 한반도 평화통일의 증인이자, 평화통일의 공동체를 만들어나갈 주역임을 깨달아야 한다.

〈국정브리핑 2006.6.22〉

국적 없는 사람들…
계속되는
재일동포의 시련

"조총련계 재일동포 50여 명이 오늘 조총련 사회에 대한 일본의 차별과 가학적 행위를 중지하라며 일본 국회의사당 앞에서 연좌농성을 벌였습니다. 이들은 최근 조총련계 재일동포들이 살해 협박을 받거나 조총련계 학교와 단체들이 공격을 받고 있다고 주장했습니다. 이들은 또 올해 초 일본 입항이 금지된 북한 만경봉호에 대한 제재조치를 해제해달라고 요구했습니다."(YTN 2006년 11월 9일 보도)

며칠 전 어느 케이블텔레비전 뉴스에서 보도된 소식이다. 2000년 6·15 남북공동선언이 있기 전까지는 우리 사회에서 재일조선인을 대하는 태도는 냉담하거나 적대적이었다. 재일동포들 가운데 일부 사람들은 과거에는 대한민국 땅을 밟지 못하는 것으로 되어 있었다. 많은 한국 사람들은 재일조선인을 '북한 국적'을 가진 사람이라고 부른다. 과연 그들은 누구이며, 왜 일본에서 온갖 설움을 당하며 자신의 정체성을 유지하려고 하는가?

재일조선인은
북한 국적이 아니다

　　　　　재일조선인이 북한 사람이 아니라는 사실을 알게 된 것은 오래 되지 않는다. 오랫동안 나를 포함한 많은 사람들은 조총련계 재일동포는 북한 사람이라고 여겨왔다.

1990년대 초반까지 여권 발급을 위한 교육을 받을 때면, 강사는 일본을 여행할 때는 재일동포, 그 중에서 조총련계 재일동포는 북한 사람이므로 절대로 아는 체 하지 말라고 주의를 주었던 기억이 난다.

2000년 5·18 광주항쟁 20주년 행사장에서 한국말 구사가 어색한 재일동포들을 만난 적이 있었다. 그는 자신이 한국을 입국할 수 있었던 것은 엄청난 일이라고 말했다.

자신은 대한민국 여권을 신청하면서도 여권이 나오리라고 기대할 수 없었다고 말하며 그는 울고 있었다. 나는 울고 있는 그 친구를 앞에 두고 한국에서 태어나지도 않았고, 한 번도 한국에 와본 적이 없는 재일동포가 대한민국 여권을 받아야 하는지 어리석은 질문을 했다.

그는 담담하게 자신은 '조선적朝鮮籍'이기 때문이라고 했다.

다시 물었다. "조선적은 뭐지요? 그건 '조선민주주의인민공화국' 국적을 의미하는가요?"

그는 내 질문에 대해 조금은 어처구니가 없다는 표정을 보이면서 얘기해 주었다.

일제 강점기 때 일본으로 이주 당했던 조선인들은 일본이 패망하고 난 후, 1947년 한반도로 귀환하지 않은 조선인들에게 과거 조선인들이라고 하여 일본적을 떼어내고, 조선인의 국적-잊지 마시길, 일제 강점기 한반도의 모든 조선인들도 일본적을 가졌다는 사실을-으로서 '조선적'을 부여했다.

전후 처리협정인 1952년 샌프란시스코협정에서는 남북한이 참여하는 것이 원천적으로 차단된 채 일본과 미국에 의해 전후 처리를 하면서 그들의 국적을 '조선적'으로 고정시 했다.

재일동포의 99%가 경상도, 전라도, 충청도 삼남 지방과 제주도가 고향이었다. 1965년 한일수교 이후 차츰 대한민국 국적으로 바꾸는 사람들이 생기기 시작했으나 원래 출신지 비율에 비해서 그 수는 미미했다. 그러다 보니 상당수의 사람들은 모국을 잃어버리는 운명에 처하게 되었다.

한마디로 조선적은 국적 아닌 '기호'인 셈이다. 조선적 재일동포는 두 번 나라를 잃어버린 사람들이 아닌가? 원치도 않게 '일본적' 사람이 되었다가, 원치도 않게 '조선적' 사람으로 내팽개쳐진 것이다.

북일 정상회담 이후
재일동포들의 국적 위기

2003년 가을 김영이라는 재일조선인 여성학자가 한국정신대문제대책협의회정대협 행사에 초대되었다. 행사장에서 그는 참가한 만인을 울리며, 자신도 울었다. 김 영 선생은 일본에서도 보기 드물게 일본과 한반도에 걸쳐 일본군 위안부를 조사하고 있는 학자이다. 그는 이미 일본과 북한에서 이 문제를 갖고 조사하고 있으나 정작 한국에서 조사할 기회를 갖지 못했다.

이 문제를 조사하기 위하여 2000년 남북공동선언 이후 한국에 나올 기회를 만들기 위해 부심했다. 그는 대한민국 여권을 받기 위해 재일 한국 총영사관을 찾았으나 번번이 '전향'을 강요받았다. 그는 조선적은 갖고 있으나 조총련 쪽과는 담을 쌓고 있는 사이였기에 전향할 이유가 없다고 생각했다.

읍소하는 심정으로 한국 정부에 계속 진정하여, 마침 행사 당일에 임박하여 여권을 받아 극적으로 한국에 나올 수 있었다. 그러나 그 길은 처음이자 마지막일 수 있다고 생각했다.

그는 2002년 가을 북일 정상회담 이후 재일동포 사회에서 불고 있는 국적 전환 운동은 제3의 민족 수난사로 이해하고 있었다. 자신의 딸은 동경의 어느 외국인초등학교를 다니고 있는데, 그 곳에서도 그 딸은 '투명인간'으로서 한국인도, 일본인도 아닌 비가시적 존재로 취급받고 있다고 했다.

어느 날 등교하던 딸아이가 울면서 집을 뛰어 들어왔다고 한다. 아무 말도 않은 채 울기를 멈춘 후에야 다시 학교를 등교했다고 한다. 엄마와 딸은 모두 말하지 않아도 동네 아이들의 이지메 때문이라는 걸 알고 있었다.

최근 딸아이 학교가 한국에 수학여행을 오게 되었는데, 딸아이는 판문점을 구경할 수 없게 되었다고 한다. 재일조선인이기 때문에….

그러나 그는 당분간은 국적을 바꾸지 않겠다고 한다. 어느 국적도 자신이 원해서 가진 적이 없는데, 이제 와서 강압적인 분위기에서 국적을 변경당하지 않겠다는 생각이다. 그러나 딸에게는 유지하라고 강요하지 못하겠다고 한다.

그들에게
국적은 무엇인가

그런데 재일동포들이 국적을 바꾸지 않은 데는 여러 가지 이유가 있다. 가장 중요한 이유는 과거 대한민국 정부의 해외동포에 대한 무관심에서 기인한다. 이승만 정부나 박정희 정부는 전반적으로 재일동포에 대해 무관심했다.

무관심한 사이 일본에서 재일조선인총연합회가 세워지면서 조총련은 여러 가지 민족 사업을 진행했다.

첫째는 일본내 재일동포들의 거점이 될 만한 모든 지역에 초·중등학교를 설립했고, 동경에는 대학교나 신문사를 설립하여 재일동포들에게 민족의 언어와 역사를 중심에 둔 민족교육을 할 수 있었다.

설령 '조선학교'는 북한식 언어와 역사에 영향을 받았다고 하나 재일동포들의 민족적 정체성을 수립하며, 불안한 외국인 신분을 극복하며 일본 사회에 뿌리내리는 데 중요한 역할을 수행하였다.

오늘날에도 많은 재일동포들은 민족학교를 지켜내기 위해 얼마나 피땀을 받쳐왔던가를 떠올리는 사건으로 1948년 '한신 교육투쟁'을 상기하곤 한다. 1946년 당시 조선인학교는 529곳이었고 학생 수는 4만 2,000여명에 이르렀다.

이들 학교는 모두 재일동포들이 자발적으로 결성한 학교였다. 1948년 일본 정부는 조선인학교 폐쇄명령을 내렸고 이에 반대하는 '한신 교육투쟁'이 일어나 급기야는 조선인 학생이 죽는 사건이 일어나기도 했다고 한다.

이후 1955년 조총련은 정식학교로 대우를 못 받고 있는, '각종 학교' 자격으로 '조선학교'를 설립했다. 민족학교는 대부분 총련에서 운영하는 조선학교이며 민단에서 운영하는 민족학교는 몇 곳에 불과하다. 민족학교에 다니는 대다수의 재일동포 후세대들은 조국에 대한 복잡한 심정을 갖게 되기 마련이다.

둘째, 총련을 중심으로 한 재일동포 간의 상호부조체계는 조선적이라는 연결을 보다 끈끈하게 만드는 요소가 되었다. 오랫동안 외국인으로서 준 범죄자 취급을 받아오면서 정기적으로 지문날인을 해야 했던 재일동포들은 정상적으로 금융권을 이용하기도 어려웠다. 일본 은행으로부터 자금 대출 및 경제적 지원을 받을 수 없었던 재일동포에게 총련은 일종의 제2 금융으로 역할하며 대출이나 자금 관리를 해주었다.

셋째, 10만 명에 가까운 재일동포가 북송된 점도 재일동포의 국적 문제를 어렵게 만들어 왔다. 1959년 이래로 1967년까지 약 8만 8,000명의 재일동포가 북한으로 입국하였다. 이 문제에 대해서는 정치적으로 분명히 해야 할 것이다.

이 문제는 북한뿐만 아니라 일본 정부에게도 큰 책임이 있다. 1958년 북한의 '재일동포 귀환 추진' 정책과 함께 1959년 2월 일본각의에서 '재일조선인 중 북조선 귀환희망자의 취급에 관한 건'을 의결함에 따라 1959년 8월 13일 북한적십자사북적와 일본적십자사일적 간에 캘커타 북송협정이 체결되어 재일동포 북송이 정식으로 이루어지게 되었다. 이러한 대규모의 북송은 일본 정부의 재일조선인 포기정책에 기인한 사실임을 명백히 해야 한다.

그 결과 재일동포의 집집마다 최소한 두 명의 가족은 북한에 거주하게 되었다. 결국 재일동포는 현대사에서 민족이산을 통하여 이중적 가족 이산을 당하게 되었다.

다시 말해 재일동포 1세대의 상당수가 이남의 가족과 이산을 당한 것이 1차 이산이고, 재일동포 1, 2세대의 북송이 2차 이산이다. 그러다보니 재일동포가 어느 해외동포보다도 간절히 통일을 바라는 데에는 이러한 가족 내부의 기가 막힌 고통을 간직하고 있기 때문이다.

한마디로 말해 재일동포는 이산의 아픔을 간직한 거대한 공동체이다. 이러한 사연을 담은 재일동포가 제작한 다큐멘타리 영화인 〈디어 평양〉(감독: 양영희)이 개봉을 앞두고 있다니 반가운 일이 아닐 수 없다.

계속되는
재일조선인의 수난

반공이데올로기가 확산되었던 과거 한국 사회에서는 '빨갱이'인 뿔 달린 북한 사람 못지않게 조총련계 재일동포에 대한 경원시 하는 태도가 있어 왔다. 우리 사회에는 재일동포하면 롯데그룹과 같이 성공한 돈 많은 부자 이미지와 함께 빨갱이 이미지가 유포되어 있었던 듯하다. 1970년대 허다했던 간첩단 사건 가운데에는 재일동포 유학생이 포함된 사건들이 많았다. 서승, 서준식 선생 등이 그 대표적인 인물로서, 거듭되는 간첩단 사건으로 조국에서 공부를 하겠다는 열정을 갖고 온 청년들이 간첩으로 혐의를 받으며 엄청난 인권탄압을 당해야 했다.

그 결과 1980년대에는 유학을 오는 재일동포의 수는 뚝 떨어졌다. 재일동포 학자로 유명한 윤건차 선생조차도 한국에 들어오면 체포될까봐 두려워서 한국에 올 수 없었다고 한다.

1990년대 세계적 탈냉전으로 반공이데올로기는 약화되었고, 1990년대 여러 차례의 북일 관계 정상화를 위한 정치적 행보가 시작되었다.

그런데 일본내에 북한 악마만들기 여론이 서서히 형성되기 시작한 것은 1998년 북한의 소위 '광명성 1호'로 알려진 인공위성 발사 사건이었다. 본격적으로 북한 악마만들기가 가속된 것은 2002년 북일 정상회담과 북한의 납치문제 때문이었다.

납치문제가 나오면서 정치권에서의 북한 악마만들기 담론이 유포되면서 일본 시민사회에서는 재일동포 희생양 만들기가 확산되고 있다. 희생양 만들기의 상징인 만경봉호가 일본 입국을 금지당하고 있는 것과 함께 개량 한복 치마저고리를 입은 여자 중·고등학생들이 치마를 찢기거나 폭행을 당하는 사건이 벌어지기 시작하였다. 과거에도 더러 있었던 일이었으나, 2002년 이래로 한복의 수난은 일제 강점기를 방불하게 만든다.

심지어 북한의 핵실험이 강행되면서, 매시간 뉴스에서 김정일과 북한 죽이기를 하고 있는 일본 사회에서 재일동포가 좌불안석이 된 것은 말할 것도 없을 터이다. 심지어 재일조선인들은 해외로 출장 나갔다가 다시 일본으로 귀국하는 일에 대해 엄청난 스트레스를 받고 있다.

한마디로 '조선적은 조선으로 돌아가라'는 압력이다. 그들에게 '조선'은 무엇인가? 100년전 조선시대로 돌아가라는 말인가? 국적 없는 재일조선인들의 슬픈 운명은 남의 일인가? 그러한 조선적을 만든 것은 도대체 누구인가? 한국인가, 북한인가? 바로 일본 자신이며 한반도 분단이다.

재일동포는 국적에 상관없이 해외 한민족의 일원이다. 민족의 분단에 의해 가장 수난당하고 있는 국가를 잃어버린 사람들. 그들의 고통과 아픔의 기억을 외면해도 되는 것인가?

〈국정브리핑 2006.11.13〉

쾰른의
택시운전사

쾰른 택시운전사의 사랑이야기

파리에만 택시운전사가 있었던 줄 알았다
인식에 대한 빛나던 욕망
고국을 향한 뜨겁던 사랑
동지를 향한 끈적대는 연민
쾰른의 라인강변을 따라
택시 운전대를 잡으면서도 식을 줄 몰랐다

독일 유학은 미래를 보장하는 통로
유럽대학의 빛나는 역사와 치열한 지성 앞에
서울대학의 토막 쳐진 역사는 부끄러웠으나
근대 서구 지성을 벼려 내어
분단 조국의 몰지성을 승화시켜 내리라 다짐하는 밤
가슴 깊은 곳에서 뜨거운 눈물이 치솟아 올랐다

유럽의 산위에서 내려다본
한국은 냉전의 섬
미륵 선생이 탔던 철로에 녹슨 지 오래고
먼 옛날 선조가 우마에 의지하여 다니던
실크로드에는 실크의 전설 속에서 먼지만 날려
한반도는 먼지와 안개 속에서 길을 잃어

21세기 국경 없는 세기가 열릴 때
노구가 된 몸으로 다시 희망을 보았다
6 · 15는 동토의 한반도를 녹일 들불,
토막 난 한반도를 붙여놓을 접착제가 되리라 기대했다
6 · 15통신을 만들어 통일의 복음을 뿌리는
전도사가 되리라는 선서를 통일의 재단에 올렸다

어느 날 날아온 신분증
"당신은 남과 북 어디에도 자리가 없소"
2005년 대한민국의 빗장 걸기
그에 이어 2007년 조선민주주의인민공화국의 빗장 닫기
피눈물을 삼키며
그는 독일 시민권을 얻어야 했다

그에게 남과 북은
분단의 상징일 뿐
그의 조국은 통일 조국
그의 피 속에는 분단도 냉전도 없다
그의 사람을 향한 사랑에는 미움도 원망도 없다
오직 그는 평화와 통일된 세상의 시민이고 사람일 뿐이다(2009. 6. 21)

쾰른은 중류 라인 강변의 대도시이다. 역사적으로도 유명하지만, 현재 교통의 요지로 라인란트의 경제·문화의 중심지로 꼽히고 있다.

그곳에 가면 보기 힘든 풍경 하나가 있다. 30년째 택시를 몰고 있는 75세의 재독동포 노인이 있다. 독일에서는 65세가 되면 대부분 퇴직을 하여 노인층 노동력은 '0'에 가깝다. 물론 한국에서는 노인 노동력이 적지 않다. 길거리마다 종이상자를 수집하는 할머니들, 시장에서 일하는 할머니들을 쉽게 만날 수 있다. 노인에 대한 복지제도가 불충분하기 때문이다. 그러나 노인복지가 이상적인 사회인 독일에서 75세의 노인이 택시를 몰고 있는 풍경은 낯설다 못해 경이롭지 않겠는가.

쾰른의 택시 운전사는 바로 재독동포인 김용무 씨이다. 나는 그를 2009년 6·15유럽공동위원회가 개최하는 학술행사에 초청받아 강연하던 자리에서 인사를 하게 되었다. 그는 초라한 행색이지만 철학적인 용모를 갖춘 지성인이었다. 서울대에서 철학을 수학하고, 육군사관학교에서 교수로 강의하면서 독일로 유학했던 재원이었다. 한국에서 간호사였던 그의 배우자 김문자 씨도 함께 이주하여 독일에서 간호사로서 일하면서 남편의 수학을 내조했다.

김용무 씨는 한국에서 벌어지고 있던 수많은 사건들을 보면서 공부만 하는 처지를 자책했다. 특히 1980년 5·18광주민주화항쟁이 발발하면서 한국 상황에 대해 절망감은 그만의 문제는 아니었을 것이다. 당시 독일에 유학 온 학생들이나 재독동포들과 함께 한국 민주화운동과 통일운동에 참여하였다.

흔히 해외에서 만나게 되는 재외동포들은 이런 얘기들을 하곤 한다. 한국에서는 남한 중심의 분단적 사고를 하지만, 해외에 나가면 한반도 문제가 전체적으로 보인다. 아무리 싫어도 남과 북은 한 민족으로 운명적으로 얽혀 있음을 알게 된다고 한다. 1960년대 이후 이주한 재외동포 1세대 가운데, 이북 출신이 얼마나 되는지 정확한 통계는 모른다. 일반적으로 1960년대 이래로 1980년대까지 재미동포 1세대 중 1/3이 이북 출신이고, 1/3은 호남 출신이고, 1/3은 비호남지역 출신이라고 한다. 또한 재일동포의 일제 강점기 출신지역의 97%는 경상도를 포함한 삼남지역이다. 60만 명 가운데 10만 명 가까운 사람들이 1959년부터 1984년까지 북송되었다. 그러다 보니, 재일동포나 재미동포의 대다수가 남북으로 인연을 맺고 있다. 이러한 사정은 재독동포 역시 다르지 않을지도 모른다.

한반도 분단은 개인들의 가족사에도 다 얽혀 있다. 그러다 보니 자신도 모르는 사이에 남과 북의 운명적인 사건에 연루되는 사람들이 적잖다. 그런 사건들의 하나가 가족간첩단사건이다. 또한 최근에 얘기되고 있는 통

2009년 김용무 씨와 배우자인 서거 직전의 김문자 씨
(촬영:김귀옥)

영의 딸 신숙자 씨 사건 역시 독일 유학생이었던 오길남 박사가 방북하면서 생긴 비극적인 가족사의 하나이다.

김용무 씨 사건의 진상은 정확히 알 수 없다. 다만 독일어 전문 번역가로 활동하고 있는 박종대 씨의 증언에 따르면 김용무 씨는 1994년의 박홍 전 서강대 총장의 소위 '주사파 척결' 발언 사건의 피해자라고 한다('민주화실천가족운동협의회'의 「이 사건을 말한다」 중). 박홍 전 총장의 주사파 척결이라는 매카시 선풍이 1년여 몰아치던 가운데 안기부 공작원으로

양심고백을 한 독일유학생 한모 씨 부부에 의해 김용무 씨는 간첩으로 낙인이 찍혀 국내에 들어올 수 없는 몸이 되고 말았다.

2004년과 2005년 국내외 통일운동단체들이 해외 망명객으로 분류된 10여 명을 국내로 초청할 때도 김용무 씨는 입국을 거절당했다. 그는 해외에서 분단 조국을 바라보며 통일과 민주화를 위해 전신하며, 가난하게 살았다. 쾰른의 택시 운전사로 운전대를 잡은 지는 30년이 되었다. 2009년 갑작스럽게 배우자를 췌장암으로 잃고 말았다.

그의 꿈은 살아생전에 고향을 방문하는 것이다. 만일 살아서 고향땅을 밟지 못한다면, 한 줌 뼈가 되어 고향 선산에 배우자의 유골과 함께 묻히는 것이라고 한다.

곧 추석이다. 추석 보름달은 동서남북을 차별 없이 넉넉하게 비출 것이다. 보름달은 길 떠난 사람이 집을 찾아들어 가족들과 상봉하여 시름을 나눌 수 있도록 길을 밝혀 줄 것이다. 아마 올해의 그 달도 독일 쾰른의 아름다운 라인강에도 비추게 되겠지. 그 보름달이 쾰른의 택시운전사가 고향땅을 밟고, 그리워하는 고국의 가족들을 상봉할 수 있도록 길을 밝힐 수는 없을까.

〈프레시안 2012.9.28〉

정대세,
"나에게 조선은
분단되지 않은 '통일 조선'"
재일 학생들의 운동회에서 21세기 시민을 생각하다

  외국인으로서 일본 교토에서 생활한 지 10개월째. 지난 10
년간 관련된 학술행사나 프로젝트가 제법 있어서 일 년에 한두 차례씩 올
정도로 일본에는 익숙하다고 생각했으나, 외국인으로서 일본에서 산다
는 것은 만만치 않은 일이었다. 흔히 친절함이 몸에 밴 일본인들이라고 한
다. 그러나 들여다보면 그 친절이 '외국인'에 한정되어 있다. 그렇게 예의
바르고 친절한 사람들이 자신의 사회에 들어와 있는 사람들을 투명인간쯤
으로 취급하는 모습을 보며 당황스러웠다. 조금 안다고 생각했기에 더 낯
설고, 외로웠는지도 모르겠다. 이런 일본에 재일동포가 있어서 얼마나 다
행스러운지 모르겠다.

재일동포 사회와
김치와 분단 너머

  재일동포 사회 조사를 목적으로 하여 그들이 주최한
여러 행사에 참관하다 보면, 해외에서의 지친 삶에 위로를 받는 경우가 종

종 있다. 특히 학교가 주최하는 행사에 참관하면 일석 이, 삼조로 흥겨워진다. 학생들의 예쁜 모습을 보는 것도 행복하고, 재수가 좋으면 귀한 김치를 듬뿍 먹을 수 있기 때문이다.

지난 주에도 조선학교에서 주최하는 운동회에서 그런 자그마한 행운을 얻을 수 있었다. 교토조선 중·고등학교에서 개최된 교토조선 제1, 제2, 제3 합동운동회가 바로 그것이었다. 3개 학교라

교토조선학교유치원 체육대회 2011. 6. 5 (촬영: 김귀옥)

해봐야 학생 수 190명 정도. 소자少子사회의 영향이나 북한과 일본과의 관계 문제나, 재일동포의 일본 사회 동화 문제 등으로 인해 학생 수가 과거 10년 전에 비해서도 1/3 이하로 줄었다. 그런 위기 상황에서 서로 간의 친선 도모와 3개교 통합 가능성을 전망하며 운동회를 하고 있었다. 운동회 덕분에 조선 중·고등학교 모습도 구경할 수 있었다. 학교 강당에는 교기와 조선민주주의인민공화국기가 걸려 있었다. 얼마 전에 방문한 교토국제학원구 교토한국 중·고등학교의 모습이 대비되어 연상되었다. 그 학교에는 교기와 함께 대한민국기가 걸려 있었다.

이 모습에서 일차적으로 느끼는 것은 한반도 분단이다. 남북분단의 그림자는 교토 내 동포 사회에도 학교들에도 길게 드리워져 있다. 그러나 좀더 들여다 보면 중요한 공통성이 있다. 두 학교 어디에도 일본의 히노마루가 걸려 있지 않다는 점이다. 주지하듯 일본은 2차대전 패전 이후 한동안 국기·국가를 법률로 지정하지 않았다. 그러다가 1999년

'국기는 히노마루, 국가는 기미가요로 한다'는 국기국가법을 제정했다. 아무튼 국기 앞에서 국가를 부르는 일이 일본 왕과 군국주의를 찬양하는 일과 일맥상통한다는 점에서 현재 이 일은 일본사회에서 논쟁거리로 잠복해 있다.

국적과 정대세

또 하나의 공통성은 두 학교 모두 재학 중인 학생들의 국적이 단일하지 않다는 점이다. 교토국제학원의 경우 이미 2003년 12월부터 일본의 교육기본법 1조에 의거하여 '한국'을 '국제'로 바꾸어, 크게 말하면 일본 문부성 인정의 일본의 국제학교가 되었다. 그러다 보니 이 학교는 '한국적'을 가진 재일동포뿐만 아니라, '일본적' 동포나 일본인, 뉴커마new comer 등 국적 구성이 다양하게 되었다.

이 점은 조선학교에도 나타나고 있다. 대략 조선학교의 1/3은 조선적을 가진 동포들이지만, 1/3은 한국적 동포, 1/3은 일본적 동포라고 한다. 적은 수이긴 하지만, 뉴커마들도 있다. 잘 알려졌듯 축구 스타인 정대세는 한국적을 가지고 있으나, 아이치현의 조선학교를 졸업했다. 그의 형인 정이세는 작년 3월까지는 충주 험멜 축구단의 골키퍼로도 활약한 바 있다.

말이 나왔으니 정대세 얘기를 조금만 더 하자. 지난 5월 28일에는 현재 독일 보훔 팀(2013년 1월부터 현재, 수원 삼성팀 소속)에서 뛰고 있는 정대세가 일시 일본을 방문하여 교토강연회에 참가했다. 수많은 팬이 운집했고, 상당수는 아이들이었다. 그는 다음과 같이 자신의 정체성을 정리했다.

뿌리는 한국 경상북도,
태어난 고향은 일본 나고야,
조국은 조선

그에게 조선은 이중적인 의미가 있다고 한다. 일차적으로는 북조선을 의미하지만, 원천적으로는 분단되지 않은 통일된 조선이라고 한다. 이런 생각은 많은 재일동포들에게서 발견되고 있다.

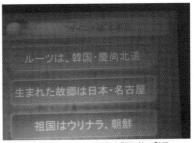

정대세의 강연ppt 자료 중에서 "뿌리는 한국 고향은 일본 조국은 우리나라"(촬영: 김귀옥)

이제 재일동포 사회의 국적 구성만으로도 더이상 '단일성'을 찾기 어렵다. 또한 재일동포의 활동 반경이 1, 2세대와 달리 재일동포 사회에 국한되어 있지 않다 보니, 재일동포 간의 결혼은 앞으로 더 줄어들 것으로 전망된다. 오죽

정대세와 재일동포 어린이들 (촬영: 김귀옥)

하면 어떤 1세 동포 할아버지는 손자며느리는 꼭 재일동포로 해달라고 유언을 남겼으랴. 여러 재일동포들의 국적가계도를 그리다 보니, 국적의 다양성은 한눈에 나타나고 있다.

근대 국민과 글로벌시대
시민으로 산다는 것

한국이나 북한에서는 민단이나, 총련으로 분단적 사고를 하고 있고, 일본의 동포 사회에서도 공식적으로 두 단체는 냉전

적 경쟁상태에 여전히 빠져 있다. 2000년 6·15 이후 공동행사가 많았으나, MB정권 출범 이래로 다시 도루묵이 되었다고 할까. 그런데 그들의 생각에서 발견되는 것은 대한민국 국적이건 조선적朝鮮籍이건 어떤 영주권을 가졌더라도 차별당하고 있는 일본 사회의 문제, 설령 일본적을 취득한 경우에는 '동화'라는 미명하에 자신의 모든 정체성을 부정당하고 마는 일본 사회에 대한 회의감이다. 중국의 경우, 대부분의 조선족이 중국적을 가지고 있으나, 자기 민족 정체성을 인정받고 있는 것과는 천양지차이다. 21세기에도 여전히 1868년 메이지유신 당시의 '국민' 개념에 고착된 일본 사회는 글로벌 시대에서 후진하고 있는 것이 아닌가 의문시하고 있다.

지난 4월 4일 자『교토신문』에 따르면 미야기현의 센다이시는 말할 것도 없고, 후쿠시마현의 고리야마郡山시에 있는 조선학교 등에서도 국적 불문하고 지진 피해 주민들이 대피할 수 있도록 학교 문을 개방했다고 한다. 이러한 사실이 전해지자, 일본 전국 각지에 흩어진 재일동포들은 그들 학교에 모인 피난민들이나 일반 재난민들을 돕기 위해 성금이나 물품을 모으는 일에 앞장섰다. 일본 정부가 가기를 꺼리는 곳에 성금과 물품을 신속하게 전달하기 위해 차를 대절하여 가는 재일동포들의 소식도 들을 수 있었다.

그들이 그렇게 했던 가장 중요한 이유는 같은 사람이고, 같은 시민이기 때문이라고 한다. 또한 지진과 방사선 피해는 핏줄이나 국적을 가리지 않기 때문이다. 일본인들도 말할 것도 없고, 재일동포들 역시 일본 땅에서 태어나거나 자라고, 공부하고, 사회경제적 활동을 하고, 세금을 내며, 시민으로서의 의무를 행하고 있다.

일본 스스로는 특별영주권을 가진 재일외국인에 대한 차별이 없다고 인식한다. 그것은 실제와 동떨어진 인식일 뿐이다. 어떤 일본인은 재일동포도 이제 일본 사회에서 교사가 될 수 있을 만큼 차별이 없다고 한다. 그러나 실제로 교사의 경우, 일본 공립학교 교사가 되는 데에는 '한국적'을 가졌더라도, 정식 교사가 되기 어렵다. 된다고 해도 기껏해야 '상근 강사'의 자격밖에 주어지지 않는다. 일본인 교사라면 7, 8년이 되면 주임교사가 될 수 있으나 재일동포에게는 그럴 기회를 주지 않아, 만년 비정규직 상근강사가 될 운명이다. 그러다 보니, 사정을 모르는 학부모들은 그 교사가 뭔가 문제가 있다고 추정한다는 것이다. 다시 말해 일본에서 태어나고 자란 재일외국인 2, 3세라 할지라도 간신히 일본의 공식사회부분에 들어갈 기회가 어렵게 생겼더라도, 입직에서부터 승진 모든 부문에 차별이 존재한다. 국가 공무원의 경우에는 공권력을 행사한다 하여 입직의 기회 자체가 부여되지 않는다. 재일동포 1, 2세대들의 고생은 그랬다고 치더라도, 3, 4세대와 그 후손들의 전망조차 아직도 밝지 않다. 더 이상 재일동포로는 살 수 없고, 귀화, 동화하는 것만이 정답인가? 그것도 다문화, 다민족사회가 추세가 될 이 시대에 말이다.

이런 일본 사회와 100여 년의 재일동포의 차별의 역사를 생각하면서, 한국 사회에 사는 외국인들을 생각해본다. 그들은 한국 사회에서 일하고 세금을 내고 나름대로 의무를 치르고 있으나, 과연 '시민'으로서 안녕을 누리며 살고 있는가? 21세기 과연 한 사회의 구성으로서 의무와 권리를 갖고 산다는 것의 의미가 무엇일까? 글로벌 시대, 이제는 국적 불문하고 그 사회에서 부여한 의무를 다하고 산다면 시민으로서 권리를 부여해야 하는 시대가 된 것은 아닌가?

〈프레시안 2011.6.19〉

우리가 바로 큰 바위얼굴이다

왜 우리가 큰 바위얼굴인가?

글을 맺으면서 다시금 우리가 왜 큰 바위얼굴인가, 또는 큰 바위얼굴이어야 하는가를 생각해보고 싶다. 우리는 민주공화국의 시민으로 살고 있다. 그런데 최근 들어 프리덤하우스가 발표하는 국가별 언론의 자유 순위에 의지 하지 않더라도, 한국의 민주주의 수준이 급속히 떨어지고 있다는 것을 체감하며 하루하루 살고 있다. '민주주의는 비효율적'이라거나 '민주주의는 파이를 키우는 데에는 무력'하다는 식으로 이야기를 하는 사람들을 종종 접한다.

그런 탓만은 아니겠지만, 시민들의 선거참여율도 점점 떨어지고 있다. 참여율을 높이기 위해 도입한 2014년 지자체 선거의 사전투표제도는 청년층의 투표율을 올리는 데 신통치 않은 편이었다. 선거는 민주주의의 '꽃'이 아니라, '기본'이 아니겠는가? 그러나 부정과 무관심으로 얼룩진 선거제도는 꽃은커녕 기본적인 역할도 제대로 못하고 있는 실정이 아닌가 싶다. 그러다보니 선거 때나 민주주의가 언급될 뿐, 일상생활에서는 민주주의를 찾기가 쉽지 않다.

국제 언론감시단체인 프리덤하우스(Freedom House)의 평가에 따르면 2014년 한국의 언론 자유 순위는 지난해 보다 4단계 낮아진 68위로 부분적 언론자유국으로 분류되었고, 일반 민주주의 지표도 하향하고 있는 것은 비슷한 실정이다(『연합뉴스』 2014년 5월 2일). 굳이 그들의 발표가 아니어도 세월호 관련 보도나 지난 4대강 관련 보도, 노동자나 민생 관련 보도 등을 접하면서 한국 언론이 과거 1970, 80년대로 회귀하고 있지는 않은가 귀를 의심하게 된다. 아니 오히려 과거는 독재시절이니까 그랬더라도 2008년 보수정권이 집권한 이래로 주요 매스미디어 기관의 수장이 정부의 입맛대로 바뀌고 나자 언론의 자유는 위축되기 시작했다. 뉴스를 못 믿게 되니 시민들은 위기적인 상황에는 SNS를 통한 유언비어, 증권가의 찌라시, 소문 등에 더 주목하고 있다. 민주주의의 근간인 표현의 자유나 양심·사상의 자유, 언론의 자유와 같은 기본권이 제대로 지켜지지 않고, 일할 권리가 제대로 보장되지 않으니, 노동권인들 제대로 지켜지는가?

자살율 세계 1위의 나라가 되는 이유도 바로 여기에 있다. 노동권이 제대로 지켜지지 않으니 퇴직 후 연금보장도 어려우니, 퇴직 후 삶을 스스로 책임지는 게 버겁다. 그런 노인들은 자식에게 삶을 의탁해야 하지만, 대부분의 자식들도 노동권이 보장되지 않은 채 힘들게 하루하루를 살고 있다. 2014년 7월부터 기초노령연금이 최대 20만원 정도 지급되지만, 그 돈으로는 인간다운 최소한의 삶을 살기엔 턱없이 부족하지 않은가.

그러다 보니 시민들의 심정이 복잡한 듯하다. 내 것을 빼앗기는 것에는 분노하지만 발등에 불이 떨어지기 전까지는 민주주의, 인권, 평화와 같은 문제에 관심을 가질 여유가 없다. 한 마디로 모든 사람이 사느라고 바쁘다. 어린이들은 대학에, 직장 걱정하며 사교육 받느라 바쁘다. 영어 실력이 미래를 결정하는 시대가 되다보니, 초등학생은 말할 것도 없고 유치원생도 영어 공부에 스트레스를 받고 있다. 여름방학이 되어 기회만 되면 영어캠프에 간다. 청소년들은 영어 공부 외에도 몇 개씩의 사교육을 받으면서 자신의 능력과 적성을 깨닫기도 전에 관심과 진로를 주입받고 있다.

초등, 중, 고등학생이 바쁜 것은 자명(?)한 일이지만, 대학생도 소위 대학의 낭만을 누리는 생활이 그림의 떡인 것은 마찬가지이다. 학비를 벌기 위해서만이 아니라, 스펙을 따기 위해서도 아르바이트를 해야 한다. 대학생이 늘어나다보니 좋은 아르바이트를 잡기가 어려워지고, 그러다 보니 아르바이트 질도 점점 떨어지고 있다. 생활비는 높아지는데, 상대적으로 아르바이트 댓가는 낮으니, 원잡으로는 부족하다. 투잡, 쓰리잡을 하는 학생이 늘어나거나, 노동강도가 센 일을 하는 학생들이 늘어나면, 강의실에서 수업을 받는 도중 조는 일은 다반사이다. 그런 학생들이 많아지면 강의질도 떨어지기는 것은 어쩔 수 없는 상황이다. 게다가 취업률 압박으로 인해 대학이 취업학원으로 전락하여, 대학에서 인문학, 사회과학, 자연과학 등과 같은 기초학문이 죽어가는 것은 말할 필요가 없을 것이다.

그 결과 강의실에서 '비판적 · 논리적 사유', '대안적 인식' 등이 가능하도록 만드는 일은 점점 어려워지고 있다. 한국의 중학교에서 학생들에게 비판적 사고 능력을 배양하는 교육을 시행하고 있다고 생각하는 비율 63.6%는 OECD평균 80.3%에 비해 20% 가까이 낮다고 하여 우려를 표하는 뉴스가 있었다(『연합뉴스』 2014년 6월 26일). 국제 평균에 비해 낮은 것은 우려스럽지만 한국 중학교에서 비판적 사고 능력 함양교육을 한다고 생각하는 응답이 63.6%나 된다고 하니, 오히려 놀랍다. 대학 수능 3등급 수준이면 서울의 일반 고등학교에서 약 3~5등을 하는 학생인데, 비판적 사고 능력 수준이 걱정스럽기 짝이 없을 지경이다. 고등학생 시절 정답이 있는 주입식 교육을 받는 과정에 자신의 문제와 세상을 연결하여 인식하고, 세상과 역사를 통해 자신을 성찰할 수 있는 인식력, 판단력 등의 능력이 퇴행을 했는지도 모를 일이다.

시민들은 말할 것도 없고, 대학생조차도 자신의 앞가림하기에도 벅차서 세상이 어떻게 돌아가는지 대충 알아도, 설령 자신도 '88만원세대'의 악순환을 벗어나지 못하리라고 생각해도 어쩌지 못하는게 우리의 현실이다. 그러다보니 민주주의는 교과서에(만) 있다고 생각한다. 생활은 민주주의와 거리가 있다. 오히려 권력과 돈이 세상사나 인간관계, 자신의 미래를 결정하는 현실을 경험하고 있다. 소위 조폭이 얘기하듯, 법은 멀고 주먹은 가깝다는 생각은 사회적 정의, 약자에 대한 연민, 공정성을 자신의 삶 속에서는 화중지병(畵中之餠)쯤으로 여기는 것은 아닌가.

우리가 정말 민주주의를 포기하지 않으려면 더 이상 헌법을 베고 자서는 안 된다. 남의 불행이 머지않아 내 발등을 내리찍기 전에, 타산지석을 교훈 삼지 않으면 불행은 반복될 뿐만 아니라, 다음번에는 더 크게 일어나는 게 세상의 이치가 아니겠는가. 그러기에 2014년 4월 16일 세월호의 불행을 잊어서는 안된다고 목소리를 내었다. 어쩌면 세월호에 탔던 승객은 460여명이 아니라, 대한민국 국민 전체가 아니겠는가. 다시는 그런 비극을 되풀이하기 위해서는 기본을 잘 세워야 하고, 그런 기본을 철저하게 지키는 사회를 만들어야 한다. 그런 사회는 현재의 보수적 힘만으로는 만들 수 없다. 진보적·비판적 지향 속에서 대안을 찾아내지 않으면 안된다.

역사의 수레바퀴를 진보시키는 일은 나 혼자의 힘으로는 불가능하다. 또한 영웅적 존재에 의해서도 불가능하기는 마찬가지이다. 그러나 많은 사람이 힘을 합할 때 수레바퀴를 힘차게 앞으로 돌릴 수 있다. 그러기에 민주주의 시대를 살면서 영웅을 기다려서는 안 된다. 내 삶을 구원해 줄 영웅은 더 이상 오지 않는다. 우리 모두가 법을 만들고, 법의 실현을 감시·감독해야 한다. 내가 한 민주적 선택에 책임을 질 때, 나는 진정 자유를 누릴 수 있다. 그래서 우리 모두가 바로 '큰 바위 얼굴'이지 않겠는가.

평화문화만들기

내가 평화 문제에 관심을 갖기 시작한 것은 2000년 들어서이다. 1999년 2월 박사학위를 받고 본격적으로 사회학자로서 활동하기 시작했던 2000년대, 나는 학문적으로는 분단과 전쟁, 통일과 평화라는 큰 주제를 구술사, 민중사 등의 방법론을 통하여 풀어나가며, 연구실과 현장(fieldwork)을 넘나드는 연구 작업을 진행했다. 또한 2000년 6·15남북공동선언에 의해서 사회적으로 통일문제가 큰 화두가 되면서 1990년대 간헐적으로 진행했던 통일교육과 통일운동을 2000년대가 되자, 좀 더 박차를 가해야 하는 상황이 전개되었다. 능력이 일천하였으나 나름대로 헌신했다고 생각한다.

그러나 마음 한 구석에는 시민사회에서의 통일운동과 통일교육을 둘러싼 활동에 의문을 일어나기 시작했다. 장준하 식 "어떤 통일이라도 좋다"가 맞는가? 물론 한반도의 분단은 진정한 민주주의의 정착에도 제한의 조건이 되고, 분단에 따른 높은 군사비와 분단유지비용은 유럽식의 번영과 상생적 복지의 가치를 현실화하는 데에도 장애물이 되고 있다. 그러기에 우리는 '어떠한 통일이라도 좋다'가 아니라, 어떤 통일을 갈망하고 준비하며, 만들어 나아야 한다.

첫째, 모든 구성원이 민주적 주체가 될 수 있는 통일이어야 한다. 많은 학자들은 한국의 민주주의가 절반짜리밖에 되지 않는 이유로서 분단적 상황을 든다. 표현의 자유, 양심·사상의 자유, 집회 및 시위의 자유를 포함한 시민적 민주주의가 늘 불안정한 저변에는 분단적 상황이 작동한다. 빨갱이나 간첩 담론으로부터 진화된 종북좌파, 좌빨 등의 담론은 한국 사회의 억압된 무의식의 표출이 아니겠는가. 민주적 방식의 통일을 택할 때 민주적 통일 사회를 만들 수있다.

둘째, 남북의 통일이 아니라 해외동포들도 함께 할 수 있는 통일이어야 한다. 남북분단으로 인해 대다수의 사람들은 많은 것을 잃어버렸다. 재산을 잃어버렸고, 목숨을 잃어버렸고, 고향을 잃어버렸다. 가장 억울한 것은 가족, 친·인척, 사랑하는 사람들을 잃어버린 일일 것이다. 한국전쟁 과정에서 생사를 달리한 가족들과 남북으로 흩어진 이산가족들. 1953년 7월 27일 정전협정 과정에서 제3국을 택했던 88명의 포로 외에도, 1960, 70년대 미국을 포함하여 해외로 떠났던 이산가족들. 살아있어서 다시는 그리운 사람들을 만나지 못하게 했던 분단은 우리 모두에게 잔인한 것이다. 그러기에 해외동포들도 통일의 과정에 반드시 함께 하여 끊긴 관계를 회복하며, 21세기 교류와 소통의 공동체를 회복해야 한다.

셋째, 통일은 어느 누구에게만 혜택이 되는 방식이 아니라, 모든 사람이 상호호혜를 입을 수 있는 방식이어야 한다. 혹자는 수천조원의 통일비용을 문제시하며, 통일을 불편한 것으로 말하고 있다. 물론 그럴 것이다. 통일 과정과 후에도 천문학적인 비용이 발생될 수 있고, 사람들간의 불신과 갈등도 그저 그런 일이 아닐 것이다. 그래서 통일은 대박이기 어렵다. 그런데 분단 70년간 우리가 치렀던 분단비용이 얼마나 어마어마한 것인가를 안다면 그런 얘기는 하기 어렵다. 분단비용이 소모적이고 갈등을 심화하는 것이라면 통일비용은 고용을 창출하고 사회간접시설을 확충함으로써 기대하는 이상의 경제적 가치를 가지고 올 수 있다. 통일은 군사비만 줄이는 것이 아니라, 남북이 이중적으로 치르고 있는 외교비도 절반 이하로 줄일 수 있고, 쓸데없이 치르고 있는 정치, 경제, 사회문화 비용을 폐지할 수 있다. 그러한 비용을 경제적 가치와 사회안전망 확충을 위한 비용으로 전환해야 한다.

사람들은 유럽대륙을 횡단, 종단하는 유럽철도를 보면서 평화의 유럽을 부러워하고 있다. 그러나 유럽은 지난 수 세기동안 전장터였다. 2차 세계대전을 통해 유럽인들은 엄청난 희생과 비용을 치르고서야 평화의 유럽을 만들기 위해 헌신하기 시작했다. 수십 년의 노력의 결과가 유럽은 요람에서 무덤까지 복지국가를 실현할 수 있었다. 21세기 신자유주의 광풍 속에서도 복지정책의 기조는 흔들리지 않고 있다. 복지는 경제적 선순환 구조를 유지하여 2008년 미국발 경제위기 속에서도 사회적 안전망을 보호하고 있는 힘이 되었다. 그러한 유럽은 마법으로 만들어진 것이 아니라, 전쟁이 없는 유럽을 가져왔기에 가능했다.

평화의 유럽이 이루어지자, 의회도 민주주의적이 될 뿐만 아니라 학교, 대중매체, 일상생활에서도 민주주의가 가능해졌다. 미국식 무한경쟁과 갈등이 경제와 사회적 관계를 발전시키는 데에는 한계가 있다. 오히려 나누고 신뢰할 때 위기를 극복할 수 있음을 평화의 유럽공동체는 시사하고 있다.

내가 살고 싶은 사회는 무한경쟁하고 독점하기 보다는 나눌 수 있고, 힘과 돈보다 정의와 자유·평등이 숭상되는 사회이다. 아직은 꿈이라고 생각한다. 그 꿈은 나만의 꿈이 아니다. 오래 전 그런 꿈을 담은 시를 한 편 소개할까 한다.

누가 아름다운 세상을 꿈꾸지 않으랴[1]

꿈
천 년 전에도 백 년 전에도 꾼 꿈
봄날 잠시 꿈꾼 것을 서러워하지 마라

또 꿈꾸면 어떠리
또 꿈꾸는 사람들이 생겨나면 어떠리
그 꿈을 거짓이라고 말한들 또 꾸는 사람은 생기고 마는 것을

천 년 전 만적의 꿈만도
이천육백년전 묵자의 꿈만도
그 아름다운 세상은 나의 꿈만도

정토세상의 원효의 꿈만도
아마조네스의 전설같은 꿈만도
녹두장군의 인내천 세상의 꿈만도 아니리

이 풍요로운 세상에
아직도 미처 닦지 못한 눈물들이 마르지 않고 흐르거늘
아직도 아픔으로 잠잘 수 없는 이들 때문에 밤하늘도 잠들 수 없거늘
아름다운 세상을 꿈꾸지 말라고 말하지 마라
내가 꿀 수 없더라도, 네가 꿀 수 없더라도
수많은 세월이 지나도 꿔질 수밖에 없는 그 꿈을

아름다운 세상

김귀옥 짓다(2006년 4월 29일)

1) 임옥상의 책, 『누가 아름다운 세상을 꿈꾸지 않으랴』(생각의나무, 2000)에서 제목을 빌림